中国经济学理论 与深圳实践研究

主　编　吴定海

RESEARCH ON CHINESE ECONOMIC THEORY
AND SHENZHEN PRACTICE

社会科学文献出版社
SOCIAL SCIENCES ACADEMIC PRESS (CHINA)

编委会

主编简介

　　吴定海　博士，毕业于武汉大学新闻与传播学院。现任深圳市社会科学院（深圳市社会科学联合会）党组书记、院长（主席），《深圳社会科学》编委会主任，深圳蓝皮书系列《深圳经济发展报告》主编，深圳市人文社会科学重点研究基地"深圳市社会科学院现代城市文明研究中心"负责人。主要研究方向为应用传播与国际传播、经济特区发展战略、现代城市文明等，主编"深圳改革创新丛书""深圳学派建设丛书"等系列丛书，主持"深圳创建社会主义现代化强国的城市范例研究""新时代深圳精神""深圳经济特区40年社会思想观念研究""城市文明论"等重大研究项目，在《学习时报》等重要刊物发表论文多篇。

推荐序

《中国经济学理论与深圳实践研究》是深圳市社科理论界立足深圳实践，结合中国经济学理论，研究、阐释中国经济和特区经济发展的重要成果，是坚持理论创新与实践探索有机结合的具体体现。论文集包括经济增长篇、产业发展篇、科技创新篇、改革开放篇、经济特区篇，选取了深圳学者的 22 篇文章，不仅涵盖了深圳的科技创新发展、金融发展、数字经济、产业发展等方面的研究，也有中国经济增长、高质量发展、企业家创新精神等方面的研究。这种理论与实践的紧密结合，不仅具有学术价值，也具有实践意义。文章的作者都是深圳社科界经济学相关领域研究中的杰出代表，有些作者我比较熟悉，有些是陌生的名字和崭新的面孔，但这并不妨碍他们在各自领域取得大量而富有成效的工作成果。

理论来源于实践，伟大的实践产生伟大的理论。中国共产党立足社会主义建设实践，坚持马克思主义基本原理与中国具体实际相结合，充分吸收中国优秀传统文化，科学借鉴人类一切优秀成果，创造性提出了一系列中国特色社会主义经济理论，构建和发展了中国经济学。中国经济学的理论，来源于马克思主义政治经济学的中国化与时代化、中国共产党领导社会主义经济建设实践的成功经验、国外经济理论和政策合理成分的科学借鉴、中国传统优秀经济思想的汲取融通。通过紧密结合中国改革开放创新实践，不断探索和创新，形成了具有中国特色的经济学理论体系，逐步构建起具有中国特色、中国风格、中国气派的经济学学科体系、学术体系、话语体系。

作为中国改革开放的窗口和试验田，深圳经济社会各方面发展取得巨大成就，1000多个"中国第一"在这里诞生。深圳从一个小渔村蝶变为国际化大都市，背后的推动力不仅仅是特殊政策和区位条件优势，更是特区人民敢于创新、勇于实践的精神。深圳的发展历程无疑是中国经济学理论与实践相结合的典范。中国经济学的理论探索与深圳实践的互动，是一个相互促进、共同发展的过程。中国经济学界在深入研究中国经济发展实践的基础上，不断提出新的理论观点和政策建议，为深圳等经济特区的改革与发展提供了有力的理论支撑，而深圳的实践探索也不断为中国经济学的理论创新提供新的案例和验证以及动力。

40多年来，深圳在土地、劳动力、资本、技术等要素配置市场化改革方面先行先试验，积极探索，基本形成了有利于企业家创新的要素市场体系，为全国提供了经验和借鉴。在土地要素配置市场化改革方面，深圳从允许外商有偿使用土地开始，逐步推动了土地有偿使用制度的改革。20世纪80年代，以深圳土地拍卖"第一槌"为标志，深圳实现了城市国有土地所有权和使用权的分离，推动了1988年宪法修正案取消对土地出租的限制，促进了全国土地使用权市场的形成。在劳动力要素配置市场化改革方面，深圳在20世纪80年代经济特区成立之初就打破了"大锅饭"的用工制度，实行企业用工市场化招聘，率先改革了劳动人事体制和干部管理体制，出台了一系列人才政策，建立了有利于劳动力和人才流动的市场化制度。劳动力要素市场的改革，吸引了大量的国内外人才和劳动力，促进了深圳经济的快速发展。在资本要素配置市场化改革方面，深圳大力改革金融体制，通过资本要素市场的培育，建立了有利于经济发展的外汇交易市场、股票交易市场和风险投资市场。深圳不仅建立了多层次的资本市场，也建立了多层次的产权交易市场。在技术要素配置市场化改革方面，科技是第一生产力，技术是重要的生产要素。深圳从构建产权激励制度开始进行改革，建立了一个有利于科技人员创新创业的技术要素市场体系。

深圳的要素配置市场化改革取得了重要成效。一方面，深圳通过要素配置市场化改革，充分发挥了市场在资源配置中的决定性作用，健全了劳动、资本、土地、知识、技术、管理、数据等生产要素由市场评价贡献、按贡献决定报酬的机制，促进了要素的自主有序流动，提高了要素配置的效率，创造了世界工业化、城市化的奇迹。另一方面，深圳通过要素配置市场化改革，形成了市场化、法治化、国际化的营商环境，吸引了各类生产要素向深圳流动。深圳作为一个移民城市，具有"硅谷"的气质，通过多元宽容的文化吸引了大批的人才，推动了创新。

我本人多年来长期研究价值和分配理论、城市化和土地制度改革，作为深圳大学中国经济特区研究中心的兼职教授，我也特别关注深圳的土地制度改革，与综合开发研究院（中国·深圳）常务副院长郭万达研究员合作撰写了《深圳40年要素配置市场化改革回顾与展望》（《人民论坛》2020年第26期）。作为我国改革开放的"排头兵""试验田"，深圳的要素配置市场化改革始终走在全国前列，所取得的成就为全国提供了经验和借鉴。

随着改革的深入推进，深圳在要素配置市场化改革方面还存在一些值得关注的现象，包括"半城市化"现象、"二元市场"现象、"垄断化"现象、"行政化"现象以及"孤岛"现象。2019年8月，中共中央作出支持深圳建设中国特色社会主义先行示范区的重大决定，要求深圳高举新时代改革开放旗帜，在要素市场化配置等重点领域深化改革、先行先试，形成全面深化改革、全面扩大开放新格局。党的二十届三中全会从加快发展建设用地二级市场，推动土地混合开发利用、用途合理转换，促进城乡要素平等交换、双向流动，允许农户通过出租、入股、合作等方式盘活利用自身合法拥有的住房等方面，擘画了进一步深化土地制度改革、完善城乡融合发展体制机制、推进中国式现代化的宏伟蓝图。深圳要有所作为，继续解放思想，用好综合授权改革试点，率先构建有利于要素自主有序流动的体制机制，推动经济实现高质量发展。

"长风破浪会有时，直挂云帆济沧海。"我想以上也是深圳社科界未来进一步深化理论研究，着力贡献智慧和力量的方向。这本论文集不仅是对中国经济特区发展历程的回顾与总结，更是对未来中国经济发展路径的深刻洞察与前瞻。它以其独特的视角、鲜活的案例和有益的理论探索，为中国经济学理论的创新发展提供了"富矿"。就以上而言，这本论文集值得关注和探讨。在此，感谢论文集各位作者的辛勤耕耘和倾情奉献。

蔡继明　清华大学社会科学院教授
2024 年 10 月 31 日

| 目 录 |
CONTENTS

1

科技创新篇

改革开放篇

经济特区篇

以深圳实践不断推动中国经济学理论创新发展

吴定海[*]

一 走自己的路是党的全部理论和实践立足点

党的二十大报告指出："党的百年奋斗成功道路是党领导人民独立自主探索开辟出来的，马克思主义的中国篇章是中国共产党人依靠自身力量实践出来的，贯穿其中的一个基本点就是中国的问题必须从中国基本国情出发，由中国人自己来解答。"[①] 党的二十大报告深刻指明了我们党全部理论和实践的立足点，揭示了党和人民事业不断从胜利走向胜利的根本所在。

党的十一届三中全会以来，中国始终坚持以经济建设为中心，通过改革开放这一关键举措，大胆探索，摸着石头过河，持续推进实践创新与理论创新，成功走出了一条独具特色的社会主义道路，从一个贫穷落后的国家迅速崛起成为全球第二大经济体。中国经济学理论正是在改革开放的伟大实践中形成并且不断丰富发展的，具有鲜明的中国特色和时代特征。进入新时代，中国经济学者围绕习近平总书记提出的"构建中国特色哲学社会科学学科体系、学术体系、话语体系"的要求，不断推动中国经济学理论的创新发展，积极推动中国经济学理论体系的构建。中国经济学理论的产生与发展是一个不断适应时代变化、不断创新的过程。它既是中国经济

---

* 吴定海，深圳市社会科学院（深圳市社会科学联合会）党组书记、院长（主席）。
① 习近平：《习近平著作选读（第一卷）》，人民出版社，2023，第16页。

实践的反映，又为中国经济社会的持续发展提供了理论指导。中国经济学理论，是马克思主义经济学在中国经济社会发展实践中的具体运用和发展，是马克思主义经济学中国化时代化的理论成果。这一理论强调了政府与市场的有机结合、共同富裕等内容，为中国的经济发展提供了有力的理论支撑。

改革创新是深圳的根、深圳的魂。自经济特区成立以来，深圳以敢为人先的创新精神和勇于探索的实践勇气，在制度上大胆尝试，破除束缚发展的旧框框，在产业、科技、金融等领域不断创新，主动拥抱和融入全球市场，与世界接轨。短短40余年，深圳迅速从一个边陲农业县蜕变成长为全国经济中心乃至全球新兴的创新中心，被党中央赋予率先打造中国特色社会主义先行示范区的光荣使命。深圳改革开放取得的成就，是我们党坚持走自己的路、走中国特色社会主义道路的结果，深圳的实践印证了这条路的可行性，同时也为中国经济学理论提供了鲜活样本。出版《中国经济学理论与深圳实践研究》一书，旨在讲好中国经济发展故事，推动中国特色社会主义经济理论的基础研究，为在舆论场构建中国经济发展的定义权、话语权作出深圳贡献。

二 中国实践是中国经济学重要的理论来源

实践是理论的源泉和基础，也是对理论的验证和实现。中国经济学者结合中国实际，吸收和借鉴西方经济学的理论和方法，对社会主义市场经济进行深入研究，提出了一系列符合中国国情的经济学理论和政策建议。同时，中国社会的变迁也为经济学研究提供了丰富的素材和案例。中国经济学的理论，来源于马克思主义政治经济学的中国化与时代化、中国共产党领导社会主义经济建设的实践经验、对国外经济理论和政策合理成分的科学借鉴、对中国传统优秀经济思想的汲取融通（谢伏瞻，2022）。中国的实践经验是中国经济学理论创新的主要来源（简新华，2017；林毅夫，

2017)。特别是改革开放以来我国经济建设的成功经验，为中国经济学理论的创新发展提供了源泉。

中国特色社会主义市场经济理论、社会主义基本经济制度论、社会主义经济体制改革理论、社会主义对外开放理论、经济高质量发展论等都是中国经济学理论的重要内容（简新华，2018；唐未兵，2020）。例如，中国特色社会主义市场经济理论强调在社会主义制度下，通过市场机制和计划机制的有机结合，发挥市场在资源配置中的决定性作用，同时强调政府在经济活动中的宏观调控作用，推动实现资源优化配置和经济高效运行；社会主义经济体制改革理论和社会主义对外开放理论包括对所有制结构、分配制度、政府职能等多方面的改革，强调通过改革旧的体制机制和开放国内市场，激发市场主体活力和创造力。这些理论为中国经济发展提供了明确的方向和理论支持，促进了经济的稳定增长和社会福利的长期持续改善，也为经济体制的改革和创新提供了理论支撑和政策指引。

深圳作为中国改革开放的排头兵，在改革开放的浪潮中，大胆突破旧有观念，创造了多个"全国第一"。例如，在经济领域，创办中国第一个出口加工区，成立全国第一家外汇调剂中心，开展新中国首次土地使用权公开拍卖；在科技创新领域，成为全国首个创建国家创新型城市试点，全国首个制定地方性外籍"高精尖缺"人才认定标准的城市，全国首个出台低空经济法规的城市；在社会民生领域，率先实行劳动用工制度改革，率先试行工程招标承包制，引进了新中国成立后第一家在内地经营的外资银行；在文化领域，创办了被誉为"中国文化产业第一展"的深圳文博会；等等。这些举措不仅为深圳的经济发展注入了强大动力，也为全国的改革开放提供了宝贵经验。深圳经济总量从 1978 年的 1.96 亿元增长到 2023年的 3.46 万亿元，发展成就举世瞩目。"深圳奇迹"的创造是中国经济学理论创新的生动体现，中国经济学理论在改革开放的过程中不断创新和发展，形成了适应中国特色社会主义市场经济的理论体系，为深圳的发展实践提供了理论指导和政策支持，而深圳的发展又为经济学理论的发展提供了丰富的实践土壤。

三 深圳学者关于中国经济学理论与深圳实践的研究

深圳在发展过程中受到了中国经济学界普遍认同的一些理论和策略的影响，并且根据自身的实际情况和发展需求制定了具体的发展策略，始终坚持改革、开放、创新三大发展动力，通过政策、市场、人才、文化等多方面因素共同促进自身的发展。例如，改革开放政策，包括引入市场机制、促进外商投资、鼓励私营企业发展等，这些措施为深圳的经济建设提供了重要的指导，极大地推动了深圳经济特区等的快速发展；社会主义市场经济理论，强调市场在资源配置中的决定性作用，同时重视发挥政府的宏观调控作用，为深圳的经济建设提供了重要的理论基础和指导原则；创新驱动发展战略，强调通过科技创新、制度创新等方式推动经济转型升级，深圳是中国的创新之都，创新驱动策略在推动深圳经济转型升级中发挥了重要作用。上述各项因素对于指导深圳经济体制改革和对外开放、优化资源配置、推动产业升级和创新、促进经济增长发挥了重要作用。

深圳的经济研究者立足深圳改革开放创新实践，充分运用中国经济学理论分析研究中国问题，特别是利用中国特色社会主义市场经济的深圳实践这座"富矿"研究阐释深圳的发展问题，借助深圳实践丰富和发展中国经济学理论。深圳学者对中国经济学理论与深圳实践的研究主要聚焦以下几个方面。一是社会主义与市场经济的结合。如郑永年（2019）认为中国经济发展聚焦的是三层（顶层是国有资本，底层是庞大的以中小企业为主体的民营资本，中间层是国有资本与民营资本的互动层）市场之间的平衡这一目标，实现这一目标需要产权、法治和政策各个层面的共同努力。吴定海（2020）认为深圳探索出了一条适合中国国情与深圳市情、具有中国特色的社会主义现代化新路，走出了一条从富起来到强起来的发展道路。

二是"有为"政府与有效市场的结合。如袁晓江（2015）认为依据政府与市场的分工，市场能发挥作用的领域、市场竞争比较充分的领域、有营利性的领域政府不要进入，这是政府与市场的边界。曾宪聚等（2019）认为深圳的实践经验表明，注重政府逻辑、市场逻辑和社会逻辑的协同作用并保持制度融贯性是深圳营商环境得以不断优化的制度性原因。还有学者指出深圳高新技术产业能够得到快速发展，关键影响因素是深圳政府和企业能够不断寻求当地的比较优势，政府遵守市场规则、制定法规和可行的产业政策，实现比较优势的动态调整，使技术创新保持活力（白积洋，2019）。三是发挥企业家创新精神。如刘伟丽和杨景院（2022）认为我国企业家创业精神将从柯兹纳式套利型转变为熊彼特式创新型，其对经济增长质量产生的抑制作用将被助力作用替代。南岭（2022）认为深圳创新的特征，表现为"熊彼特式创新"。郭万达和廖令鹏（2020）认为企业家创新精神是"深圳奇迹"的主要创造动力，是深圳成为高科技城市的"密码"。张超和唐杰（2021）认为深圳是中国经济高质量发展的样板，深圳实现了制度改革优势向提升制度质量优势、引进要素优势向培育要素优势的转变。四是经济特区的使命任务。陶一桃（2020）认为中央政府和中央授权"先行先试""先行示范"的"次级行动集团"的经济特区，构成了中国特色"渐进式改革"中地位、作用、力度截然不同，又不可或缺的独特的制度变迁的"双主体结构"。乐正（2020）认为深圳经济特区是中国改革开放的先行者、是中国创新发展的先行者、是中国现代都会建设的先行者，深圳需要继续勇当中国特色社会主义建设的先行者。谭刚（2019）认为通过不懈奋斗，深圳将完成从"1"到"N"的历史性飞跃，创造让世界瞩目的新的更大奇迹，成为具有中国特色、中国气派、中国风格的全球标杆城市等。深圳学者对中国经济学理论与深圳实践的研究还有很多，受篇幅限制，在这里就不一一列出了。

《中国经济学理论与深圳实践研究》一书是深圳社科界关于中国特色

社会主义市场经济理论的基础研究的阶段性成果。未来，随着中国式现代化的持续推进，以及粤港澳大湾区和中国特色社会主义先行示范区的建设，深圳需要继续利用自身在改革开放、"双区"研究、粤港澳大湾区研究等领域的研究优势和学科特色，结合自身创新实践，积极支持推动深圳社科界在创新发展、改革开放、共同富裕、区域协调发展、新质生产力发展等方面开展高水平经济理论研究，推出一批高质量经济理论成果，不断为中国经济学理论的丰富发展作出新的贡献。

参考文献

谢伏瞻：《中国经济学的形成发展与经济学人的使命——〈中国经济学手册·导言〉》，《经济研究》2022 年第 1 期。

简新华：《论中国经济学理论的发展与创新》，《当代经济研究》2017 年第 12 期。

林毅夫：《中国经济学理论发展与创新的思考》，《经济研究》2017 年第 5 期。

简新华：《创新和发展中国特色社会主义政治经济学》，《马克思主义研究》2018 年第 3 期。

唐未兵：《中国经济学独创性理论的评价标准与特点》，《经济学动态》2020 年第 7 期。

郑永年：《国家与发展：探索中国政治经济学模式》，《文化纵横》2019 年第 1 期。

吴定海：《解析深圳现代化密码——从试验田到先行示范区》，《学习时报》2020 年 2 月 10 日。

袁晓江：《划清政府与市场的边界》，《行政管理改革》2015 年第 7 期。

曾宪聚、严江兵、周南：《深圳优化营商环境的实践经验和理论启示：制度逻辑与制度融贯性的视角》，《经济体制改革》2019 年第 2 期。

白积洋：《"有为政府+有效市场"：深圳高新技术产业发展 40 年》，《深圳社会科学》2019 年第 5 期。

刘伟丽、杨景院：《柯兹纳式套利型还是熊彼特式创新型？——企业家创业精神对经济增长质量的影响》，《统计研究》2022 年第 4 期。

南岭：《深圳创新：解释的视角》，《深圳社会科学》2022 年第 5 期。

郭万达、廖令鹏：《深圳特区 40 年：促进企业家创新的七大因素》，《开放导报》2020 年第 4 期。

张超、唐杰：《中国经济高质量发展机制：制度动因、要素保障与实现途径——兼论深圳经济高质量发展的实现路径》，《湖南社会科学》2021年第3期。

陶一桃：《经济特区与中国特色"渐进式改革"的绩效》，《广东社会科学》2020年第6期。

乐正：《经济特区当为中国现代化的先行者》，《开放导报》2020年第4期。

谭刚：《深圳建设中国特色社会主义先行示范区发展目标研究》，《特区实践与理论》2019年第5期。

经济增长篇

中国经济短期波动与长期增长

樊　纲[*]

摘　要：本文深入探讨了中国经济的短期波动与长期增长问题。2022 年，中国经济由于多重因素叠加出现波动。通过优化调整房地产政策、财政货币政策等，2023 年初中国经济呈现出良好发展态势。短期内，中国经济增长面临全球经济增速放缓、全球供应链调整等外部挑战。长期的挑战在于，中国获取世界先进技术的难度比以前更大，中国企业"后发优势"的发挥将受到阻碍。尽管如此，本文认为，中国具有稳定的物价、长期的贸易顺差以及稳定的汇率等积极因素，仍然拥有巨大的经济增长潜力。特别是在智能汽车、新能源产业、人工智能、数字化转型、生物医药、城市群发展等领域，正在涌现新的增长点。通过努力，中国将可实现可持续的长期增长。

关键词：中国经济　短期波动　长期增长

一　关于中国经济的波动及政策调整

（一）如何理性看待 2022 年中美 GDP 差距

2021 年，中国 GDP 为 114.92 万亿元人民币，人均 GDP 为 8.14 万元人民币；美国 GDP 为 23.32 万亿美元，人均 GDP 为 7.02 万美元。2022

---

[*]　樊纲，综合开发研究院（中国·深圳）院长。

年，中国 GDP 为 120.47 万亿元人民币，人均 GDP 为 8.53 万元人民币；美国 GDP 为 25.46 万亿美元，人均 GDP 为 7.67 万美元。从经济总量看，中国 GDP 占美国的比重由 2021 年的 77% 降至 2022 年的 70%；人均 GDP 则由 2021 年的 18.3% 降至 2022 年的 16.6%，似乎两国的差距有所拉大，那么如何看待这一差距呢？

根据 IMF 的统计数据以及计算得知，2022 年美国 GDP 实际增长率为 2.1%，但是通货膨胀率为 8.6%，使其名义 GDP 增长率超 10%。2022 年中国 GDP 实际增长率为 3%，通货膨胀率仅为 2%，名义 GDP 增长率为 5%。可见，美国的高通货膨胀率大幅拉高了其 GDP 名义增长率，按照美元现价计算，中国 GDP 与美国 GDP 的比值就下降了。原因是美元为国际通用货币，如果计入通货膨胀率因素影响，很多国家的 GDP 跟美国的 GDP 相比可能会越来越低，这反映出美元作为国际货币的特权所在。美元不断升值，不管美国通货膨胀率是多少，以美元现价计量的美国 GDP 都会不断增长，通货膨胀率高，会使得美国的名义 GDP 增长率更大，美国 GDP 在与他国 GDP 的比较上会占据很大优势。实际上，真正要比较双方经济实力和收入情况，要用历史上某个时点的固定汇率或按照购买力平价进行计算，按照实际增长率去比较（如都用 1990 年的固定汇率）才能说明问题，因此，这种表面差距的拉大，我们需要理性看待。

（二）关于应对经济波动的政策调整

2022 年，中国经济由于多重因素叠加出现波动，基于此，国家对相关政策进行了针对性调整，如疫情相关政策的调整；一系列具有"收缩性"政策的调整，如正确处理实现"双碳"目标过程中"攻坚战"与"持久战"、"反垄断"与支持平台企业引领发展、反对资本的无序扩张与积极发展民营企业等之间的关系；房地产政策的调整；实施积极的财政政策和稳健的货币政策等。从 2023 年我国经济的运行情况看，我国经济呈现出良好的发展态势。

1. 房地产政策的调整

2021 年，央行及住建部推出限制房地产开发融资的"三道红线"，加之部分房地产企业利用金融杠杆盲目扩张，从熟悉的领域扩张到不熟悉的领域，导致接连"爆雷"，企业资金链发生断裂，引发房地产市场恐慌。基于此，2022 年底，中央调整了房地产相关政策，以稳定房地产市场，还启动了不动产私募投资基金试点，为房地产融资打开了新的渠道。同时，对房地产企业的资金来源和债务重组的一些方式也进行了调整。短期来看，相关政策的调整已有一定成效，表现为大城市的房价基本企稳，但是房地产问题是一个长期性问题，需要用长远的眼光以及从中国式现代化和中国人民追求美好生活的行为方式与行为规律的视角来看待，要放在中国式现代化人口迁移的整个进程中来思考。中国式现代化包括城市化、工业化，也就包括人口迁移的过程。人口迁移不仅仅是农村人口迁移到城市（城市化）的过程，也包括小城市人口向大城市集中的过程。从历史来看，各国经济发展都会经历这样一个过程，我国现在最主要的人口迁移不是农民向城市迁移，而是小城市人口向大城市迁移。有人认为中国住房自有率这么高，以后住房市场需求就枯竭了。实际上，这种枯竭不是总量的枯竭，而是结构性枯竭。一些地方的住房需求枯竭了，而另一些地方的住房需求仍在增长。这是因为人们追求美好生活、向大城市聚集的过程使得人们对住房的需求发生了转移。由此可能产生的一个结果是，原来在一些城市已经购买的住房的利用率将会变低甚至被遗弃。只不过房产始终是居民家庭财产的一部分，虽然价格不高，但农村与小城镇的已购房产能起到一种社会保障的作用。其中存在的各种问题，需要在一段相当长的时间中逐步被解决。

2. 财政货币政策的调整

从 2020~2022 年我国的财政赤字率来看，2020 年为 3.6%，2021 年为

13

3.2%，2022 年为 2.8%，财政赤字率不断下降说明刺激力度是下降的。2022 年下半年以来，我国对宏观政策进行了调整，体现在加大贷款发放和货币发行力度上。从统计数据来看，2023 年 1 月，新增人民币贷款 4.9 万亿元，同比多增 9200 亿元，是历史上单月最大贷款增量；从结构来看，企业中长期贷款同比多增 1.4 万亿元，是贷款增长的最大动力。在贷款增长的带动下，2023 年 1 月，M2 同比增速达到 12.6%，相比 2022 年 12 月上升 0.8 个百分点，是近几年增速最快的一个月，其原因是金融系统贯彻国家关于支持实体经济发展的政策，加大了对实体经济、中小微企业的贷款力度，扩大了信用贷款的投放，通过货币支撑释放出一些新的需求。

2023 年，我国将财政赤字率上调为 3%，比 2022 年的 2.8%略高，继续实施扩张性财政政策。政府实施扩张性财政政策，可能会加大债务（尤其是地方的城投债）风险，如何看待这个问题？我们认为，地方的城投债虽然存在一定风险，但总体风险可控。按照 2020 年数据计算，我国的债务总额与GDP 的比率约为 260%，其中政府债与 GDP 的比率为 60%、企业债与 GDP 的比率为 165%、居民债与 GDP 的比率为 40%。而日本的债务总额与 GDP 的比率约为 433%，其中政府债与 GDP 的比率为 250%、企业债与 GDP 的比率为 110%、居民债与 GDP 的比率为 73%。对比来看，我国的政府债和居民债较低，企业债较高。有人认为地方城投债太高了，风险较大。实际上，地方城投债是地方国有企业在政府支持下借的债，其债务计入了企业债，即与GDP 的比率为 165%的企业债里包含了地方城投债。如果政府债相对较低，那么解决企业债相对较高的问题就是有余地的，但是从企业债与 GDP 的比率来看，这个问题不可能一下子解决。我们需要弄清地方城投债导致的"双重错配"问题：一是地方政府用于基础设施建设的短期债务与长期债务支撑的错配。地方政府建设的部分公共基础设施项目（如地铁等），由于其收益是一个长期、逐步的过程，应该由一些长期债务支撑，而地方政府从金融机构借来的资金期限一般为 5~10 年，如果是信托负债则资金期限更短（一般为 1~2 年），由此就会出现重大的期限错配。二是短期内经营性项目和社会性、财政性项目的错配。基础设施的很多回报无法由基础设施自身来体现，因为很多基础设施项目不收费，其建设的目的是提供更好的环境，促进企业的成长和发展，待企业盈利后以税收来冲抵，但这是长期性的。而现在则一般将其变成短期的经营性项目，如果在相应期限内不能实现盈利，城投债就会成为坏债，原本应由财政支持的基础设施建设却由金融杠杆支撑，从而造成另一错配。实际上，应将地方政府用于基础设施建设的债务资金以长期公债作为支撑，发行 30~50 年的公债，甚至永续债，如美国为了解决基础设施等的建设问题，考虑发行 100 年的长期公债。同时，诸如此类的债务，由于错配的原因，本质上可以用其他的资源来支撑，加之这些债均为国内债，不构成国际债务，跟日本的情况相似，是可持续的，风险总体可控。因此，相关政策调整应更加积极一些，可以多发一点债务，特别是公债、政府债，不会产生特别大的负面影响，同时能够解决一些相关问题。当然，这要符合中央政府对债务总规模进行控制和管理的法律法规规定。

总体来看，经过各种政策的调整，中国经济趋于稳定，并呈现出良好的发展态势，但由于市场和相关产业的调整和恢复还需要一段时间，同时外部环境日益复杂，因此我们需要做好充分的准备。

二　关于我国经济增长面临的挑战

（一）经济增长短期面临的困难

1. 全球经济增速放缓，导致我国出口下滑、外贸顺差下降

由于欧美经济景气度的下滑，世界银行和国际货币基金组织将 2023 年全球经济增长率由 2022 年的 3.2% 下调至 1.7%，比 2022 年 6 月的预期下调 1.6 个百分点，下调幅度很大，全球经济可能创下自 2001 年以来最疲弱的增长表现。虽然 2022 年全球贸易总额再创新高，达到 32 万亿美元，增长了 12%，但这主要得益于 2022 年上半年全球经济的强劲增长，

自 2022 年第三季度以来，全球贸易增长持续低迷。与此相应，2022 年 11 月，我国进出口总值为 5223.4 亿美元，同比下降 9.5%，其中，出口为 2960.9 亿美元，同比下降 8.7%；12 月，进出口同比下降 6%。2023 年 1~2 月，我国出口（以人民币计价）增长 0.9%，下降 6.8%（以美元计价）。这也导致我国出口和外贸顺差进一步下降，对经济的拉动作用减弱。

2. 全球产业链调整的负面影响

全球化不会结束，但是多种因素可能导致全球产业链的调整。一是近年来我国成本结构的变化。当前我国已进入中等收入阶段，劳动力成本上升，比较优势大幅减弱，一些产业被转移到劳动力成本更低的国家。二是部分国家企业发展策略的影响。当前，一些国家出于产业链分散化的考虑，实施"中国+1""中国+N"策略，使得产业链从我国转移到东南亚等地。三是美国对我国的战略遏制。美国自 2018 年开始，便对我国持续进行遏制和打压，尤其是在科技方面，迫使一批跨国企业及相关产业链发生转移。四是美国政府为防止"产业空心化"问题，实施"制造业回流"策略，加大对本国制造业企业的补贴力度，要求这些企业从中国（乃至欧洲）回迁美国，导致产业链的调整。五是地缘政治冲突引致的能源危机等，也对全球产业链产生了较大的冲击。

全球产业链的调整趋势值得关注。美国 2022 年全年的进口总量没有下降，但是进口结构发生了很大的变化。2022 年 1~9 月，美国从欧洲进口 4490 亿美元，但从中国仅进口 4180 亿美元，欧洲取代中国成为美国第一大进口来源地，以加拿大、墨西哥为代表的北美自贸区成为美国第二大进口来源地，中国降至第三位。2022 年第四季度，美国从中国的进口大幅下跌，跌幅超过 20%，而同期从加拿大、墨西哥、韩国以及东盟的进口则大幅增长。此外，2021 年，欧盟对东南亚投资 265 亿美元，较 2019 年的 61 亿美元上涨了 3 倍多。2022 年 3 月以来，印度尼西亚出口同比增速超过了 40%，越南超过了 30%，马来西亚、泰国、菲律宾都超过了 20%，外贸订单正在加速向东南亚等地转移。印度将成为苹果公司生产和营收的新增长点，产能将由 2023 年初的 5%~7% 增长至 2028 年的 25%。戴尔公司准备在 2025 年将一半的产能转移到印度和越南。日本索尼公司拟将在中国 90% 的产能迁往泰国。上述全球产业链的调整，是否会成为下一阶段产业链的变化趋势，值得我们高度关注和重视。

（二）经济增长长期面临的挑战

百年未有之大变局是我国需要长期面对的挑战。百年未有之大变局下，逆全球化思潮不断加剧，最突出的表现是美国对我国实施遏制战略，目的是以此卡断我国学习、引进、消化、吸收新知识、新技术的各种渠道，阻碍我国企业发挥"后发优势"，使我们难以像过去一样用较低的成本利用世界高新技术，迫使我们以更大的成本、更长的时间进行自主研发，以解决一系列"卡脖子"问题，从而导致我国经济的潜在增长速度有所下降。

这里涉及"后发优势"问题。在初期阶段，落后国家拥有"初级要素"较为丰裕的要素比较优势，但在达到"中等收入"阶段之后，这种相对优势逐步衰减（因为"初级要素"比较优势的国际参照系，是同等发展水平的其他落后国家的要素成本结构，即工资水平与劳动成本的比较），这时，经济能否增长，主要取决于相对落后国家是否发挥了"后发优势"，即通过学习、引进、交流、合资、购买专利，进口自己还不能制造的技术设备与中间产品，实现知识与技术的"溢入"（spill-over），以较低的成本、较快的速度，增加自身的人力资本、知识总量与技术创新能力，在各领域接近"前沿"，缩小与发达国家的差距。杨小凯（2004）认为，后发不是优势而是劣势。后发本身当然是劣势，但是我们要看到后发国家在节省研发成本和研发时间及获得知识方面的重要性，因为可以不用自己从头去研究，不用花费大量的研发成本和试错成本。我国过去 40 多年来的发展，便是先发挥了比较优势而后不断发挥"后发优势"，与发达国家快速缩短了差距，这是过去我国实现经济快速发展的重要源泉。

过去我们说增长要素，主要有两项：劳动力和资本。随着经济学理论的发展，我们发现，其一，制度改进也是增长要素之一。因为制度改进可以提高要素的效率，提高了效率就会促进经济增长。其二，知识和技术也都是增长要素。知识在经济学的体系里成为经济增长的一种新要素，其一部分物化在人力资本当中，一部分物化在资本设备和中间产品当中，另外还有很大一部分是增量，也就是全要素生产率所体现的知识增量，新增的这些知识是经济增长的一个重要源泉。经济学现在用知识总量、知识增量分析经济增量。可以看到，这些年世界经济的增长，不是因为劳动力多了，也不是因为物质资本增长了，很大程度上是因为知识增长、技术进步了，知识和技术可以说是现在世界经济增长的最重要的要素。

2010年以后，我国的经济增长只有少部分由劳动密集型产业推动，更多则是由资本密集型、知识密集型和技术密集型产业推动的。因此，需要高度重视知识这个增长要素。落后国家的知识增长一部分靠自己的学习和研发，很大程度上则是靠引进、消化、吸收，因为这是最优方案，对于落后国家来讲是最优的知识要素增长途径。我们鼓励自我研发，但在一些领域自我研发可能是次优方案，因为需要更大的投入和试错成本。次优方案意味着成本会比最优方案更高，而收益则可能没有那么高，就会导致我国经济的潜在增长率降低。现在我们的企业被迫进行大量自我创新，"修补"我们的供应链，这是部分国家为了遏制我国发展而人为违背市场经济规律的结果。

我们在很多领域取得了很大进步，在一些领域甚至处于"前沿"地位，但在大多数领域与发达国家相比仍有很大差距，因此，中国当前仍需要进一步发挥"后发优势"，通过各种渠道来引进、消化、吸收，向比我们先进的国家学习，让更多知识外溢到我国，从而实现经济持续发展，这仍然是我们的经济增长之道。因此，一方面，要实施更高水平对外开放，特别是对美国之外的国家开放，对外资开放，利用国际资源，学习先进技术，努力扩大与其他国家的经贸交往与合作，维系全球化与多边主义，吸收更多知识；另一方面，深化国内市场化改革，加快建设全国统一大市场，同时加大自主创新投入力度，鼓励创新创业。

三　发挥积极因素作用，充分挖掘增长潜力，实现我国经济持续稳定增长

尽管我国面临不少短期问题和长期挑战，但在全球经济低迷状况下，我们仍有自身的优势，需要充分发挥积极因素作用，并进一步挖掘自身增长潜力，实现经济持续稳定增长。

（一）发挥积极因素作用

国际政治经济格局加速演进，全球经济持续低迷，与其他国家相比，我国拥有几大积极因素，使我国在动荡的政治经济格局中处于优势地位。我国需要发挥自身积极因素作用，助推经济增长。

第一，世界面临高通货膨胀，而我国的通货膨胀则较为稳定。2022年我国通货膨胀率仅为2%。此外，2022年第四季度，企业的成本价格PPI降至-1.1%，这反映了我国工业品上游产品价格上涨幅度较小，下游产品通货膨胀的压力较小。在全球多国面临高通货膨胀的情况下，我国的经济基本面仍保持稳定，没有出现粮食、能源等危机，物价平稳，且有充足的外汇储备，经济表现出强劲的韧性。

第二，多数国家成为贸易逆差国，而我国仍然拥有巨额的贸易顺差。美国一直以来都存在较大的贸易逆差，同时，全球经济低迷，使得国际上不少贸易顺差国变成了贸易逆差国，如德国、日本、韩国等传统贸易顺差国都成了贸易逆差国。目前世界上的贸易顺差国除我国是制造业大国之

外，其他的都是资源大国，如澳大利亚、挪威、沙特、伊朗等都是资源出口国，相关优势明显。

第三，各国汇率波动较大，而我国则较为稳定。目前，美元升值导致各国的汇率波动很大，而人民币在美元升值冲击下虽然有一些波动，但是是在合理区间内的正常波动，波动较小，总体来说相对稳定。未来我国经济基本面仍将保持稳定，没有特别会导致人民币大幅贬值的潜在因素。

（二）充分挖掘自身增长潜力

目前我国经济发展存在不少新的增长点，其中有一些领域在世界上具有一定领先的地位，要充分挖掘自身增长潜力，助推经济稳定增长。

第一，智能汽车新赛道。2022 年，我国的智能汽车出口迅猛增长，汽车出口量超过德国，位居世界第二，与世界排名第一的日本差距大大缩小。与传统汽车大国相比，我国在一些关键技术上落后，于是我国通过布局发展智能汽车实现"弯道超车"。此外，国际智能汽车巨头如特斯拉的引进也非常重要，如同过去我们引进传统车企一样，有利于我们学习、引进先进技术与商业模式，外资的进入直接将其他国家的先进知识外溢到我国，从而拉动了我国整个汽车产业的技术进步。我国的汽车产业，一方面有自己的发明和创造，如比亚迪发展起步早，在新能源汽车领域有了很大成就；另一方面引进了外部的一些竞争者，从中学习知识和技术，引入新的资本，促进了相关产业的发展，同时又实现了"新赛道超车"。

第二，新能源技术与设备。我国的新能源技术与设备在世界处于领先地位。全世界百分之六七十的相关设备都是由中国制造的，同时，风能、太阳能是我们的亮点与优势。目前，在世界出现能源危机、各国继续大力提倡碳减排的背景下，新能源的技术需求会不断加大，如欧洲已经宣布在2035 年取消燃油车等，应当继续利用好这些优势。

第三，人工智能。目前，我国在人工智能方面已经处于前沿梯队，但还欠缺革命性的创造。GhatGPT 的出现启示我们，要在人工智能领域巩固已有优势的基础上奋起直追，通过构建有效的创新机制，源源不断地创造新知识、新观念、新想法、新技术，不断提升自身的创新能力。关键是如何形成一套使技术创新源源不断产生的体制机制。

第四，数字经济与制造业的数字化转型。我国数字经济发展迅速，数字经济技术被广泛应用于各种产业，但是制造业的数字化转型需要一个过程。在很多领域，数字应用具有巨大的发展潜力，一旦这些潜力得到有效发挥，便可以促使数字技术产业得到较大发展，同时也能推进我国很多制造业企业实现高质量发展，使它们在下一阶段的发展当中引领产业发展。

第五，生物医药。近年来，我国在生物医药方面取得了长足进步。尤其在自主创新药领域，我国所占比例为 14%，美国为 48%，我国的占比大幅提升，已经超越欧洲国家与日本的占比，生物医药成为我国一个新的增长点。下一步，应不断加大在这方面的创新研究力度。

第六，消费增长。如何把这个增长点真正发挥出来，有待进一步观察。值得关注的是，消费升级不仅涉及年轻人，也涉及退休人员等老年人。原因是新一代退休人员与一二十年前的退休人员不同，前者是挣取过较高工资、体验过高消费的一代，而后者年轻时没有太多储蓄，在社保储蓄很低的情况下，他们受收入所限只能低消费，退休以后还会继续低消费。而新一代退休人员由于已经体验过高消费模式，储蓄也较多，退休之后仍可以维持较高的消费水平。正如经济学所说，年轻人是储蓄的一代，退休人员就是负储蓄的一代。负储蓄的一代消费升级了，整体消费水平就会提高。年轻人消费升级，老年人比过去消费水平提高，整个消费市场就会扩大。

第七，城市群的发展。近年来，随着长三角城市群、粤港澳大湾区、成渝城市群等国家级城市群相继获批，以中心城市引领城市群发展、城市群带动区域发展，进而推动区域板块之间融合互动发展，逐渐成为未来的发展趋势。如粤港澳大湾区，其可以容纳更多的人口，实现大中小城市的互补、城市和农村的互补。中小城市通过一些快捷交通串联起来，可以与大城市实现空间互补，解决大城市房价高企问题。大城市拥有公共服务多样化、市场多元化的优势，可以在一个城市群内推动协同发展，逐步解决城市化发展不均衡的问题。没有进一步的城市化，就无法实现中国式现代化。

总之，经济增长总会有高潮和低谷，我们需要在世界经济处于低谷时期做好自己的事，同时放眼长远，布局未来，努力实现持续的增长。

参考文献

杨小凯：《后发劣势》，《新财经》2004年第8期。

（本文原载于《开放导报》2023年第2期）

资源约束下的经济增长转型路径

——以深圳经济特区为对象的研究

袁易明　姬　超[*]

摘　要：经济转型是催生新质生产力和实现可持续发展的关键。本文基于进化博弈论阐释了市场主体合作实现经济转型的机制条件，结果表明：在自发竞争的市场条件下，随着经济发展水平的不断提高，对资源的掠夺式使用将难以避免。基于经济和社会双重领域的关联博弈研究表明，如果将社会规范因素纳入市场主体的决策考量范畴，则能实现资源高效、合理使用的合作均衡。但是，主动建立并遵守社会规范以非掠夺式政治为前提，多样性的、公平的、非歧视性的市场竞争环境则是约束政府行为的有效保障。基于深圳经济特区的实证研究表明，资源要素尤其是资本投入是经济高速增长的主要动力，基于资源要素投入的增长方式能够推动经济快速起飞和跨越式发展有其合理性，但是随着资源约束条件趋紧，即使是深圳这样的市场高度发达地区，同样也面临迫切的转型需求。深圳经济特区经济转型的关键是通过深化改革形成适应性的制度变迁，推动增长方式从要素驱动转向效率驱动和创新驱动。为此，可以社会领域的制度改革为突破口，带动经济和政治制度改革，从而优化制度供给，并为全国其他地区提供示范，这也是深圳经济特区在新时代所承担的新的历史使命。

---

[*] 袁易明，深圳大学中国经济特区研究中心教授；姬超，深圳大学中国经济特区研究中心在读博士生。

关键词：经济转型；资源约束；社会规范；深圳特区

我国经济自改革开放以来持续高速增长，成就举世瞩目，按照世界银行最新标准，我国已成功迈入中等偏上收入国家行列。但是，能源危机、生态和环境污染、日益扩大的贫富差距、人口老龄化趋势、医疗和社会保障等方面的问题持续困扰我国，这提示我们要客观看待已经取得的经济成就。21世纪以来，世界形势风云突变，经济呈下行态势，经济转型直接关系到我国经济和社会在长期能否实现可持续发展。事实上，也只有通过经济转型催生新质生产力，我国才有可能引领创造新的社会时代。考虑到现有文献对经济转型的必要性和迫切性等基本问题的研究已较为翔实，本文重点探讨经济如何转型，在资源约束条件下讨论究竟什么力量才能使人们高效、合理地使用资源。本文的研究目标是在转型机制和路径上提供一个更加明确的答案，考虑到我国地域辽阔，地区差距明显，站在全国角度进行分析难免过于笼统，因此我们以中国改革开放的窗口——深圳经济特区为例，为客观认识中国经济增长方式提供一面镜子。作为改革开放的试验田，深圳经济特区的动态演进过程鲜明阐释了中国发展道路的实践逻辑，与此同时，经济发展程度较高的先行地区在经济转型上更具优势，更具示范意义，从而不仅为深圳经济特区继续发挥全国经济转型的窗口和试验田功能提供理论证据，也为我国统筹各地经济发展、有序实现转型提供一个理论参考。

一　经济转型的理论构建

（一）封闭经济条件下的经济增长

资源约束条件下，经济转型目标在于资源要素的可持续利用，这需要社会全体成员或者绝大部分成员的合作才能实现。那么是什么力量促成了这一合作呢？结合 Young（1993）和青木昌彦（2001）的进化博弈模型，我们首先描述封闭经济条件下，有限理性的经济人如何竞争稀缺资源并生成合作秩序。假设 A 和 B 两类市场主体竞争性地使用资源。在时期 t，A 希望使用 x_t 单位的资源，B 希望使用 y_t 单位的资源，资源总量以一定速度再生出来，以维持资源的可持续利用。当 x_t+y_t 超过一定数量 c 时，资源的正常循环将遭到破坏，结果对双方都不利。当 $x_t+y_t \leqslant c$ 时，双方都可以得到他们希望得到的资源数量，此时 A 和 B 的效用函数分别为 $u(x_t:y_t)$ 和 $v(x_t:y_t)$，两者均为凹函数。效用函数的斜率（u' 和 v'）可以衡量资源使用量发生变化时双方效用的增减程度。当经济发展程度较低时，资源使用量的增加能够迅速提高个人效用水平。当经济发展水平达到一定高度时，资源使用量对个人效用水平的提升作用开始趋缓。效用函数的曲率（$-u''/u'$ 和 $-v''/v'$）可以衡量双方对纠纷风险的偏好程度。由于一定的资源投入对于任何一方而言都是必需的，从而又有 $u(0:y_t)=v(0:x_t)=0$。竞争性的资源使用特征决定了，当 $y_i \leqslant y_j$ 且 $x_i+y_i \leqslant c$，$x_j+y_j \leqslant c$ 时，$u(x_i:y_i) \geqslant u(x_j:y_j)$，其中 i，$j=1$，2，$\cdots$，t；$i \neq j$。同理，当 $x_i \leqslant x_j$，且 $x_i+y_j \leqslant c$，$x_j+y_j \leqslant c$ 时，$v(y_i:x_i) \geqslant v(y_j:x_j)$。

在多次重复博弈中，由于有限理性，每个主体都不能确定对方的效用函数，只能通过收集过往信息进行判定，包括过去 t 期当中对方的资源使用程度及风险偏好类型。由于不完全信息，每个人只能得到过去 t 期当中 $m(k)$ 期的不精确信息，$I(k)=m(k)/t$ 代表个人 $k(k=A,B)$ 的信息收集能力。根据对对方资源使用的概率分布进行估计，A 和 B 分别计算可以实现自身效用最大化的资源使用程度，即求解：

$$max \sum_{0 \leqslant y \leqslant c-x} \frac{n(y:A)}{m(A)}u(x:y) ; max \sum_{0 \leqslant x \leqslant c-y} \frac{n(x:B)}{m(B)}v(y:x)$$

其中，$n(y:A)$ 和 $n(x:B)$ 分别表示 A 在 $m(A)$ 中对于 B 的资源使用数量 y 的记录和 B 在 $m(B)$ 中对于 A 的资源使用数量 x 的记录。当双方的信息收集能力不完备且足够小时（至多不超过 1/2），由于对过去信息的收集是随机的，重复多次博弈后的资源使用随机序列将收敛于 (x^*, y^*)，其中 $x^* + y^* = c$。除非发生剧烈的随机扰动，这一均衡将在一定时期内保持稳定，任何一方都没有主动打破均衡的积极性，资源可持续利用从而得以实现。

但是，资源利用不可能永远固定在某个特定的均衡序列 (x^*, y^*) 上。随着经济发展，资源使用强度不断加大，资源约束问题随之凸显，这表现为 $x^* + y^*$ 越来越接近 c 这 门槛。事实上，即使没有剧烈的随机扰动，市场主体偶尔犯错也是难以避免的，小错误的日积月累同样会导致偏离均衡，从而形成不同的均衡时间序列，Young（1998）称之为"类稳定"均衡。在动态演化过程中，假设时期 t，A 和 B 就资源使用达成了某种一致 $(x^*, c-x^*)$。在 $t+1$ 期，A 希望获得更多的使用资源，例如由 x^* 增加至 $x^* + 1$ 单位，为了使 B 接受 $c-x^* - 1$ 这一新的资源使用安排，A 不得不进行多次边际调整和试验以改变 B 的信息收集结果，最终使 B 不得不接受这一调整，其条件是：

$$v(c-x^*-1 : x^*+1) \geqslant \left(1 - \frac{P}{m(B)}\right) v(c-x^* : x^*)$$

其中 p 是 A 的最小试验次数，$p \geqslant -m(B)[v(c-x^*-1 : x^*+1) - v(c-x^* : x^*)]/v(c-x^* : x^*)$。

进一步整理可得：$p \geqslant -m(B)v'(c-x^* : x^*)/v(c-x^* : x^*)$

其中 v' 表示 B 的资源使用量减少 1 个单位引起的效用减少程度。根据对称性，当 A 的资源使用量由 x^* 减少 1 个单位至 x^*-1 时，B 的最小试验次数有：$p \geqslant -m(A)u'(x^* : c-x^*)/u(x^* : c-x^*)$。

动态均衡时，A 朝正反两个方向进行调整也应该达到相应的均衡，据此有：

$$m(A)u'(x^* : c-x^*)/u(x^* : c-x^*) = m(B)v'(c-x^* : x^*)/v(c-x^* : x^*)$$

方程两边同时除以 t 然后积分求解可得：$x^{**} = argmax u(x^*, c-x^*)^{I(A)}$ $\times v(c-x^*, x^*)^{I(B)}$。式中界定了动态均衡时 A、B 双方的资源分配情况，风险偏好性和信息收集能力较强的一方将获得更大的资源使用份额。该均衡实现了社会整体福利的最大化，并得到全体社会成员的遵从。然而随着经济发展水平的进一步提高，如果一方（例如 A）因财富积累增强了风险承受能力，其信息加工能力也通过对知识和学习的投资得到加强，那么 A 将有动力追求更大的资源使用份额，此时动态均衡就变得难以收敛。迫于压力，B 也只好加大对资源的掠夺性使用。可见，封闭经济条件下，经济发展在一定时期可以提高资源利用程度，优化资源配置，但是终将产生资源持续性难题。

（二）开放经济条件下的经济增长

上文说明随着经济体系的自身演化，资源约束终将限制原有增长方式，特别是对公共资源的掠夺式开发。许多专家学者从私有化、人口控制、污染者付费、管制与规范等方面讨论了解决公地悲剧的方法，值得一提的是"公地悲剧"概念的提出者 Hardin（哈丁）（1968）将公共资源问题延展到了道德领域，为我们讨论资源可持续利用问题提供了新的思路，即从社会规范角度寻求集约使用资源的可能性及其条件。通过经济和社会的关联博弈模型，本文尝试说明经济与社会领域的互动有助于放松激励相容条件，从而对经济转型产生更强的推动作用。一般来说，经济发展程度较高的地区或经营较为成功的明星企业往往更注重承担社会责任，同时也具备积极回馈社会的经济条件。积极参与社会交换不仅可以提升自身形象，还可以据此积累社会资本，为自身赢得更多经济利益。

假定存在 k（$k=A$，B，$\cdots$）个经济参与者，他们同时进行经济转型（博弈 1）和社会交换（博弈 2）两个博弈，博弈类型为多次重复。博弈 1 将令每个参与者都付出转型成本 C_{kt}^1（t 为博弈期数，$t=1$，2，$\cdots$），合作实现经济转型将为全体带来更大的经济收益，每期每个参与者获得的收益为 R_{kt}^1，如果有 n（$n \in k$）个参与者不合作，收益则减少为 $R_{kt}^1 - nd_{kt}$。对于博弈 1 而言，每个参与者都有不合作的动机，以此节省转型成本，同时可以非排他地享受转型成功带来的好处，也即经济转型具有外部性特征，这意味着 $C_{kt}^1 > d_{kt}$ 且 $kd_{kt} > C_{kt}^1$。在博弈 2 中，参与社会交换需要付出成本 C_{kt}^2，同时获得收益 R_{kt}^2，其中收益是该博弈参与人数的非递减函数，这意味着并非所有参与者对社会活动而言都是必要的，即存在 $\dot{k} \in k$，使得对于所有满足 $\dot{k} \le n \le k$ 的 n 有 $R_{nt}^2{}' = 0$，也就是当参与者达到一定数量时，增加更多参与者并不能相应地产生更大效用。考虑人们在博弈 2 中合作的条件为 $C_{kt}^2 < \delta \left[R_{kt}^2 - C_{kt}^2 \right] / (1-\delta)$，整理得 $C_{kt}^2 < \delta R_{kt}^2$，其中 δ 为时间贴现率，该条件意味着参与社会活动的未来收益总和的贴现应大于参与社会活动所花费的成本。显然，无论收益大小，只要人们足够关注未来，人们就会积极遵守社会规范。否则，只要参与者选择不合作和不遵守社会规范，其便相应地会遭到社会驱逐。

进一步将博弈 1 和博弈 2 置于同一框架下，每个参与者都要协调两个博弈。如果参与者在上一期的两个博弈中都选择不合作，那么当期仍然选择不合作，否则在两个博弈中都选择合作；如果参与者在博弈 1 中不合作，不论其在博弈 2 中如何选择，其他参与者都将对其进行驱逐。原因在于，只要博弈 1 中不合作的参与者数目小于（$k-\dot{k}$），其他参与者在博弈 2 中就没有必要与这些人合作。另外，如果参与者在博弈 1 中选择不合作，那么他在以后的博弈中无论如何选择都不可能提高收益；如果参与者在之前的博弈中都选择合作，那么在未来的转型博弈中他继续选择合作的条件是当期和未来所有收益的贴现值大于两个博弈中花费的成本，即 $C_{kt}^1 + C_{kt}^2 < \delta R_{kt}^2 + d_{kt}$。整理可得 $C_{kt}^1 < \delta R_{kt}^2 - C_{kt}^2 + d_{kt}$，比较博弈 1 的激励相容条件，即使 $C_{kt}^1 > d_{kt}$，但只要满足条件 $C_{kt}^1 < \delta R_{kt}^2 - C_{kt}^2 + d_{kt}$，人们仍将共同协作，努力实现

经济转型。可见将社会规范因素融合到经济领域中将有助于推动经济转型，值得注意的是，满足以上条件以强大的社会力量为前提，人们要有足够的动力和积极性驱逐那些缺乏社会责任意识的不良参与者，这需要人们不能只关注眼前经济收益，还要注重和谐的社会环境以及稳定平衡的生态资源环境。我们认为经济发展水平较高地区较落后地区对后者赋予更高的偏好序，这是经济转型在发展程度较高地区更易实现的理论依据。

（三）容纳政治因素的经济增长

政府在经济增长中的作用不可或缺，这一部分将理论模型扩展到政治领域，进一考察政府与企业互动如何影响经济转型。任何考察政府在经济发展过程中所扮演角色的研究首先都要面对这样一个政治悖论：强大到足以保护产权和合同实施的政府也同样强大到足以剥夺公民的财产（施莱弗和维什尼，2004）。然而到目前为止，导致政府发挥某种作用而不是另一些作用的原因和机制还远没有讨论清楚。参考 Weingast（1997）的研究，假定经济体系中存在两类企业 A 和 B，正常情况下政府 G 对 A、B 一视同仁并征税 T_{kt}，同时为市场提供基础设施等公共物品和服务，维护经济体系的正常运行，企业从中获得正的效用 U_{kt}，其中 $k = A,B$；$t = 1,2,\cdots$。从某一期 j 开始，政府试图对某种类型企业（假设为 A）增税（等价于对另一种类型企业减税，或赋予其更优惠的发展权），以获取额外收益 a。对于这种掠夺行动，A 和 B 可以选择默认或抵制两种策略，抵制成本为 c_{kt}。如果 A 和 B 同时选择抵制，政府掠夺行为将无法得逞，同时承担成本 c_{kt}；如果只有一方选择抵制，则掠夺行为得逞，同时企业对政府和未来经济信心开始下降，整体经济遭受损失，A、B 各承担损失额 Δ；如果双方均不抵制，抵制成本得到节省，但仍然各自承担损失额 Δ。

根据以上描述，当 $\Delta \leqslant c_{Bt} \leqslant c_{At}$ 时，由于抵制成本过高，A 和 B 都将选择默认，多次博弈后，企业对于政府的掠夺行为总是不予抵制，并且在很长一段时间内都将锁定这一均衡，直到经济形势恶化到一定程度，即掠夺所获得的额外收益贴现值已不能弥补掠夺导致的经济效率损失造成的效用减少值；当 $\Delta > c_{At} \geq c_{Bt}$ 时，A 和 B 共同抵制政府掠夺符合双方的利益，但是当 $\Delta - c_{Bt} < a$ 时，政府可以通过向 B 支付一定数量的好处 s（$\Delta - c_{Bt} < s < a$）换取 B 的默认，结果就演变为政府与 B 联合掠夺 A 的均衡；当 $c_{At} > \Delta > c_{Bt}$ 时，A 对于政府掠夺行为会选择默许态度，而 B 则有与 A 合作抵制掠夺的愿望，这种情形对应的如果是富有社会责任感并关注未来的企业，那么即使政府掠夺行为并不直接损害其收益，它仍会奋起抵抗。但双方都不能确信对方是否会与自己共同抵制，因而政府掠夺在这种情形下能否得逞是不确定的。然而基于连接经济领域和社会领域的关联博弈模型，如果 B 企业付出一定程度的努力（e）来建立或维护社区规范，将有助于二者合作抵制政府掠夺行为，其中 B 的努力成本满足条件：$\Delta > c_{At} + e \geq c_{Bt} + e$；当 A 和 B 对政府掠夺行为都采取默认态度时，如果经济处在蓬勃发展阶段，A 并不会立刻退出市场，因为迅速增长的经济给 A 带来的效用增加值足以弥补政府掠夺和未来效率损失之和，而当经济面临增长瓶颈无法满足该条件时，继续对企业实施有差别和歧视性的掠夺将进一步恶化经济形势；此外，如果政府侵权失败后支付的成本（c_{Gt}）过小，那么即使掠夺不能得逞，政府也会选择掠夺。因此，增加政府掠夺市场的风险，形成对政府的有效约束是避免掠夺性政府出现的关键。

接下来的问题是，政府掠夺为何是针对 A 而不是 B 呢？还是随机选择掠夺对象？在现实中，政府常常对企业类型加以区分，如大、中型企业和小、微型企业，国有企业和民营企业，外资企业和内资企业，战略性新兴产业企业和夕阳产业企业，等等。假如将前者概括性地称为 A，后者称为 B，政府在绝大部分场合会将掠夺对象选择为 A，同等条件下 A 的抵制成本通常要大于 B 的抵制成本（$c_{At} > c_{Bt}$）。因此，识别 A 和 B 的类型是政府掠夺行为得逞的关键条件。假如所有主体公平竞争，企业类型足够多样，那么政府便无法判断掠夺何种企业更容易成功。在这种情况下，政府只能随机选择掠夺 A 或 B，A 和 B 被掠夺的概率各为 1/2。当一方受到政府掠夺时，如果另一方未选择抵制，那么在下一期对方被掠夺时，另一方也不会选择抵制，否则他们将总是共同抵制政府，此时政府将尊重每一方的权利，否则政府便随机选择掠夺某一方。假设政府以 1/2 的概率随机选择掠夺一方，另一方如果不抵制，则其未来损失之和的贴现值为 $\frac{1}{2} \times \frac{\delta \ (a+2\Delta)}{1-\delta}$，如果抵制则当期成本为 $c_{kt}-\Delta$，共同抵制的条件为 $\frac{1}{2} \times \frac{\delta \ (a+2\Delta)}{1-\delta} > c_{kt}-\Delta$，整理得：$\delta > \frac{2 \ (c_{kt}-\Delta)}{2c_{kt}+a}$。可见，只要满足条件 $\delta > \frac{2 \ (c_{kt}-\Delta)}{2c_{kt}+a}$，即使 $\Delta > c_{At} \geq c_{Bt}$，且 $\Delta-c_{Bt}<a$，政府与企业 B 联合掠夺 A 的企图也无法实现，A 和 B 将共同抵制政府掠夺，一个致力于长期增长的合作体系得以形成。所有企业公平竞争，使得政府选择掠夺对象面临高度不确定性，是实现以上合作的前提条件。

二 回顾"深圳奇迹"：深圳经济特区经济高速增长事实

根据上述理论模型，单纯追求经济高速增长的模式终将面临资源限制，即使是市场相对完善的发达地区也不能例外。为验证该论断，这一部分通过计量模型进行实证检验。本文中的资源泛指生产过程中所有要素投入，为简化分析，本文重点考察资本和劳动这两类资源，以此验证资源依赖型增长方式的不可持续性。本文选择深圳经济特区作为实证对象，因为以市场经济起步最早、市场体系相对完善、经济特区建设最为成功的深圳经济特区为样本得出的结论更具代表性。

（一）30 年来深圳经济特区经济的总体表现

自中国设立经济特区以来，几个边远落后的小渔村迅速成长为靓丽的现代化都市。其中，深圳经济特区的成就尤其令人瞩目，"深圳速度"更是不断抒写着中国和世界现代化建设与城市发展的奇迹，回顾其成长历程也总是令人激动不已。深圳经济特区刚成立时，其经济总量相当小。但随后深圳经济特区获得了远高于其他几个经济特区的增长速度，20世纪80年代中期，深圳经济特区在经济总量上迅速超越汕头和海南经济特区。到20世纪90年代，深圳经济特区在经济总量上已遥遥领先于其他经济特区，随后仍然保持高速增长。深圳经济特区20世纪80年代的年均增长率近乎40%，90年代的年均增长率在23%左右，21世纪以来的年均增长率仍保持在14%左右，这使得深圳经济获得了惊人的跃迁。问题随之而来，成就今日之深圳的秘诀是什么？"深圳奇迹"是否真的突破了传统经济增长方式的樊笼？

（二）模型与参数估计

1. 选择生产函数

为准确度量资源投入对深圳经济特区经济增长的影响，我们需要估计深圳经济特区经济增长过程中的各种要素贡献。为此，我们首先建立生产函数模型，函数形式为 $Y_t = A(t) L_t^{\alpha_L} K_t^{\alpha_K}$，其中 $A(t)$ 代表第 t 年的技术水平，Y_t 代表深圳第 t 年的经济产出，L_t 代表深圳第 t 年的劳动力数量，K_t 代表深圳第 t 年的资本数量，α_L、α_K 分别代表劳动和资本的弹性系数。基于时间序列数据，本文以时间趋势项代表技术进步，对数化后的函数形式如下。

柯布-道格拉斯函数：

$$ln(Y_t) = a_0 + \alpha_t t + \alpha_L ln(L_t) + \alpha_K ln(K_t) \tag{1}$$

当产出具有规模报酬不变性质时，$\alpha_L + \alpha_k = 1$，函数（1）可以转化为规模报酬不变的 C-D 函数：

$$ln(Y/L)_t = a_0 + a_t t + \alpha_K ln(K/L)_t \tag{2}$$

为了体现变量之间的互动关系，本文使用超越对数函数表征生产函数：

$$ln(Y_t) = a_0 + \alpha_t t + \alpha_L ln(L_t) + \alpha_K ln(K_t) + \frac{1}{2} a_{LL} ln^2(L_t) +$$

$$\frac{1}{2} a_{KK} ln^2(K_t) + \alpha_{LK} ln(L_t) ln(K_t) \qquad (3)$$

此时，劳动和资本的产出弹性分别为：

$$a_L = \alpha_L + \alpha_{LL} ln(L_t) + \alpha_{LK} ln(K_t), b_K = \alpha_K + \alpha_{KK} ln(K_t) + \alpha_{LK} ln(L_t)$$

正规化处理后可得到：

$$A_L = a_L / (a_L + b_K); B_K = b_K / (a_L + b_K)$$

函数（1）和函数（2）均隐含技术进步中性假定，现实中的技术进步常常嵌入资本或劳动中，称为体现式技术进步，且函数（3）通常对数据量要求较高，因此对函数（3）的形式加以放松，选择有限超越对数函数：

$$ln(Y_t) = a_0 + \alpha_t t + \alpha_L ln(L_t) + \alpha_K ln(K_t) + \alpha_{tL} t ln(L_t) + \alpha_{tK} t ln(K_t) + \alpha_{tt} t^2 \qquad (4)$$

另外，以上函数均隐含技术效率水平为100%，即在给定的技术和投入水平下，产出达到最大化，也就是说深圳经济在技术前沿面上进行生产，这一假定显然过于严格。在技术效率不完全时，全要素生产率将可继续分解为技术进步和技术效率，估计技术效率的随机前沿生产函数为：

$$ln(Y_t) = a_0 + \alpha_t t + \alpha_L ln(L_t) + \alpha_K ln(K_t) + u_t + v_t \qquad (5)$$

其中 $u_t \leq 0$，代表技术非效率，当 $u_t = 0$ 时企业处于生产可能性前沿上，那么技术效率将被定义为：$TE(t) = e^{u_t}$ = 实际产出/最大可能产出（毛世平，1998）。v_t 为随机变量，表示生产过程中的随机因素作用。[1]

2. 参数估计

首先使用函数（1）~（4）进行回归，结果显示函数（2）的拟合效

---

① 此处不再详细论述以上各个函数变量的具体含义及数据来源，可参考原文：袁易明、姬超：《资源约束下的经济增长转型路径——以深圳经济特区为例》，《经济学动态》2014年第10期。

果最为理想，其他函数的回归结果或者不显著，或者回归系数为负而不具有经济意义，或者两者兼具，或者函数形式只对个别特区拟合效果较好，从而不具有横向比较意义。因此，表征深圳经济特区经济增长最佳的生产函数形式是规模报酬不变的柯布-道格拉斯函数，回归结果见表 1。

表 1 深圳经济特区经济增长的回归结果

回归变量	函数（1）	函数（2）	函数（3）	函数（4）
常数项	0.056（0.074）	0.727（1.258）	−18.806（−1.291）	−3.799（−2.026）
lnK	0.872（11.470）***		4.430（1.277）	1.309（6.990）***
lnL	0.171（2.895）***		−1.176（−0.270）	−0.270（−1.465）
t	0.029（3.601）***	0.036（14.133）**	0.141（3.758）***	0.807（3.466）***
$ln(K/L)$		0.814（12.697）**		
$ln^2(K)$			−0.146（−0.695）	
$ln^2(L)$			0.175（0.464）	
$ln(K)ln(L)$			−0.016（−0.030）	
$tln(K)$				−0.082（−3.364）***
$tln(L)$				0.062（3.040）***
tt				0.006（3.144）***
观察值	32	32	32	32
调整后 R^2	0.996	0.993	0.999	0.999
D-W 检验	0.981	1.998	0.907	1.299

注：括号内的值为 t 检验值；*** 表示在 1% 的水平上显著；** 表示在 5% 的水平上显著；* 表示在 10% 的水平上显著。

结果表明，资本、劳动和技术要素对经济增长的影响都非常显著，但对增长的影响程度有所不同。其中资本对增长的影响程度最高，每一单位的资本投入可以带来 0.81 单位的产出，劳动和技术要素对增长的影响相对较小。根据我们前期的研究结果，资本对全国产出的弹性系数为 0.56，劳动和技术对全国产出的弹性系数分别为 0.29 和 0.02（袁易明，2008）。可见，深圳经济特区比全国更加依赖资本，但深圳经济特区技术对产出的贡献程度也要显著高于全国平均水平。这表明尽管深圳经济特区取得了骄人的增长成绩，但很大程度上是由资本增长造就的，技术进步机制与特区经济增长的关联度较低。当然，函数（1）～（4）暗含了技术效率为1的不合理假定，此假定将资本和劳动贡献之外的（余值）都记为全要素生产率的贡献，并将此近似为技术进步的贡献，这种做法显然不够准确。因此，我们继续对全要素生产率进行分解，从技术进步和技术效率的角度进一步解析。

（三）测算技术效率

当前，估计技术效率通常有两类方法，一类是非参数方法，另一类是参数方法。非参数方法不需要估计生产函数，因而避免了错误函数形式带来的错误，但是需要大量数据以及严格的计算方法。参数方法则是首先估计生产函数的各个参数，以此描述整个生产过程，随机生产边界函数（SFA）在其中得到了最广泛的应用（Afriat，1972）。鉴于以上两种方法已较为成熟并且得到广泛使用，本文不再详细介绍技术效率的测算原理，根据上文所列的函数（5），本文运用 SFA 方法直接进行测算，即求 u_{it} 的值（见表2）。可以看出，随着改革开放的深入，深圳经济特区的技术效率水平有了一定程度的提高，而且与全国平均水平相比，深圳经济特区的技术效率仍然是较高的。

表 2 深圳经济特区与全国的技术效率比较

地区	1980～2011 年	1980～1990 年	1991～2000 年	2001～2011 年
深圳经济特区	0.91	0.88	0.92	0.94
全国	0.80	0.79	0.82	/

注：全国数据资料来源于袁易明（2008）。

（四）对深圳经济特区经济增长的解释

综合上述分析，深圳经济特区经济增长的要素贡献也就分解了出来，即资本、劳动、全要素生产率（技术效率+技术进步）。据此，经济增长要素贡献分解的基本模型可以进一步改进为函数（6）：

$$ln(Y_t) = a_0 + \alpha_t t + \alpha_L ln(L_t) + \alpha_K ln(K_t) + ln(e^{u_t + v_t}) \qquad (6)$$

方程两边同时对时间 t 求偏导，得到更具体的解释模型（7）：

$$ln(Y_t)/\partial t = \partial[a_0 + \alpha_t t + v_t]/\partial t + \alpha_K \partial ln(K_t)/\partial t + \alpha_L \partial ln(L_t)/\partial t + \partial ln(e^{u_t})/\partial t \qquad (7)$$

各个要素对经济增长的贡献率及各要素年均增长率列于表3。结果表明，改革开放以来的深圳经济特区经济取得了高速增长，但增长的主要推动力量是资本要素，深圳经济特区经济增长对资本的依赖甚至达到一种畸形的地步，资本贡献率超过了80%。劳动要素对增长的贡献率则要低很多，平均数值在13%左右。相比之下，全要素生产率的贡献要低很多，对深圳经济特区经济增长的作用并不明显。就全要素生产率的构成而言，深圳经济特区经济增长过程中，技术效率和技术进步的贡献都是正向的，其中技术进步的贡献率相对更大，表明深圳经济特区经济增长和全要素生产率的提高主要依赖于外生性技术进步，技术效率的贡献较小。从各类要素的年均增长率来看，资本的年均增长率明显高于劳动和技术要素，近年来增长率虽然有所放缓，但仍然维持在较高水平。

20世纪80年代，深圳经济特区经济获得了超高速的增长，年均增速接近40%。在这个增长过程中，资本要素贡献率超过100%，劳动要素也对深圳经济特区经济增长有一定程度的贡献，全要素生产率对深圳经济特区经济增长的贡献率却是负值，但是技术效率的改进仍然为深圳经济特区经济增长作出了贡献。

20世纪90年代，与20世纪80年代相比，深圳经济特区经济增长率明显下降。在这十年中，经济增长对资本投入的依赖程度有所下降，资本贡献率下降了近34个百分点，但经济增长对资本的依赖程度仍然处于比较高的水平。此外，这十年中全要素生产率的贡献率由负值变成正值，但与 20 世纪 80 年代不同的是，技术效率的贡献在这个时期变为负值，经济增长反而更加依赖于技术进步的贡献。

2001～2011 年，深圳经济特区经济增长率进一步下降，这一阶段，深圳经济特区经济增长对资本的依赖程度再次下降，资本增长率也有所下降；劳动要素的贡献率及增长率也有所下降；全要素生产率的贡献率在这个阶段有了大幅增加，技术效率的贡献率开始转为正值，技术进步的贡献率有一定的增长。但是全要素生产率的增长率仍然较低，技术效率的贡献率和增长率低于技术进步的贡献率和增长率，表明深圳经济特区经济增长更多依赖技术进步，而不是技术效率。

根据对深圳经济特区经济增长因素的分解以及对要素增长贡献的定量分离，可以得出以下结论。

第一，与全国经济增长方式类似，深圳经济特区经济高速增长主要依赖的仍然是"外延式增长"，这种外延式增长主要依靠资本投入，对资本生产力的释放是深圳经济特区经济高速增长的主要力量。

第二，以技术效率和技术进步为源泉的全要素生产率增长速度缓慢，对深圳经济特区经济增长的贡献小。其中技术效率的贡献率和增长率又相对低于技术进步，表明深圳经济特区正从"资本为主的外延式增长"向"外生技术进步为主的外延式增长"转变。

第三，资本和劳动要素对深圳经济特区经济增长的贡献率不断下降。随着全国其他地区的发展，流向深圳经济特区的资本和劳动增长率显著下降，反映了先行的深圳经济特区开始面临资源约束，经济增长率随之下降。与此同时，技术进步和技术效率增长率和贡献率相对仍然较低，这就会制约经济的可持续发展，深圳经济特区转型任务仍然艰巨。

表3 深圳经济特区经济增长的要素贡献分解

单位：%

时期	经济产出	资本	劳动	全要素生产率	技术效率	技术进步
1981~2011 年	24.6	20.3（81.2）	14.3（13.4）	5.5（5.4）	0.6（2.5）	4.9（2.9）
1981~1990 年	37.0	29.4（106.6）	23.1（22.3）	8.8（-28.9）	1.7（6.6）	7.1（-35.5）
1991~2000 年	23.5	20.9（72.7）	16.2（12.6）	3.5（14.7）	-1.0（-3.0）	4.5（17.7）
2001~2011 年	14.4	11.5（65.8）	4.47（6.1）	4.2（28.2）	0.8（4.1）	3.4（24.1）

注：表中数据为经济产出及各要素的年均增长率，括号中数据为各要素对经济增长的贡献率。

三 结论：深圳转型的路径选择

综上所述，随着经济发展程度提高，地区对资源的使用越来越接近临界点，资源过度使用在传统经济增长方式下不可避免，仅仅依靠经济主体的自发行动很难演化形成资源合理、高效利用的合作秩序。此时将经济活动融入社会场域则可以有效放松均衡实现条件，促进经济主体共同协作，实现资源可持续利用和经济转型这一目标。而决定经济主体积极建立和维护社会规范的主要因素在于经济主体对未来的预期，一个掠夺性的政府将侵蚀人们的长远预期，决定政府是否侵权的主要因素又在于政府能否轻易分辨识别不同企业的特征类型。建立公平、公正的市场竞争环境，形成多样化的市场体系可有效防止政府侵权行为得逞。在此基础上壮大各类社会组织力量，培育经济主体的主体意识，可倒逼经济转型，实现经济增长方式转型和资源的可持续利用。

但是在现实中，虽然深圳民营经济较为发达，市场经济体系较为健全，但造就深圳奇迹的主要因素仍然是大量资本投入。率先开放、政策优惠和毗邻港澳的地缘优势在深圳经济高速增长过程中发挥了重要作用，深圳借此吸引了大量外资和内地劳动力，从而获得了发展的先行优势。如果仅仅将改革开放和政策制度作为深圳的成功经验未免太过笼统，充足的资源投入对于经济增长而言才是根本，即使资源使用效率在很长一段时间内并不高。随着资源约束条件趋紧，原有增长方式的效用开始递减，深圳经济的可持续增长要求新的制度变革和转型，否则，深圳经济进一步增长的动力便会逐渐衰竭，特区的使命恐怕也会真正终结。

根据前文建立的转型模型，深圳这样的发达城市具有转型的内在优势。但在转型路径上，经济发展水平较高时制度变革的机会成本也相应较高，许多既得利益者因此对深化改革持保守态度甚至阻挠改革。许多期望从制度变革中增进个人收益的市场参与者却没有能力或动力促进制度创新，因为他们无法保证完全或大部分占有创新收益，反而不得不承担创新的大部分成本。因此，成功的经济转型需要激励和保证最广泛的市场参与者和要素所有者的正当权益，激励更广泛的市场主体主动参与到经济转型中，主动参与产业分工体系，形成参与式发展，突出和保障人的能动性、创造性，推动他们的自我价值实现和提升。

在此基础上，经济转型还应着力推动社会体制改革，强化社会和民间力量，鼓励企业，特别是有实力的企业参与到社区生活中，推动各类社会团体的发展，促使社会和全体公民共同关注经济可持续发展，关注人类共同的家园和未来，最终形成以社会规范力量约束和激励经济主体高效、合理利用资源，实现经济转型。社会资本的积累有利于发挥行为主体间的协调与互补作用，通过社会自身解决社会问题和内部矛盾。良序的公民社会将产生强大的社会力量，促进社会规范的自发演化，从而减少严重的社会冲突，为经济转型创造和谐的社会环境。

参考文献

〔美〕安德烈·施莱弗、罗伯特·维什尼:《掠夺之手:政府病及其治疗》,赵红军译,中信出版社,2004。

毛世平:《技术效率理论及其测度方法》,《农业技术经济》1998年第3期。

〔日〕青木昌彦:《比较制度分析》,周黎安译,上海远东出版社,2001。

袁易明:《中国所有制改革对效率改进的贡献》,《中国经济特区研究》2008年第1期。

Afriat S. N. , "Efficiency Estimation of Production Functions", *International Economics Review*, No. 3, 1972.

Hardin Garrett, "The Tragedy of the Commons", *Science*, Vol. 162, No. 3859, 1968.

Weingast B. , "The Political Foundations of Democracy and the Rule of Law", *American Political Science Review*, No. 91, 1997.

Young H. P. , "The Evolution of Conventions", *Econometrica* , No. 61, 1993.

Young H. P. , *Individual Strategy and Social Structure: An Evolutionary Theory of Institutions*, Princeton University Press, 1998.

(本文原载于《经济学动态》2014年第10期,收录时有所修订)

柯兹纳式套利型还是熊彼特式创新型？

——企业家创业精神对经济增长质量的影响

刘伟丽　杨景院[*]

摘　要： 本文首先从理论上梳理了企业家创业精神理论框架以及我国企业家创业精神对经济增长质量的影响，然后基于2006~2019年我国省级面板数据，实证研究了企业家创业精神对经济增长质量的影响以及其区域异质性效应，并运用中介效应与有中介的调节效应等计量方法对企业家创业精神影响经济增长质量的作用机制进行实证检验。结果表明，就全国整体而言，企业家创业精神对经济增长质量呈现显著的"U"形影响，具体而言，从长期来看，随着地区企业家创业精神不断发展，企业家创业精神将从柯兹纳式套利型转变为熊彼特式创新型，其对经济增长质量产生的抑制作用将被助力作用所替代。东部地区企业家创业精神对经济增长质量呈现显著的正向线性影响，而中部与西部地区企业家创业精神对经济增长质量仍然呈现显著的"U"形影响。机制检验表明，企业家实质性创新在企业家创业精神影响经济增长质量的过程中具有显著的完全中介效应，但企业家策略性创新不具有显著的中介效应，且金融发展具有正向有完全中介的调节效应。本文研究结果显示：我国企业家创业精神在发展到一定的水平后，其导致经济增长质量下降的现象必然会消失，转而

* 刘伟丽，深圳大学中国经济特区研究中心教授、博士生导师，深圳大学中国质量经济发展研究院院长；杨景院（通讯作者），深圳大学中国经济特区研究中心博士研究生。

不断提升经济增长质量。这为通过激发企业家创业精神来推动我国经济高质量发展提供了经验依据。

关键词：企业家创业精神；经济增长质量；柯兹纳式套利型；熊彼特式创新型；金融发展

引言

改革开放以来，我国经济发展取得了举世瞩目的成绩，经济总量长期保持高速增长，但同时依赖于"高投入、高能耗、高污染、低效益"的增长模式，导致经济增长速度与质量并不一致（刘海英和张纯洪，2006），这种以速度换质量的发展方式不具有可持续性。党的十九大报告指出，"我国经济已由高速增长阶段转向高质量发展阶段，正处在转变发展方式、优化经济结构、转换增长动力的攻关期"。在"十四五"规划中，我国经济年均增长目标设定为"保持在合理区间、各年度视情提出"，而不再为具体量化数值。这表明我国经济发展不再简单以增速论英雄，未来的方向和着力点在于推动经济实现高质量增长。基于此，寻找能够促进经济高质量增长的可行路径，成为当前我国迫切需要解决的问题。

我国经济应如何实现高质量增长，一些学者分别从外资技术转移、金融发展、企业投资、信息通信技术、生产性服务业集聚等视角做了许多严谨细致的研究。但鲜有文献从企业家创业精神的角度来研究经济增长质量问题。学术界普遍认为，企业家对我国经济增长奇迹的创造具有重大贡献，这是因为民营经济在贡献税收、促进技术创新与新产品开发、增加就业岗位、改善民生等方面发挥着不可替代的作用（张玉利和谢巍，2018）。经验研究也显示企业家创业精神推动我国经济增长（李宏彬等，2009；马忠新和陶一桃，2019），但这些研究的关注点主要集中在经济增长的速度或数量而非质量。显然，在当前我国追求高质量增长的关键时期，研究企业家创业精神对经济增长质量的影响具有重要的现实意义。

一 理论分析与假说

(一)企业家创业精神理论

企业家要想创业，首先必须有创业机会（Shane 和 Venkataraman，2000）。奥地利学派最早强调知识与创业机会的联系。创业机会来源于企业家对市场知识的识别与利用，这里的知识是指市场或者影响市场的各种事实的总和。企业家用于识别创业机会所需的知识可以区分为关于实际情况的知识（旧的知识）和新的科学或技术知识（新的知识）（林苞，2013）。基于既有的两种知识类型，把企业家创业精神划分为两种类型。

第一种是柯兹纳式套利型企业家创业精神。普遍认为，企业家创业志在谋取利润，只有有足够的利润，才能补偿企业家创业的机会成本以及风险溢价。由于知识分散与信息不完全，或者是突然未预料到的变化引起知识不对称，如制度变革、政策调整、瘟疫发生等，资源配置经常处于非均衡状态。市场不均衡意味着价格差异，从而产生诱发利润的机会，这为企业家提供了套利创业的可能性。即使套利机会存在，也不会凭空出现。识别机会所必需的知识并没有广泛地分布在整个人群当中，机会不总是对每个人都显而易见（Hayek，1945）。任何时候都是只有一部分人会发现给定的机会（Kirzner，1973），企业家凭借其关键能力的警觉性（alertness），在不均衡中比其他人更快更早认识到有利可图的机会，利用这一机会，提供使经济回到均衡状态的压力（Baumol，2005）。柯兹纳所强调的是发现"旧的"知识，也就是"警觉"既有机会，而由于知识的限制，这种创业机会通常会被忽略。因此，柯兹纳式的企业家创业精神主要侧重于在给定的技术限制下识别和利用现有的商业机会。如果市场上参与套利的企业家群体不断扩大，那么分散于市场的"旧的知识"将得到充分传播与利用。不仅如此，创业机会还具有极强的示范性与可模仿性，机会被发现后，其他人同样也可以使用。如果知识与创业机会被传播到整体人群，那么一方面，生产要素所有者将会谋求对要素重新定价，直至企业家利润消失（Shane 和 Venkataraman，2000）；另一方面，潜在的企业家也获得相同的知识与创业机会，从而迅速瓜分核心利润，直至新企业家进入时收益等于成本（Schumpeter，1934）。

第二种是熊彼特式创新型企业家创业精神。通过竞争，分散的知识得以动员、统一和连贯，创业机会得以广泛传播，市场逐渐收敛于均衡状态，套利型企业家能发挥作用的舞台越来越小。然而，企业家无法容忍市场长期处于均衡状态，这与企业家谋取超额利润的志向相违背。与柯兹纳认为企业家的天职是通过警觉性利用"旧的"知识来捕捉到利润机会不同，熊彼特则强调创造并应用"新的"知识。熊彼特把这种具有破坏性的"新知识"或者"新组合"分成 5 类，包括新产品、新市场、新资源、新技术、新组织形式。新旧知识不是孤立静止的，相互之间是具有可联系性的。企业家把"新知识与旧知识相互糅合"形成新的知识面，新的知识面大于旧知识与新知识的总和。基于要素重组的新的知识面，打破了旧知识所维持的静态均衡价格，最终由企业家套利转化为产品和服务。在一定意义上，柯兹纳认为企业家就是买卖生产要素实现市场出清，而熊彼特则强调在生产要素不变的基础上，进行要素组合方式的变革，因此熊彼特型企业家的工作是破坏所有的市场静态均衡，而柯兹纳型企业家的工作是恢复市场均衡（Baumol，2005）。另外，由于新知识的创造过程往往具有复杂性，现实中存在知识产权的保护制度，企业家创造的新知识短期具有可垄断性，这也极大地激发了企业家的创新热情，但长期来说，新技术仍然会被传播。

综上可知，企业家套利型创业精神的本质是直接利用已有的知识发现未曾出现的利润机会，并纠正资源配置中由"无知"引起的错误，从而使得市场资源配置逼近静态均衡的状态。企业家创新型创业本质是创造"新知识"，使得市场处于资源配置不均衡状态，再将企业家所创造的新知识与旧知识整合成新知识面，来发现未曾出现的利润机会，属于通过创新来实现套利。可见，套利型企业家和创新型企业家并非割裂对立的，熊彼特式创新型企业家本质是柯兹纳式套利型企业家的一种形式。如果地区企业家创业竞争不足，已有的知识未被充分挖掘，市场处于不均衡状态，直接套利的机会较多，那么企业家创造新知识的热情将被抑制，此时的创业主要表现为套利型创业。反之，随着更多创业者进入市场，创业竞争加剧，分散于市场中的旧知识被充分传播与利用，市场中可直接用于套利的空间越来越小，那么企业家创造新知识的热情将被激发，此时的创业主要表现为创新型创业。

（二）我国企业家创业精神对经济增长质量的影响及其内在机理

根据上文分析，柯兹纳式套利型企业家创业精神不断纠正市场不均衡，随着企业家创业竞争加剧，套利的空间越来越小，部分企业家开始从套利型转向创新型，这将会对经济增长质量产生重要影响。本文结合企业家创业精神理论与我国经济实际情况进行分析。

1. 企业家创业精神对经济增长质量的影响

改革开放前期，我国从封闭的计划经济向开放的社会主义市场经济转型过程中存在不均衡现象。我国拥有丰富的年轻劳动力、低成本的土地资源以及广阔的海外消费市场，这些因素导致企业家套利机会非常多，比如利用沿海与内陆之间的不均衡套利，创造利润；市场供给短缺，需求旺盛，套利门槛较低，通过简单的模仿加工就能赚钱；对外开放也给企业家释放了极大的套利空间，企业家通过进口国外初级资源类产品或者承接发达国家转移的低端制造业，出口劳动密集型产品。正如金碚（2015）所描述的那样，这一期间属于我国工业化发展的加速时期，主要依靠生产要素投入扩张和粗放化的增长模式。这一时期的企业家创业精神主要表现为柯兹纳式套利型，企业家创新精神被抑制。

随着更多创业者参与竞争，市场需求逐渐趋于饱和状态，劳动力与资本等要素价格上涨并逼近均衡价格，环境成本也在增加，单纯依靠要素投入扩张的创业机会越来越少，此时我国经济进入从高速增长转为中高速增长的时期。中央政府进行了一系列供给侧改革，并多次强调坚决不搞强刺激政策与不走粗放增长的老路。为持续获取利润，企业家创业被迫从柯兹纳式套利型向熊彼特式创新型转型，具体表现为企业家创业从要素驱动、投资驱动转向创新驱动。企业家通过改善工艺流程、研发新产品、开拓新功能、开辟新市场等创新行为来打破市场均衡，从而促进产业结构优化与消费结构升级，推动绿色经济发展，提高全要素生产率，进而实现经济高质量增长。因此，企业家创业精神对经济增长质量的影响，取决于地区创业精神的活跃度，即市场均衡程度。基于此，本文提出研究假说1：企业家创业精神对经济增长质量呈现显著的"U"形影响，即随着企业家创业精神活跃度提升，企业家创业精神对经济增长质量首先表现出显著的负向影响，而后表现出显著的正向影响。

2. 企业家创新的中介效应

Baumol（1990）用生产性与非生产性企业家的概念来区分不同的企业家创业行为。如果政策制度不完善，非生产性企业家将会通过各种类型的寻租活动来谋取利益，而这些活动不会增加社会总产出，更不会推动经济高质量增长。为了快速促进区域创新发展，地方政府往往会对企业创新研发活动实施各种类型的巨额补贴（张杰等，2016）。但值得注意的是，比较客观全面地衡量企业创新绩效相当困难，存在通过专利数量来评估企业创新能力与绩效而忽略企业进行研发获得资助的现象。因此，部分企业家经常会发送将进行原始性创新的虚假信号以获取政府研究与试验发展（R&D）补贴，导致专利申请数量泛滥、名不符实（安同良等，2009）。黎文靖和郑曼妮（2016）研究发现，产业政策激励导致大量简单的非发明专利申请量显著增加，而对于真正用于提升产品质量的发明专利数量提升没有显著贡献。换言之，政府实施创新补贴等产业政策可能导致企业家热衷于追求策略性创新而忽略实质性创新。企业家创业精神通过实质性创新可以有效促进经济增长质量提升，而策略性创新对经济高质量增长的影响有限。基于此，本文提出研究假说2：在企业家创业精神对经济增长质量的影响过程中，企业家实质性创新具有显著的中介效应，企业家策略性创新不具有显著的中介效应。

3. 金融发展有中介的调节效应

改革开放以来，经过数十年的发展，我国金融体系逐渐呈现多样化、多层次的格局，包括银行业、证券业、保险业、信托业以及其他融资贷款产业等，但目前我国金融体系支持创业创新的总体结构仍然以银行业为主导，银行信贷在政府推进创业创新的措施中占据举足轻重的位置（程实和罗宁，2015；张宽和黄凌云，2019）。2015年出台的《国务院关于大力推进大众创业万众创新若干政策措施的意见》明确提出要创新银行业对创业创新企业的支持方式。企业家创业创新资金约束较强，也需要承担一定的风险。金融发展不仅能给企业家创业创新融资提供有利条件，降低企业家融资成本，还能提供风险分担机制。解维敏和方红星（2011）发现，我国银行业市场化转型、地区金融发展能够有效增加上市公司的R&D投入。金融的繁荣促进企业家创业精神从套利型转为创新型，主要原因有两方面：一方面，金融发展促进企业家套利型创业发展，随着套利空间缩小，企业家创业被迫从套利型转向创新型；另一方面，金融发展为企业向创新型发展提供金融支持与风险分担，推动企业家创业主动从套利型转向创新型。由此可见，金融繁荣通过加速企业家创业从套利型转为创新型，从而促进经济增长质量提高。基于此，本文提出研究假说3：金融发展在企业家创业精神对经济增长质量的影响过程中表现出正向调节作用，并且这种调节作用是通过促进企业家创业精神从套利型转为创新型，进而提升地区经济增长质量实现的，即金融发展在企业家创业精神对经济增长质量的影响过程中存在正向有中介的调节效应。

二 模型设定、变量选择与数据来源

（一）模型设定

为检验及探讨研究假说1，本文构造以下计量模型：

$$Qua_{i,t} = \alpha_0 + \alpha_1 BE_{i,t} + \alpha_2 BE_{i,t}^2 + \lambda_1 Control_{i,t} + u_i + v_t + \varepsilon_{i,t} \tag{1}$$

其中，i 和 t 分别为地区与年度的标识，$Qua_{i,t}$ 为经济增长质量，$BE_{i,t}$ 为企业家创业精神，$BE_{i,t}^2$ 为企业家创业精神的二次项，$Control_{i,t}$ 表示控制变量集，u_i 为地区固定效应，v_t 为年度固定效应，$\varepsilon_{i,t}$ 为随机扰动项。

（二）变量选择

1. 被解释变量

经济增长质量指标选择。现有研究中，经济增长效率指标常被用于描绘经济增长质量。本文参考相关文献运用数据包络分析（DEA）方法从效率视角测算我国经济增长质量，投入指标包括资本、有效劳动、能源以及非期望产出环境污染，产出指标为期望产出国内生产总值，具体测算方法、指标选择、数据来源与操作处理详情可参见刘帅（2019）的研究。

2. 解释变量

企业家创业精神指标选择。本文遵循李宏彬等（2009）的方法，利用自我雇佣比例来衡量企业家创业精神，即私营企业和个体企业从业人员数量占总就业人口的比例。该指标的侧重点是衡量地区企业家创业精神的活跃水平。

3. 中介变量

企业家创新指标选择。本文使用国内专利授权量与总就业人口的比值

（每万人就业专利授权量）来衡量。进一步，本文参考黎文靖和郑曼妮（2016）的做法，使用国内发明专利授权量与总就业人口的比值来衡量企业家实质性创新（$IE1$）；使用实用新型专利和外观设计专利的授权量与总就业人口的比值来衡量企业家策略性创新（$IE2$）。

4. 调节变量

金融发展（Fin）指标选择。根据前文理论部分介绍，考虑到我国金融体系支持创业创新的总体结构仍然以银行业为主导，本文采用地区金融机构年末存款余额与国内生产总值（GDP）的比率衡量金融发展情况。

5. 控制变量

为了让实证结果更具严谨性，有必要在模型中引入影响经济增长质量的控制变量。本文引入的控制变量有：政府干预（$Govern$），利用政府财政支出占 GDP 比重进行衡量；产业结构（$Structure$），利用各地区第三产业与第二产业增加值的比值来度量；对外开放（$Open$），利用各地区进出口总额①与 GDP 的比值来刻画；城镇化水平（$Urban$），利用地区年末城镇人口总数与人口总数之比来呈现；人力资本（$Labor$）②，利用地区平均受教育年限来描绘，为减缓异方差，对人力资本取对数；R&D 投入强度（RD），利用各地区 R&D 支出与 GDP 的比值来表征。

（三）数据来源与描述性统计

本文实证部分采用的数据是 2006~2019 年我国 30 个省（自治区、直辖市）③ 的面板数据。本文所有包含价格变量的指标皆为相对指标，不受

---

① 利用中间汇率将以美元为单位的进出口贸易总额折算成以人民币为单位的进出口贸易总额。

② 计算公式为 $Labor = Primary \times 6 + Middle \times 9 + High \times 12 + Junior \times 16$，其中 $Primary$、$Middle$、$High$ 和 $Junior$ 分别为小学、初中、高中中专和大专以上教育程度居民数量占地区 6 岁及以上人口数量的比重。

③ 由于西藏数据缺失较多，故未纳入研究。

价格因素的影响。原始数据来源于国家统计局网站及历年《中国金融统计年鉴》《中国科技统计年鉴》《中国统计年鉴》等。

三 实证分析

（一）基准回归与讨论

表 1 列（1）报告了利用 OLS 模型对式（1）进行回归的结果，列（2）为采用面板数据的个体固定效应模型，列（3）为采用面板数据的双向固定效应模型。不难发现，在全部回归结果中，本文关注的核心解释变量影响系数与显著性水平基本保持一致，即企业家创业精神的影响系数在1%的水平上显著为负，二次项的影响系数在 1%的水平上显著为正，结果表明企业家创业精神与经济增长质量之间存在一定的"U"形曲线关系。该结果验证了研究假说 1。

表 1　基准模型回归结果

	OLS	FE	FE
	（1）	（2）	（3）
BE	-1.985^{***} （0.421）	-1.719^{***} （0.468）	-1.156^{***} （0.405）
BE^2	2.247^{***} （0.530）	2.230^{***} （0.536）	1.952^{***} （0.495）
控制变量	Yes	Yes	Yes
时间固定效应	No	No	Yes
省份固定效应	No	Yes	Yes
拐点	0.442	0.385	0.296
N	420	420	420
R^2	0.475	0.800	0.817

注：括号内为稳健性标准误，*、**、***分别表示在 10%、5%、1%的水平上显著，下同。

（二）区域异质性讨论

为考察企业家创业精神对经济增长质量的影响是否存在区域异质性效应，本文将观察资料划分为东部、中部与西部三组，分别重复式（1）的回归，估计结果如表 2 所示。列（1）结果显示，东部地区企业家创业精神系数为负，其二次项的系数为正，但都不显著。与全国整体情况不同，东部地区的企业家创业精神与经济增长质量并不表现出显著的"U"形关系，表明假设 1 成立是有条件的。可能的原因是东部地区大部分样本已经进入"U"形曲线的右侧，经统计，在全国整体回归中，东部地区已经有接近 60% 的样本跨越拐点。列（2）汇报了在列（1）的基础上删除企业家创业精神二次项后的回归结果，企业家创业精神的影响系数为正，并且高度显著，该结果表明东部企业家创业精神对经济增长质量存在显著的正向线性影响。相比全国整体情况，东部地区已经进入企业家创业精神推动经济高质量增长的阶段。该结果表明，企业家创业精神发展到一定水平后，其导致经济增长质量下降的现象将会消失。列（3）和列（4）显示，在中部与西部地区，企业家创业精神对经济增长质量呈现高度显著的"U"形影响。相较于东部地区，中西部地区粗放型经济仍有较大的套利空间，企业家参与技术密集型产业的创业积极性不足，因此企业家创业精神对地区经济增长质量还存在负面影响。

表 2　分地区样本回归结果

	东部	东部	中部	西部
	（1）	（2）	（3）	（4）
BE	−0.140 (0.794)	1.052 *** (0.309)	−0.448 (0.344)	−0.911 *** (0.225)
BE^2	1.150 (0.697)		1.111 ** (0.459)	0.943 *** (0.229)
控制变量	Yes	Yes	Yes	Yes

续表

	东部	东部	中部	西部
	（1）	（2）	（3）	（4）
时间固定效应	Yes	Yes	Yes	Yes
省份固定效应	Yes	Yes	Yes	Yes
拐点	—	—	0.202	0.483
N	154	154	112	154
R^2	0.832	0.828	0.945	0.940

（三）企业家创业精神对经济增长质量的影响机制

1. 企业家创新的中介效应机制检验

本文把企业家创新分为实质性创新与策略性创新两种，其具体衡量指标含义在前文变量选择部分已有详细说明，回归结果如表3所示。列（4）显示，企业家创业精神的影响系数在1%的水平上显著为负，其二次项的影响系数在1%的水平上显著为正，表明企业家创业精神存在"U"形的实质性创新溢出效应。列（7）显示，企业家创业精神二次项的影响系数在1%显著水平上为正，表明企业家创业精神也存在"U"形的策略性创新溢出效应。列（4）企业家创业精神的拐点大于列（7），说明企业家创业精神的实质性创新溢出效应滞后于策略性创新溢出效应。列（3）、列（6）显示，发明专利和非发明专利对经济增长质量产生显著的正向效应，其中发明专利的显著性水平高于非发明专利，发明专利的影响系数是非发明专利的13倍多。该结果表明：其一，在一定程度上企业家创新可能是企业家创业精神影响经济增长质量的一个中介变量，但中介效应是否成立还需要进一步进行判断；其二，企业家策略性创新对经济增长质量的影响作用远低于实质性创新，这在一定程度上证实了策略性创新对推动经济增长质量提升的贡献非常有限。列（2）显示，在列（1）基础上增加发明专利变量后，企业家创业精神及其二次项对经济增长质量不再产生显著影响;列(5)显示,在列(1)基础上增加非发明专利变量后,非发明专利变量对经济增长质量不再产生显著影响。该结果表明:第一,企业家实质性创新在企业家创业精神与经济增长质量之间具有中介效应,而企业家策略性创新不具有显著的中介效应;第二,企业家实质性创新对经济增长质量具有完全中介效应,即企业家创业精神对经济增长质量的影响完全是通过企业实质性创新实现的。该结果验证了研究假说2。企业家创业精神通过"U"形的知识溢出效应,产生"U"形的经济质量增长效应。这表明,熊彼特式创新型企业家创业精神对经济增长质量提升会产生助力作用,而柯兹纳式套利型企业家创业精神则会抑制经济增长质量提升。

表3　企业家创新的中介效应机制检验

	Qua	Qua	Qua	$IE1$	Qua	Qua	$IE2$
	(1)	(2)	(3)	(4)	(5)	(6)	(7)
BE	-1.156*** (0.405)	0.054 (0.326)		-17.867*** (3.907)	-1.122*** (0.407)		-20.209 (13.067)
BE^2	1.952*** (0.495)	-0.069 (0.390)		29.826*** (4.699)	1.881*** (0.500)		41.345*** (13.803)
$IE1$		0.068*** (0.013)	0.067*** (0.011)				
$IE2$					0.002 (0.002)	0.005** (0.002)	
控制变量	Yes	Yes	Yes	Yes	Yes	Yes	Yes
时间固定效应	Yes	Yes	Yes	Yes	Yes	Yes	Yes
省份固定效应	Yes	Yes	Yes	Yes	Yes	Yes	Yes
拐点	0.296	0.392	—	0.300	0.298	—	0.244
N	420	420	420	420	420	420	420
R^2	0.817	0.885	0.885	0.938	0.817	0.790	0.906

2. 金融发展有中介的调节效应机制检验

有中介的调节效应机制检验的回归结果如表4所示。列(1)显示,企业家创业精神与金融发展的交互项的系数在 5% 的水平上显著为正，这表明金融发展对企业家创业精神的经济质量增长效应具有显著的正向调节作用。列（2）显示，企业家创业精神与金融发展的交互项的系数在 1% 的水平上显著为正，这表明金融发展对企业家创业精神的知识溢出效应具有显著的正向调节作用，这一结果在一定程度上表明金融发展可能是企业家创业精神影响经济增长质量的一个有中介的调节变量，但是否成立还需要进一步判断。列（3）显示，企业家创新的影响系数在 1% 的水平上显著为正，表明金融发展与企业家创业精神的交互项通过中介变量企业家创新来对经济增长质量产生显著影响；同时，企业家创业精神与金融发展的交互项的系数不显著，表明金融发展具有正向有完全中介的调节效应，即金融发展的调节效应完全通过企业家创新起作用。该结果验证了研究假说 3。

表 4　金融发展有中介的调节效应机制检验

	Qua	$IE1$	Qua
	（1）	（2）	（3）
$BE×Finance$	0.444**	8.940***	-0.247
	(0.216)	(1.002)	(0.246)
BE	-1.305***	-20.863***	0.307
	(0.373)	(3.157)	(0.372)
BE^2	1.097*	12.600***	0.123
	(0.565)	(4.143)	(0.434)
$Finance$	-0.218**	-3.424***	0.047
	(0.089)	(0.621)	(0.082)
$IE1$			0.077***
			(0.016)
控制变量	Yes	Yes	Yes
时间固定效应	Yes	Yes	Yes
省份固定效应	Yes	Yes	Yes
N	420	420	420
R^2	0.829	0.959	0.888

四　结论与政策建议

本文首先梳理了企业家创业精神理论框架以及我国企业家创业精神对经济增长质量影响的基本事实，然后基于 2006~2019 年我国省级面板数据，主要运用固定效应模型实证研究了企业家创业精神对经济增长质量的影响及其作用机制，并探讨了企业家创业精神对经济增长质量影响的区域异质性效应。该研究主要得出如下几点结论。第一，就全国整体而言，企业家创业精神对经济增长质量呈现显著的"U"形影响。具体而言，短期内地区企业家创业精神对经济增长质量主要表现为抑制作用；长期来看，随着地区企业家创业精神提升，跨过"U"形曲线的拐点之后，企业家创业精神对经济增长质量将产生助推作用。第二，就区域分样本而言，东部地区企业家创业精神对经济增长质量表现出显著的正向单调关系，表明东部整体上已经跨过"U"形曲线的拐点；中部与西部地区企业家创业精神对经济增长质量仍然呈现显著的"U"形影响。第三，影响机制分析表明，企业家实质性创新在企业家创业精神与经济增长质量之间具有完全中介效应，而企业家策略性创新不具有显著的中介效应。金融发展在企业家创业精神对经济增长质量的影响过程中表现出正向调节作用，并且这种调节作用是通过影响企业家创新的途径来影响经济增长质量的。

本文研究证实了企业家创业精神与低质量增长"脱钩"并转向促进高质量增长的关键在于，企业家创业精神由套利型转向创新型。基于此，本文提出如下政策建议。第一，激励和保护企业家创业精神。应该进一步完善企业家私有产权保护制度，打造适宜企业家创业的宽松、自由与开放的营商环境，打破资源要素流动的体制壁垒，促进生产要素和资源充分有序竞争，以此激发企业家创业、创新精神。第二，建立并完善科学的企业家创新评价遴选机制。通过建立科学的企业创新评价标准与遴选机制，鼓励真正具有创新能力的企业家，把滥竽充数的投机者挡在门外。以此避免企业家创业、创新精神投向非生产性活动，产生大量无法实际产业化的策略性专利。第三，积极发挥金融助力作用，服务企业家创业、创新。设立专门金融机构或者鼓励现有银行以及其他金融机构开展针对民营企业家创业、创新的专业化金融服务。推动金融科技发展，利用大数据、人工智能等新兴技术，对企业家创业、创新风险进行评估与识别，更好地提高资金配置效率，激发企业家实质性创新活力。第四，制定支持企业家创新的政策，要因地制宜，有所侧重。东部地区已经整体进入创业推动经济高质量增长的阶段，要严把环保准入门槛，防止企业家在竞争激烈的市场中，把生态环境当作套利工具，助长创新惰性。中西部地区要进一步优化营商环境，营造有利于创业的文化氛围，鼓励民众积极参与创业，同时还要吸引东部地区企业家进入中西部地区参与创业，壮大创业者群体。

参考文献

安同良、周绍东、皮建才：《R&D 补贴对中国企业自主创新的激励效应》，《经济研究》2009 年第 10 期。

程实、罗宁：《金融与创新创业国家战略》，《金融论坛》2015 年第 7 期。

金碚：《中国经济发展新常态研究》，《中国工业经济》2015 年第 1 期。

李宏彬等：《企业家的创业与创新精神对中国经济增长的影响》，《经济研究》2009 年第 10 期。

李杏：《企业家精神对中国经济增长的作用研究：基于 SYS-GMM 的实证研究》，《科研管理》2011 年第 1 期。

林苞：《知识溢出与创业：基于中国地区数据的研究》，《科学学与科学技术管理》2013 年第 9 期。

黎文靖、郑曼妮：《实质性创新还是策略性创新？宏观产业政策对微观企业创新的影响》，《经济研究》2016 年第 4 期。

刘海英、张纯洪：《中国经济增长质量提高和规模扩张的非一致性实证研究》，《经济科学》2006 年第 2 期。

刘帅：《中国经济增长质量的地区差异与随机收敛》，《数量经济技术经济研究》2019 年第 9 期。

马忠新、陶一桃：《企业家精神对经济增长的影响》，《经济学动态》2019 年第 8 期。

解维敏、方红星：《金融发展、融资约束与企业研发投入》，《金融研究》2011 年第
5 期。

张玉利、谢巍：《改革开放、创业与企业家精神》，《南开管理评论》2018 年第 5 期。

张杰、高德步、夏胤磊：《专利能否促进中国经济增长：基于中国专利资助政策视角
的一个解释》，《中国工业经济》2016 年第 1 期。

张宽、黄凌云：《金融发展如何影响区域创新质量？来自中国对外贸易的解释》，《国
际金融研究》2019 年第 9 期。

Baumol W. J. , "Entrepreneurship: Productive, Unproductive, and Destructive", *Journal of Political Economy*, Vol. 98, No. 5, 1990.

Baumol W. J. , *Entrepreneurship and Invention: Toward Their Microeconomic Value Theory*, Washington: AEI-Brookings Joint Center for Regulatory Studies, 2005.

Hayek F. A. , "The Use of Knowledge in Society", *The American Economic Review*, Vol. 35, No. 4, 1945.

Kirzner I. M. , *Competition and Entrepreneurship*, Chicago: University of Chicago Press, 1973.

Schumpeter J. A. , *The Theory of Economic Development*, Cambridge: Harvard University Press, 1934.

Shane S. , Venkataraman S. , "The Promise of Entrepreneurship as a Field of Research", *Academy of Management Review*, Vol. 25, No. 1, 2000.

（本文原载于《统计研究》2022 年第 4 期，收录时有所修订）

深圳市全要素生产率再测算及其驱动因素

——基于产业及细分行业的研究

孙华妤　吕一清[*]

　　摘　要：新质生产力的核心标志是全要素生产率大幅提升。本文采用增长核算法和 DEA-Malmquist 指数法测算深圳市及其产业、各细分行业的全要素生产率并对其进行分解。使用 Tobit 模型分析深圳市及其产业、各细分行业全要素生产率的驱动因素的影响程度。结果表明：改革开放以来，深圳全要素生产率对经济增长的贡献呈递增态势，经济增长中全要素生产率贡献率超过资本成为主角；不同产业的全要素生产率具有差异性，工业全要素生产率增速有所回落而服务业全要素生产率增速平稳强劲；深圳市产业及各细分行业的全要素生产率的驱动因素不同，工业全要素生产率的驱动因素更多表现为技术效率，而服务业全要素生产率则更多表现为技术进步；市场化程度对全要素生产率具有最大影响作用，说明非国有经济投资效率比较高、坚持市场配置资源的基础性作用是提升经济发展效率的重要保障。针对研究结论，本文提出以下政策建议：进一步深化经济体制、科技体制改革，扩大高水平对外开放，为发展新质生产力营造良好国际环境，充分发挥市场配置要素资源的基础作用；增加科技创新投入，激发科技创新动力；坚持制造业立市，夯实科技自立自强根基；升级

---

　　* 孙华妤，暨南大学深圳旅游学院副院长，教授；吕一清，四川大学经济学院副教授。

人力资本结构，增强人力资本对新质生产力的推力。

关键词：全要素生产率；行业部门；DEA-Malmquist 指数；Tobit 模型

引言

2024 年 1 月，习近平总书记在主持中共中央政治局第十一次集体学习时系统阐述了新质生产力的理论内涵和主要特征，强调"新质生产力是创新起主导作用，摆脱传统经济增长方式、生产力发展路径，具有高科技、高效能、高质量特征，符合新发展理念的先进生产力质态。它由技术革命性突破、生产要素创新性配置、产业深度转型升级而催生，以劳动者、劳动资料、劳动对象及其优化组合的跃升为基本内涵，以全要素生产率大幅提升为核心标志，特点是创新，关键在质优，本质是先进生产力"[①]。

本文研究发现，随着中国经济发展进入"新常态"，深圳经济发展驱动力已由传统的大规模要素投入转变为能够提高全要素生产率的科技创新、经济体制改革和要素禀赋配置优化等。从 1981 年到 2015 年，深圳 GDP 增长的资本贡献率从早期的 92.54% 下降到 40.72%，劳动贡献率从 6% 上升到 14% 后波动下降到 13%，TFP 贡献率从微不足道的 1.37% 飙升到 46%，超过了资本贡献率。这个结论说明"深圳奇迹"的密码其实是全要素生产率大幅提高。在经济结构转型升级大背景下，深圳经济发展也面临着产业结构优化、新业态新动能的培养等问题。深圳作为广东改革开放的前沿、粤港澳大湾区建设的核心，重任在肩，时不我待。

本文分析深圳市经济增长动能的变化趋势、产业升级过程中的增长效

[①] 《习近平在中共中央政治局第十一次集体学习时强调：加快发展新质生产力 扎实推进高质量发展》，中国政府网，2024 年 2 月，https：//www. gov. cn/yaowen/liebiao/202402/content_ 6929446. htm。

率以及驱动因素。首先，采用增长核算法和 DEA-Malmquist 指数法对深圳市及其工业、服务业①、八大行业的全要素生产率进行测算，并将其分解为技术进步效率和技术规模效率；其次，探究全要素生产率变化的作用机制，采用 Tobit 模型实证分析影响深圳市全要素生产率变化的因素，从而为更清晰地认识深圳经济增长即全要素生产率增长的内在动力，为提升深圳经济总量及产业部门的全要素生产率和经济发展的新旧动能转换提供新思路和针对性政策建议。

一 文献述评

全要素生产率（Total Factor Productivity，TFP）是指产出增长中不能由要素投入增长所解释的部分，通常将其与技术进步、资源配置优化、生产的组织管理水平、专业化和规模经济以及经济制度等非要素投入原因联系起来，反映经济运行的综合效率。考虑到要研究产业和细分行业的 TFP 测算以及驱动因素，本文从宏观和行业 TFP 测算及影响因素分析的视角对现有研究文献进行评述。

改革开放以来，尤其是亚洲金融危机以后，国内大量学者逐步开展了对 TFP 的研究。初期，国内是以总量 TFP 的研究为主，张军和施少华（2003）采用 Solow 余值法研究中国不同阶段的 TFP。随着测量方法的不断完善（Rolf et al.，1995；Donnell & Christopher，2008），有更多的学者对中国 TFP 进行了再测算。李宾和曾志雄（2009）通过要素-收入份额可变的增长核算法，测算了我国改革开放以来的 TFP 增长率；张少华和蒋伟杰（2014）采用基于投入冗余的 TFP 指数来重新测度和分解中国 1985~2009 年的 TFP。蔡跃州、付一夫（2017）将宏观全要素增长率进行分解，从技术进步的技术效应和要素流动配置的结构效应来分析中国改革开放以来经济增

––––––––––––––

① 本文使用的工业和服务业数据分别是统计年鉴中的第二产业和第三产业数据。

长不同阶段的增长动力，研究发现中国经济增长得益于后发优势的发挥，未来保持中国经济中高速增长、提高经济增长质量的最重要支撑是宏观和产业 TFP 的增长。同时，中国经济的快速发展也引起了国际经济学界的研究兴趣。Chow（1993）首次对中国经济增长源泉进行了深入分析；Borensztein&Ostry（1996）在 Chow 的基础上，研究了改革开放后的中国，并认为虽然 TFP 对改革开放后的中国经济作出了很大贡献，然而技术进步所带来的纯生产率增长却是很低的。Hsieh&Klenow（2009）研究了资源错配对中、印两国 TFP 的影响。不同行业部门的 TFP 也是学者们的研究重点。对于行业部门的 TFP 研究覆盖范围较广，但以工业部门和银行业部门的研究为主。李胜文和李大胜（2008）基于中国 34 个工业细分行业的面板数据，运用随机前沿生产函数，分别测算工业及其细分行业的 TFP 增长率。钟世川、毛艳华（2016）从技术进步偏向角度出发，利用 CES 生产函数研究了中国工业行业的 TFP。蔡跃洲和郭梅军（2009）、张健华和王鹏（2011）采用 Malmquist 指数法研究分析发现中国上市银行 TFP 总体略有下降，其中技术进步效率出现下降，而纯技术生产率和规模生产率略有提高。

关于 TFP 的影响因素，不同学者对 TFP 影响因素的研究侧重点不同，采用的分析方法不同，则其选择的相对应的指标也就不尽相同。总体上，包括 R&D、人力资本和基础设施等要素禀赋投入，以及经济开放度和市场化等制度环境因素。李小平和朱钟棣（2006）通过对中国工业行业数据进行研究，发现 R&D 对工业行业的技术效率及 TFP 起抑制作用，而国际贸易渠道的 R&D 溢出促进了工业行业的技术进步、技术效率和生产率增长。王玲和 Adam Szirmai（2008）认为 R&D 水平的提高有利于提高进口技术吸收能力，能够促进高新技术企业的 TFP 进一步提高。孙晓华等（2012）以我国制造业为研究对象，研究发现产业间、国际贸易与外国直接投资渠道下的 R&D 溢出对行业 TFP 均存在显著的正效应，行业自身 R&D 投资却对行业 TFP 具有一定的抑制作用。何元庆（2007）研究了人力资本、进出口以及外商直接投资对技术效率、技术进步以及 TFP 增长的影响。尹希果、陈刚（2008）认为外商直接投资和国际贸易显著地促进了中国 TFP 的增长，并主要通过与人力资本相结合来实现，且主要表现为促进了技术的进步，而对技术效率的改善作用不明显。叶明确和方莹（2013）发现出口额对本地区的 TFP 增长没有显著的影响。樊纲等（2011）则认为中国作为重要的转轨国家，其在 1997~2007 年增进的 39.2% 的 TFP 是由市场化贡献的。

对于 TFP 的研究已经较为系统和全面，但专注于研究深圳市、深圳市内部不同行业部门的 TFP 的文献比较少，部分文献主要是对深圳市 TFP 进行了测算（罗海平和陶一桃，2011；王帅和任颋，2014），没有行业部门的细分研究，也缺乏对 TFP 驱动因素的深入探讨；主要采用索洛余值的核算方法，研究时间也比较早。本文将在已有研究的基础上，以深圳市为研究对象，深入探讨深圳市及其产业、各细分行业的 TFP 发展趋势，系统分析其存在的优势和不足，并从科技创新、产业结构和经济体制等视角分析影响 TFP 变动的因素，进而解释 TFP 变动是如何影响长期增长、如何促进行业结构升级的。

二 TFP 测算及影响因素估算方法

本文首先采用增长核算法测算深圳市 TFP，描述深圳市 TFP 变化趋势；再用 DEA-Malmquist 指数法对深圳市的产业及细分行业的 TFP 进行测算和分解，揭示深圳市产业及细分行业的 TFP 的异质性，最后使用 Tobit 模型对影响 TFP 变化的各因素的参数进行估计，为政策建议提供依据。具体方法如下。

（一）增长核算法

依据诺贝尔经济学奖获得者罗伯特·M. 索洛（Robert Merton Solow）的经典论文，我们采用增长核算法测算深圳市 TFP。假定深圳市投入产出符合柯布-道格拉斯生产函数（Cobb-Douglas Production Function），在两个投入要素下，其函数形式为：

$$Y_t = A_t K_t^\alpha L_t^\beta \tag{1}$$

其中 Y_t 为总产出，K_t 代表资本存量，L_t 代表劳动人数，α 和 β 分别代表生产中使用的资本存量和劳动人数的产出弹性，A_t 代表外生于资本和劳动的"技术"。对生产函数两边取对数，可得：

$$lnY_t = lnA_t + \alpha \times lnK_t + \beta \times lnL_t \tag{2}$$

对方程（2）进行计量回归，可以得到资本和劳动的产出弹性 α 和 β，以及 lnA_t（包括计量残差），进而计算得到 A，从而得到索洛定义的 TFP，它包含了除要素投入量以外的所有影响产出的因素。

（二）TFP 指数分解模型

在行业层面，可从生产前沿面视角测算行业 TFP 增长率，并将其分解为行业整体技术进步和行业部门自身技术效率的变化，常用 DEA-Malmquist 指数法，不需设定生产函数形式，从而避免了参数估计上的缺陷；放松了索洛余值中对技术中性和规模收益不变的假设，更加接近生产和经济的实际情况；Malmquist 指数等于技术效率指数（EFFCH）和技术进步指数（TECH）的乘积。

$$TFP = EFFCH(CRS) * TECH(CRS) \tag{3}$$

（三）Tobit 模型

Tobit 模型属于一种因变量受限的回归模型，它能够解决受限制或截断因素变量的模型构建问题。诺贝尔奖得主 Tobin 使用 MLE 估计受限被解释变量的线性回归模型，是 Tobit 模型的首倡者。该模型假设函数形式为：

$$Y = \begin{cases} Y^* = \alpha + \beta X + \varepsilon, & Y^* > 0 \\ 0, & Y^* \leqslant 0 \end{cases} \tag{4}$$

式（4）中，Y 为截断被解释变量向量；X 为解释变量向量；α 为截距项向量，β 为回归参数向量；误差项 $\varepsilon_t \sim iidN$（0，σ^2）。采用 DEA-Malmquist 指数模型对 TFP 进行测算和分解时，测算的效率值是大于 0 的离散数值，而 Tobit 模型适合用于该类问题的参数估计，本文对被解释变量也进行限制，Tobit 模型采用最大似然估计参数（MLE）。

三　数据处理及测算结果的分析

（一）数据处理及统计描述

要素投入变量包括资本存量 K，年末劳动人数 L，整体产出变量使用年度实际 GDP 来表征，行业部门产出变量使用行业增加值来表征。其中，资本存量采用戈德斯密斯开创的永续盘存法计算得到。公式表示为：

$$K_t = I_t / P_t + (1-\delta) K_{t-1} \tag{5}$$

其中，K_t 是资本存量，I_t 是固定资产投资额，δ 是折旧率，P_t 是资本价格。类似地，行业资本存量测算方法：$K_{it} = K_{it-1}(1-\delta_{it}) + I_{it}/P_{it}$，其中，$K_{it}$ 是 i 行业第 t 年的实际资本存量，K_{it-1} 是 i 行业第 $t-1$ 年的实际资本存量，I_{it} 是 i 行业第 t 年的实际投资额，δ_{it} 是 i 行业第 t 年的折旧率。

关于基期资本存量 K_0 的选取，由于无法获得基期 1979 年的数据，本文采用两种类比的方法进行测算：①1979 年深圳市资本存量 =（1979 年深圳市固定资产投资/1979 年广东固定资产投资）×1979 年广东省资本存量；②1979 年深圳市资本存量 =（1979 年深圳市 GDP/1979 年广东省 GDP）×1979 年广东省资本存量。各行业基期资本存量的计算，根据王恕立等（2015）、杨廷干和吴开尧（2017）等的方法，使用 $K_{i2000} = I_{i2000}/(\delta + g_i)$ 来估算 2000 年各个行业的资本存量，其中 g_i 为深圳市 2000 ~ 2014 年的 GDP 增长率，折旧率 δ 的选择参考张军和施少华（2003）的做法，设定 5% 作为深圳市各个行业的折旧率。

为了剔除价格因素影响和确保数据的可获取性，本文在计算深圳市

TFP 时以 1979 年为基期使用 GDP 平减指数来处理名义 GDP，用固定资产价格指数来处理固定资产投资额 I，得到实际 GDP 和实际固定资产投资额，而行业数据则以 2000 年为基期进行类似处理。鉴于《国民经济行业分类》多次被调整修订，本文选择的产业主要包括工业（IN），包括制造业（IM）、建筑业（IC）；服务业（SI），包括交通运输、仓储和邮政业（ST），信息传输、计算机服务和软件业（II），批发和零售业（SW），住宿与餐饮业（SH），金融业（SF），房地产业（SE）。数据时间段分别为 1980~2016 年和 2001~2015 年，数据来源于历年《深圳市统计年鉴》《广东省统计年鉴》和国家统计局数据库，使用 DEAP2.1 软件、DPIN 软件和 Stata 14.0 软件对其进行测算。

表 1　深圳市总产出、要素禀赋数据描述性统计

变量名	变量	单位	观测值	均值	方差	最小值	最大值
GDP	*GDP*	亿元	38	832.46	1023	1.964	3431.6
资本存量	*K*	亿元	38	4190.02	5818	6.44	20657
劳动投入	*L*	万人	38	375.82	301	13.95	906.2

资料来源：笔者计算整理。

（二）深圳市整体 TFP 测算结果分析

基于 1980~2016 年数据对深圳市整体 TFP 进行测算，考虑到时间序列回归的稳健性，本文首先对各个变量进行平稳性检验，各变量都是平稳变量；然后，根据公式（2）采用最小二乘法（OLS）进行回归分析，计算出资本存量和劳动投入的弹性系数 α 和 β 分别是 0.774 和 0.175，可见资本存量对 GDP 增长率的带动作用要比劳动投入高 3 倍多。

$$ln\text{GDP} = \underset{(3.89)}{1.39} + \underset{(14.98)}{0.774 \times lnK} + \underset{(1.92)}{0.175 \times lnL} \tag{6}$$

式（6）中括号内的数据是对应参数估计的 t 值，显著度分别为 1%、1% 和 5%。R^2 为 0.9954，调整后的 R^2 是 0.995。从图 1 中可看出，TFP

增长率和 GDP 增长率有很强的相关性，相关系数为 0.78。1990 年以前深圳市资本存量增长率与 GDP 增长率之间基本呈反向关系，之后也具有较强的相关性，相关系数为 0.64，而劳动人数增长率与 GDP 增长率相关性整体较弱，相关系数为 0.28。

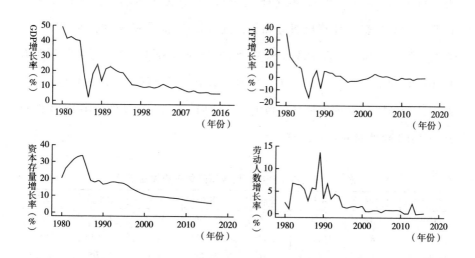

图1　深圳市投入要素、TFP 及 GDP 的增长率

资料来源：笔者自制。

（三）深圳市产业及细分行业 DEA-Malmquist 指数变化趋势分析

使用 2000~2015 年深圳市工业、服务业以及细分行业的面板数据，测算各行业 DEA-Malmquist 指数（以下简称"MI"）、技术进步（TECH）指数和技术效率（EFFCH）指数。表 2 展示了深圳市产业及细分行业 MI，从中可知，2000~2015 年深圳市工业（IN）的 MI 有波动下降的趋势，2000~2015 年年均增速为 5.8%。工业中的制造业（IM）的 MI 和工业的 MI 变化趋势基本一致，2000~2015 年年均增速为 5.5%，建筑业（IC）的 MI 相对制造业整体略低，2000~2015 年年均增速为 1.5%。2000~2015 年，深圳市服务业（SI）的 MI 具有波动上升的趋势，年均增速为 8.4%，其效率比工业要高。2000~2015年，信息传输、计算机服务和软件业（II）的MI年均增速为20.5%，住宿与餐饮业（SH）和金融业（SF）的MI有所回落，年均增速分别为4.0%和1.3%；交通运输、仓储和邮政业（ST）的年均增速为4.1%，批发和零售业（SW）的年均增速为3.9%，房地产业（SE）的年均增速为5.9%。

表2 深圳市产业及细分行业 DEA-Malmquist 综合指数

时间	IN	IM	IC	SI	ST	II	SW	SH	SF	SE
2000~2001年	1.153	1.098	1.053	1.027	1.05	1.078	0.895	0.364	0.843	1.063
2001~2002年	1.048	1.004	0.988	1.023	1.184	0.161	0.712	0.637	0.825	1.026
2002~2003年	1.147	1.143	1.204	0.994	0.923	4.478	1.01	0.832	0.829	0.582
2003~2004年	1.107	1.171	0.765	1.016	0.770	0.918	2.134	1.148	0.888	1.72
2004~2005年	0.979	0.960	0.511	1.406	0.979	0.977	0.956	0.809	0.927	0.896
2005~2006年	1.029	1.028	1.052	1.045	1.036	0.859	0.922	1.124	1.41	1.00
2006~2007年	1.149	1.155	1.158	1.102	0.975	1.219	0.952	1.064	1.392	0.709
2000~2007年综合	1.087	1.080	0.962	1.088	0.989	1.384	1.083	0.854	1.016	0.999
2007~2008年	1.086	1.082	1.172	1.113	0.988	1.287	0.986	1.212	0.985	0.845
2008~2009年	1.007	0.997	1.179	1.126	0.885	1.118	1.059	1.027	1.009	1.394
2009~2010年	1.151	1.151	1.146	1.020	0.947	0.975	1.066	1.085	0.779	1.135
2010~2011年	1.045	1.056	0.873	1.019	0.912	1.038	0.966	0.973	0.960	1.297
2011~2012年	1.075	1.082	0.961	1.095	0.202	0.796	1.036	1.116	0.864	1.156
2012~2013年	0.968	0.980	1.151	0.693	0.831	1.098	1.075	0.985	1.076	0.932
2013~2014年	0.989	0985	1.022	1.528	2.805	1.044	0.927	1.047	1.079	1.077
2014~2015年	0.944	0.938	0.997	1.050	1.033	1.029	0.895	0.975	0.944	1.050
2008~2015年综合	1.033	1.034	1.063	1.081	1.088	1.048	1.001	1.053	0.963	1.111
2000~2015年综合	1.058	1.055	1.015	1.084	1.041	1.205	1.039	0.960	0.987	1.059

2008 年之前，工业（IN）的 MI 较高，平均年增长率为 8.7%，制造业为 8.0%，建筑业呈下降趋势，年均增速为 -3.8%；服务业（SI）的 MI 与工业相当，平均年增长率为 8.8%，信息传输、计算机服务和软件业（II），批发和零售业（SW），金融业（SF）具有较高的 MI，年均增长率分别为 38.4%、8.3% 和 1.6%，而交通运输、仓储和邮政业（ST）、住宿与餐饮业（SH）和房地产业（SE）MI 均下降，下降幅度分别为 1.1%、14.6% 和 0.1%。2008 年以后，在金融危机的冲击下，深圳市工业、制造业的 MI 分别由 2008~2009 年的 1.007、0.997 下降到 2014~2015 年的 0.944、9.938。服务业的 MI 在 2008~2015 年，年均增长 8.1%，除了金融业受金融危机的影响年均下降 3.7%，其他五类服务业均保持上涨趋势，交通运输、仓储和邮政业（ST），信息传输、计算机服务和软件业（II），批发和零售业（SW），住宿与餐饮业（SH），房地产业（SE）年平均增长率分别为 8.8%、4.8%、0.1%、5.3% 和 11.1%。

（四）DEA-Malmquist 指数分解结果分析

TECH 指数显示 2001~2015 年深圳市工业技术进步年均增长率为 4.2%，服务业技术进步年均增长率为 8.4%，尤其是高端生产性服务业，如交通运输、仓储和邮政业与信息传输、计算机服务和软件业，分别年均增长 18.3% 和 6.8%；从细分行业看，制造业和房地产业的技术进步增长尤其强劲，年均增速分别为 7.3% 和 8.4%，批发和零售业、住宿与餐饮业两大传统产业的技术进步为负增长，年均增速分别为 -9.1% 和 -8.2%。

EFFCH 指数显示工业技术效率比服务业技术效率要高，年均增速分别为 3.9% 和 2.2%，制造业技术效率年均增长率为 5.8%。服务业内部的信息传输、计算机服务和软件业在 2001 年全球互联网泡沫之后技术效率明显提高，当年技术效率增长率为 113%，2014 年交通运输、仓储和邮政业（ST）的技术效率增速也非常快，年均增速为 152%。

综上可知：深圳市工业的技术效率比服务业技术效率要高，而工业技术进步没有服务业技术进步增长得快。从各个细分行业来看，生产性服务业在技术进步和技术效率上都具有较强增长趋势，而传统服务业的技术进步和技术效率都缺乏增长动力，制造业整体 MI 有所回落，但制造业的技术效率相当有效。

四　影响因素的实证分析

（一）驱动因素的选取

将深圳市整体、工业、服务业以及细分行业的 MI 作为被解释变量，由于 TFP 具有惯性（李健和卫平，2015），故将被解释变量的滞后一期作为解释变量，而其他解释变量的选择是一致的，本文从科技进步、经济体制和产业结构等方面选取以下影响因素作为解释变量：（1）城镇化率（常住人口占比），该指标既能够较好地反映深圳市常住人口变化情况，又能体现流动人口的变化；（2）产业结构，考虑到深圳农业占比非常低，产业结构使用服务业产值占 GDP 的比例来衡量；（3）对外开放度，用进出口总额占 GDP 比例来衡量；（4）人力资本，由科技人员数量来衡量；（5）科技研发投入，即 R&D 经费占 GDP 比重；（6）经济景气状况，用全国 GDP 增长率来衡量；（7）市场化程度，用"（全社会固定资产投资总额－国有经济固定资产投资额）/全社会固定资产投资总额"来反映。

（二）Tobit 模型回归结果分析

在采用 Tobit 模型对影响因素进行回归分析时，使用 ADF 检验判断各个变量的平稳性和协整关系。影响因素有较好的显著性，除城镇化率参数不显著、对外开放度 P 值在 0.01～0.05，其余变量 P 值都小于 0.01。深圳市 TFP 具有较强的惯性，前一期的 TFP 变化 1% 会导致当前的 TFP 变化 0.341%，产业结构对 TFP 变化具有负向影响，说明服务业相对扩张会导致整体 TFP 的下滑，这符合经济发展规律。而对外开放度、经济景气状况、市场化程度和人力资本都对 TFP 具有正向影响，其弹性系数分别为 0.021、0.045、0.18 和 0.0132。其中，市场化程度对 TFP 具有最大影响作用，说明非国有经济投资效率比较高，坚持市场配置资源的基础性作用是提升经济发展效率的重要保障。从产业及各细分行业来看，这些解释变量的参数估计有不同的显著性；工业 TFP 的惯性不显著，服务业 TFP 的惯性比较强，这反映了工业创新比服务业要快。服务业占比增加对工业的 TFP 具有促进作用，体现了生产性服务业对工业的支撑；服务业占比增加导致服务业自身的生产效率相对下降，反映了服务业缺乏规模效应、管理内耗较大。

从服务业内部来看，城镇化率仅对金融业有显著的正向影响，产业结构对五大细分服务行业具有负向影响，但对金融业具有正向影响；对外开放度对六大细分服务行业都具有正向影响，但其中对信息传输、计算机服务和软件业影响不显著；经济景气状况对交通运输、仓储和邮政业，金融业以及房地产业都具有正向影响，而对信息传输、计算机服务和软件业，批发和零售业以及住宿与餐饮业具有负向影响；人力资本是高新、科技、创新产业 TFP 增长的重要推动力量，其对信息传输、计算机服务和软件业的影响系数为 2.01%。

五　结论、讨论及建议

（一）主要结论

第一，深圳 TFP 呈递增态势，速率由早期大幅波动到当前的趋稳。细分行业部门 TFP 增速具有多样性，工业 TFP 增速有所下降，而服务业 TFP 增速平稳强劲。在服务业内部，信息传输、计算机服务和软件业的 TFP 增速高达 20.5%，而批发和零售业、金融业的 TFP 增速是下降的，其他产业的 TFP 增长虽然相对乏力但仍然处于增长态势。

第二，市场化程度对 TFP 具有最大影响作用，说明非国有经济投资效率比较高，坚持市场配置资源的基础性作用是提高经济发展效率的重要保障。

第三，深圳产业及细分行业 TFP 的驱动因素表现出差异性，工业包括制造业 TFP 的驱动因素主要表现为技术效率，而服务业部门 TFP 的驱动因素更多地表现为技术进步。在服务业内部，生产性服务业 TFP 高于传统消费型服务业，技术进步和技术效率的驱动力都更强。

第四，产业结构对深圳市整体 TFP 是负向影响，而对外开放度、经济景气状况和市场化程度都对 TFP 具有正向影响；从细分行业来看，影响因素的作用效果有差异性；例如，产业结构对工业具有正向影响，而对服务业就是负向影响，在统计显著性上表现也不同。

（二）讨论与建议

第一，进一步深化经济体制、科技体制改革，健全要素参与收入分配机制，激发劳动、知识、技术、管理、资本和数据等生产要素活力，更好体现知识、技术、人才的市场价值，营造鼓励创新、宽容失败的良好氛围。处理好政府和市场的关系，提高政府的决策水平，清理和优化深圳有关体制、政策和法规，建立高标准市场体系，实现与国际惯例的接轨，扩大高水平对外开放，为发展新质生产力营造良好国际环境，更好地适应外向型经济发展和社会全面进步。在产业升级的过程中要深化服务业体制改革，更好地释放服务业部门的技术效率。着力打通束缚新质生产力发展的堵点卡点，充分发挥市场配置要素资源的基础作用，创新生产要素配置方式，让各类先进优质生产要素向有助于发展新质生产力的领域顺畅流动。

第二，增加科技创新投入、激发科技创新动力。加强科技创新特别是原创性、颠覆性科技创新，加快实现高水平科技自立自强，打好关键核心技术攻坚战，使原创性、颠覆性科技创新成果竞相涌现，培育发展新质生产力。提高工业的技术进步速度，由追随模仿向创新驱动转型；根据科技发展新趋势，优化在深高校学科设置、人才培养模式，为推动高质量发展培养急需人才。

第三，坚持制造业立市、夯实科技自立自强根基。强化高新技术产业的支柱地位，围绕发展新质生产力布局产业链，提升产业链供应链韧性和安全水平，形成产业集群优势，保证产业体系自主可控、安全可靠。积极培育壮大新兴产业，布局建设未来产业，完善现代化产业体系。加快调整产业结构，改造提升传统产业，淘汰一批产品附加值低、比较优势不明显的劳动密集型企业；要大力发展数字经济，促进数字经济和实体经济深度融合，打造具有国际竞争力的数字产业集群；推进金融、物流、会展等生产性服务业对人工智能等高科技的使用，提高服务效率；加强信息化建设，全面提升经济和社会数字化管理水平，充分发挥数据要素的生产力作用，全面提升整个社会的生产效率。

第四，升级人力资本结构，增强人力资本对新质生产力的推力。坚持企业选人用人主体地位，政府通过人才政策择优资助的方式提高对高端人才的吸引力，实现人力资源配置优化；畅通教育、科技、人才的良性循环，完善人才培养、引进、使用、合理流动的工作机制；鼓励科研院所服务企业技术创新，畅通科技成果转化渠道，及时将科技创新成果应用到具体产业和产业链上。加强知识产权保护，打造尊重知识价值的营商环境，为发展新质生产力保驾护航。

参考文献

蔡跃洲、付一夫：《全要素生产率增长中的技术效应与结构效应——基于中国宏观和产业数据的测算及分解》，《经济研究》2017 年第 1 期。

蔡跃洲、郭梅军：《我国上市商业银行全要素生产率的实证分析》，《经济研究》2009

年第 9 期。

樊纲、王小鲁、马光荣：《中国市场化进程对经济增长的贡献》，《经济研究》2011 年第 9 期。

何元庆：《对外开放与 TFP 增长：基于中国省际面板数据的经验研究》，《经济学》（季刊）2007 年第 4 期。

李宾、曾志雄：《中国全要素生产率变动的再测算：1978~2007 年》，《数量经济技术经济研究》2009 年第 3 期。

李健、卫平：《民间金融和全要素生产率增长》，《南开经济研究》2015 年第 5 期。

李胜文、李大胜：《中国工业全要素生产率的波动：1986-2005 基于细分行业的三投入随机前沿生产函数分析》，《数量经济技术经济研究》2008 年第 5 期。

李小平、朱钟棣：《国际贸易、R&D 溢出和生产率增长》，《经济研究》2006 年第 2 期。

罗海平、陶一桃：《"特区奇迹"的全要素生产率实证研究——基于深圳数据：1980-2007》，《海南师范大学学报》（社会科学版）2011 年第 5 期。

孙晓华、王钧、郑辉：《R&D 溢出对中国制造业全要素生产率的影响——基于产业间、国际贸易和 FDI 三种溢出渠道的实证检验》，《南开经济研究》2012 年第 5 期。

王玲、Adam Szirmai：《高技术产业技术投入和生产率增长之间关系的研究》，《经济学》（季刊）2008 年第 3 期。

王恕立、滕泽伟、刘军：《中国服务业生产率变动的差异分析——基于区域及行业视角》，《经济研究》2015 年第 8 期。

王帅、任颐：《深圳经济可持续发展的动力分析》，《经济体制改革》2014 年第 2 期。

杨廷干、吴开尧：《服务业全要素生产率变化及其驱动因素——基于细分行业的研究》，《统计研究》2017 年第 6 期。

叶明确、方莹：《出口与我国全要素生产率增长的关系——基于空间杜宾模型》，《国际贸易问题》2013 年第 5 期。

尹希果、陈刚：《外商直接投资、国际贸易与中国生产率增长研究——基于非参数 Malmquist 指数的经验分析》，《国际贸易问题》2008 年第 6 期。

张健华、王鹏：《银行效率及其影响因素研究——基于中、外银行业的跨国比较》，《金融研究》2011 年第 5 期。

张军、施少华：《中国经济全要素生产率变动：1952-1998》，《世界经济文汇》2003 年第 2 期。

张少华、蒋伟杰：《中国全要素生产率的再测度与分解》，《统计研究》2014 年第 3 期。

钟世川、毛艳华：《中国经济增长率的分解——基于要素分配参数的讨论》，《统计研究》2016 年第 9 期。

Borensztein E. , Ostry J. D. , "Accounting for China's Growth Performance", *The American Economic Review*, Vol. 86, No. 2, 1996.

C. T. Hsieh, P. Klenow, "Misallocation and Manufacturing TFP in China and India", *The Quarterly Journal of Economics*, Vol. 4, No. 9, 2009.

Cai H. , Q. Liu, "Competition and Corporate Tax Avoidance: Evidence from Chinese Industrial Firms", *Economic Journal*, No. 119, 2009.

Chow G. C. , "Capital Formation and Economic Growth in China", *The Quarterly Journal of Economics*, Vol. 108, No. 3, 1993.

Donnell O. , Christopher J. , "An Aggregate Quantity-Price Framework for Measuring and Decomposing Productivity and Profitability Change", Centre for Efficiency and Productivity Analysis Working Paper, 2008.

Rolf Fare, Shawna Grosskopf, Wen-Fu Lee, "Productivity in Taiwanese Manufacturing Industries", *Applied Economics*, Vol. 27, No. 3, 1995.

（本文原载于《软科学》2019 年第 2 期，收录时有所修订）

产业发展篇

中国经济高质量发展机制：制度动因、要素保障与实现途径

——兼论深圳经济高质量发展的实现路径

张　超　唐　杰[*]

摘　要： 高质量发展的概念内涵与可持续发展、经济增长质量等概念有关，主流经济理论认为制度是经济质量增长的根本动力、高质量要素是经济质量增长的关键。中国经济高质量发展具有与发达国家不同的发展目标与路径的特殊性，是在特定时期内为满足现实需要而提出的，突出经济发展质量，以高效供给为核心，促进可持续发展。中国经济高质量发展要实现技术、产品、产业及宏观经济的质态转变，其根本是完善市场经济基础性制度和提升制度质量，关键是供给高质量要素，路径是发挥市场引致制度创新和高质量要素配置并使其形成彼此作用机理的核心作用。深圳是中国经济高质量发展的样板，实现制度改革优势向提升制度质量优势、引进要素优势向培育要素优势的转变，对国家从制度、要素层面推进高质量发展具有一定借鉴意义。

关键词： 高质量发展；制度质量；高质量要素；新质态

2017年10月，党的十九大报告首次提出"高质量发展"，表明中国经济由高速增长阶段转向高质量发展阶段。党的十九大报告中提出的"建

---

* 张超，哈尔滨工业大学（深圳）经济管理学院博士后；唐杰，哈尔滨工业大学（深圳）经济管理学院教授。

设现代化经济体系"为新时期高质量发展指明了方向，同时也提出了一个极为重要的时代课题。

一　经济高质量发展的理论阐释

（一）经济高质量发展的内涵界定

国外有关经济发展质量的概念最早可追溯到"可持续发展"概念的提出。1980年国际自然保护同盟会提出"可持续发展"概念，用于描述自然生态环境的一种状态。1987年世界环境与发展委员会提出，可持续发展是指既能满足当代人发展的需要，又不损害子孙后代满足其自身需求和发展能力的发展。上述"可持续发展"的内涵界定，关注代际社会公正问题。1992年联合国环境与发展大会通过《21世纪议程》，要求各国采取适宜的可持续发展战略，可持续发展成为学界关注的焦点。Freeman等（1993）认为调整经济发展、分配公平和环境质量目标，有助于保障社会的可持续发展；可持续发展必须接受社会、技术、文化、价值发生变化并维持这种变化，即实现持续、可行和蓬勃的发展（Bossel，1999）；可持续发展目标是全面提高生活质量，实现经济繁荣、社会公平和环境保护（World Bank，2003）；主要依靠公正与和平增进全球的福祉、改善健康和生活（Renoldner，2013）。总之，这些研究使可持续发展理论从研究生态问题及关注社会公正转向研究经济、社会、生态之间的协调发展。

西方学者先从增长角度论述质量问题，随后提出"增长质量"、"高质量增长"理论。萨缪尔森将经济增长定义为潜在GDP或国民产出增加，该定义归纳出"增长"的最核心的特征，即经济总量的增加。随后，卡马耶夫认为经济增长既有生产资源和数量的增加，也有生产质量和效率的提高。由于依赖扭曲政策产生短暂增长，会削弱持续增长前景，人们开始研究经济增长过程中的公正、环境等因素及其所带来的社会效果。Thomas等（2000）提出"增长质量"，认为增长质量（包含机会分配、环境可持续等）与增长速度互补并影响增长过程和发展结果；强调增长质量是指减少极端贫困、改变结构不平等、保护环境并因此维持经济增长；增长质量涵盖健康、生育、收入、政治制度等社会指标，与高寿命、高收入及法治等有关（Barro，2002）。有学者提出"高质量增长"，将其定义为强劲、稳定、可持续的增长，提高生产力并带来社会期望结果（Martinez 等，2013）。这些探讨使经济增长理论从研究经济增长总量和生产质量转向研究经济增长后果和质量。

综上，依据不同学者对"经济质量"的阐释，笔者归纳出经济发展质量概念的一般特点和中国经济高质量发展的具体内涵。

第一，经济发展质量具有综合性特点。可持续发展是指经济、社会、生态之间协调，强调代际社会公正和提升生活质量；经济增长质量既涵盖增长总量、经济结构、经济质量及效率，也包括健康、收入、法治等社会指标。这两个概念内涵与传统经济增长内涵有本质不同，体现经济发展目标的多样性，经济高质量发展也具有这种特点。

第二，经济发展质量呈现阶段性特点。经济发展质量在不同发展阶段以不同质态相区别（金碚，2018）。西方先是关注经济增长的生态问题，形成可持续发展理论；后来关注增长的公正及可持续性，形成经济增长质量理论。中国过去 40 多年处于高增长阶段，偏向于完善市场制度和扩大经济增长规模；现在处于高质量发展阶段，关注可持续性、经济增长质量及发展效益。

第三，经济发展质量呈现区域性特点。西方学者基于自由市场经济理念和制度，提出经济增长质量理论及政策。经济高质量发展理念具有中国社会主义市场经济特征，具有与发达国家不同发展目标与路径的特殊性。经济高质量发展是指在特定时期内为满足中国需要而提出的，突出经济发展质量，以高效供给为核心，处理不充分不平衡问题。

（二）高质量发展的路径阐释

新制度经济学认为，要素投入、创新及经济结构升级都离不开制度环境，制度变迁是经济增长的函数。普利切特和萨默斯（2015）认为，制度与增长的动态稳定性相关，制度安排具有长期效应，如果没有高质量制度，实现持续增长将困难重重。制度对增长的重要性是显而易见的，但发挥制度作用必须有配套条件，且制度内涵及制度适宜性与国家的经济社会状况具有一致性。故而，诺斯（1994）认为在制度让生产有益时经济才会增长，并解释了制度与经济绩效之间的关系。有学者将制度与其他变量放在一起分析其对经济的影响。任保平、文丰安（2018）认为制度安排、对外开放质量与人口、资本积累、技术创新等因素相互作用，影响高质量发展。Nishioka & Ripou（2012）论证了良好的制度环境有利于获取外部空间知识；陶长琪和彭永辉（2018）认为制度邻近水平越高，知识势能空间溢出损耗越小，知识势能对区域技术创新具有正向空间溢出效应。杜爱国（2018）从制度经济学视角开展研究认为，制度优势是我国经济高质量发展的关键因素，制度变迁是我国经济高质量发展的核心条件，推进中国的经济高质量发展可以从制度环境因素出发寻找突破口。

制度在高质量发展中具有根本作用，但在一定时期存在基本制度不变而经济持续增长现象，说明高质量发展还依赖其他因素。高质量发展涉及的因素复杂，但就要素微观本质特征来讲，主要涉及劳动、土地、资本等初级要素和知识、技术、信息等高级要素两大类（波特，2007）。古典经济增长理论认为，经济增长源于劳动、土地及资本投入，核心是资本投入。该理论强调资本积累的作用，对传统经济增长有一定解释力。进入20世纪中叶后，随着技术对经济增长的作用凸显，创新理论逐渐得到西方学者认同。Romer（1986）认为内生技术进步是促进经济增长的主要原因，并针对内生技术进步界定了产品类型和数量。尽管这仍以研究内生增长理论为主要思路，但为从产出角度界定经济增长质量提供了理论依据。Lucas（1988）阐释了人力资本的外部性效应，还有学者论证了知识创新对经济增长的非线性作用。与古典增长理论重视劳动、资本等要素不同，这些理论将经济增长动力的研究从劳动、资本转移到人力资本、技术，将人力资本、技术等因素内生化，论证人力资本、技术导致生产可能性边界外移及产生规模报酬递增效应，成为提升增长率、增长质量的关键。

综上，可以归纳出主流经济理论对经济质量增长因素和路径的阐释，新制度经济学关注产权、开放等市场制度，古典增长理论和新增长理论由关注初级要素向关注高级要素转变，关注焦点的差异和变化体现了学者对国家经济质量增长因素、路径变化的认知。

第一，制度是经济质量增长的根本动力。尽管发达国家在不同增长阶段关注的制度内容不同，但发达国家均是在健全自由市场经济制度过程中提高经济质量的，因此市场经济制度是经济质量增长的根本。而经济质量达到一定阶段之后，发达国家在制度方面更加强调市场竞争和创新机制建设。与发达国家相比较，尽管中国初步建立市场经济制度，但产权、开放等基础制度仍处于完善阶段，因此将来完善市场经济制度是促进经济高质量发展的关键。

第二，高质量要素是经济质量增长的关键。新增长理论认为知识、技术是实现发达国家经济增长的关键。尽管创新增长涉及不同形式的创新，但主要指知识、技术等要素对现有资本、劳动力等初级要素进行重新组合，依靠培育高端要素的比较优势，促进产业发展和结构升级（任保平，2015）。学界普遍认为，中国现阶段增长仍主要依靠劳动力和资本投入，知识、技术等要素投入相对较低，依靠高端要素投入实现中国经济高质量发展有很大提升空间。

二 中国经济高质量发展的目标、动力及实现路径

（一）经济高质量发展的新质态

党的十九大报告提出"质量第一、效益优先"的发展原则和"质量变革、效率变革、动力变革"的发展路径，"质量"成为高质量发展核心要素。经济发展"质量"表现为微观上产品和服务有品质、中观上产业结构更合理及宏观上经济运行更有效率（史丹等，2018），或是宏观层面高的经济效益、高的社会效益和高的环境效益（李巧华，2019）。笔者认为，经济高质量发展在质态上呈现技术质态、产品质态、产业质态及宏观质态的转变。

技术质态转变是实现高质量发展的核心。改革开放使中国技术水平实现质的提升，中国的高铁、超材料等领域的技术成果引领世界潮流，中国成为世界工厂。但受行政化科研体系的影响及受制于长期的"市场换技术"发展理念，中国存在原始创新能力不强、核心技术供给不足等问题，出现"低端锁定"风险。中国需要以企业为主培育新型研发机构、改进科研项目管理等，建立新的创新生态基础，提升技术创新能力和创新效率，继而促进产品升级换代和培育新业态，提升科技贡献率。

产品质态转变是技术质态转变的结果，是高质量发展的直接体现。产品质量连着生产环节和消费环节，既关乎人们物质与文化需求的满足，更关系到生产过程中的资源使用和成本。中国产品品类齐全，大部分产品能满足常规功能性要求，但在功能档次、质量稳定性和使用效率等方面有待提高，主要因为中国在构建有关质量基础设施的立法及执法体系上与发达国家存在差距。因此，需通过树立产品的质量精神、提升产品工艺及质量标准和强化产品质量监管，使产品的性能提高、产品质量改善及使用效率提升。

产业质态转变是高质量发展的主攻方向。党中央提出"坚持质量第一、效益优先，促进经济结构优化升级"，质量及效益是与经济结构优化

相联系的，重点是促进产业质态转变。具体有：推进"去产能"，淘汰水泥、玻璃落后产能及钢铁、煤炭过剩产能；提升传统产业，运用新技术、新业态、新模式改造提升传统产业；壮大新兴产业，推进实施工业强基、智能制造等重大工程；发展高技术服务业，促进生产性服务业质态转变。

宏观质态转变即宏观经济质量转变。与过去 40 多年相比，中国经济的质态变化是极为显著的：从落后国家变为全球第二大经济体、从低收入变为中上等收入、从追求增长转为重视效益等。但中国发展不平衡不充分问题突出，仍存在改革任务艰巨、创新能力不强、民生保障有短板等问题。中国将来要在完善社会主义市场经济体制和高水平开放基础上，促进区域协调发展、乡村振兴、提升创新水平、改善民生等，促进整个供给侧和需求侧的结构性转变。

（二）经济高质量发展的动力

1. 高质量制度创新

中国经济高质量发展与建立现代制度体系并行，高质量发展依赖于高质量制度创新，制度在经济高质量发展中具有基础性作用。《中共中央国务院关于新时代加快完善社会主义市场经济体制的意见》提出，推动高质量发展仍存在不少体制机制障碍，必须坚持深化市场化改革和扩大高水平对外开放。高质量制度创新分为完善市场经济基础性制度和提高市场经济基础性制度质量两个部分。

完善市场经济基础性制度。政府提供的最重要的公共产品——制度，是经济高质量发展的重要一环。当前中国经济存在市场体系不健全、市场发育不充分等市场机制问题，政府提供有效的产权保护、公平竞争的市场环境、更严格的生态保护和市场准入等服务，是实现经济高质量有效运行的制度基础。针对民企产权保护不到位问题，健全权责明确的产权制度和产权激励体系；针对各类显性和隐性壁垒，重点放宽服务业准入限制和维护清单统一性；针对国企在部分竞争性领域呈扩张态势问题，适度限制上游垄断性企业、大型金融企业的拓展；针对阻碍民营企业、外资企业进入的"玻璃门""旋转门"，强化公平竞争审查的刚性约束。

其中，最关键的是完善要素市场化配置制度。当前中国商品市场化程度较高，但要素市场化程度与高质量发展的要求仍有较大差距，仍存在政府用行政手段干预技术、资本等要素配置的情况，造成资源要素价格扭曲和利用效率下降问题。对此，应健全市场决定价格的机制，减少政府对价格形成的干预；畅通人才社会性流动渠道，促进技术要素有序流动，增加资本要素有效供给。总之，要通过深化要素市场化配置制度创新，提高市场机制对资源配置的基础性作用。

提高市场经济基础性制度质量。在传统经济增长中，中国经济以内部区位竞争为主，在国际经济体系中竞争优势体现在要素成本和市场潜力上；进入高质量发展阶段后，来自外部竞争的压力不断增大，中国需要构建制度质量优势以培育国际经贸合作的竞争优势。在政府所提供的制度中，体现合约强制力的法治环境是制度质量的核心元素，所以需要完善经济领域法律法规体系并健全执法司法对市场经济运行的保障机制。此外，政府高效服务及优质监管是制度质量的重要构成因素，是推动高质量发展的重要力量。因此，应深入推进"放管服"改革，继续精简行政审批许可事项；持续改善营商环境，落实《优化营商环境条例》。

制度是经济高质量发展的根本变量。首先，与发达国家拥有完善的自由市场经济制度不同，中国实现计划经济体制向市场经济体制转轨的时间不长，市场经济制度并不成熟稳定，所以需健全产权、竞争、开放等市场经济基础性制度。其次，全球竞争格局变化，尤其是全球经贸活动向制度临近性方向发展，全球经济规则向高标准方向发展，使得优惠政策的作用空间越来越小。高质量发展所需要的高端要素往往对制度环境决定的交易成本更为敏感（戴翔和金碚，2014），所以经济高质量发展需要与人才、技术、资本等高端要素市场化改革，放管服改革及营造良好营商环境联系起来。

2. 高质量要素供给

制度创新是促进高质量发展的根本力量，在市场经济环境下，要素结构决定经济高质量发展的程度。一个经济体的产业结构内生于要素结构和要素质量，要素结构和要素质量的变化决定产业结构和产业质量的变化（林毅夫，2017；黄少安，2019）。发达国家每次产业升级均被视为创新驱动升级的体现，这种升级与高质量要素驱动发展的逻辑相通。发展中国家主要是在发达国家成熟技术体系下借助劳动力优势实现对后者的经济追赶，但因人才、技术等要素被后者控制的不利影响，在全要素生产率上与后者差距明显，故而很难实现对后者的经济赶超。因此，供给高质量要素和提升全要素生产率就成为制度创新之后必须改进的重要方面。

人才要素。马克思的质量经济理论认为劳动质量，即人力资本质量，决定产品质量和生产效率。人力资本会产生替代效应，即提升教育水平带来的人力资本水平的上涨会代替劳动力投入产生影响；人力资本会产生递增收益，即会消除低端要素边际收益递减对经济增长带来的负效应。因此，中国需要培育有更多知识与更高能力的人才，适度放开移民政策吸引熟练技术工人和创新型人才，提升人力资本质量。在经济质态转变过程中，促进人力资本质量在技术及产品创新、产业优化升级、宏观经济运行中发生真实作用，提高人力资本对经济增长的贡献率。

技术要素。尽管 1978~2007 年中国经济增长的 78% 是全要素生产率增长的贡献（Zhu，2012），但当前中国技术创新所面临的抑制和约束却阻碍了创新经济模式的形成。一是培育新技术要素。中国创新体系自我增值能力薄弱，需促进提升高校、企业等主体"知识创造知识""技术创造技术"的"自我繁殖""自我增值"能力。二是引进新技术要素。中国创新系统具有较强封闭性，需增强其与外界知识、技术在国内外环境之间的流动与融合，增强利用国外技术要素提升自主创新的能力。三是完善技术成果转化机制。通过知识、技术、产品等层次的创新协同,促进基础研究和应用推广实现一体化,促进科技成果转化为新生产力。

创新资本。当前中国研发经费总量持续位居世界第二,但政府与企业都存在投入协调不强、资源配置重复、运行效率不高等问题。只有推动高质量投入才能有高质量产出和创新,所以需要提高政府和企业的资金投入力度与效率,为经济高质量发展提供保障。相关措施包括规范政府投资行为,政府部门在资金投入上应协调合作,提高资金使用效率;充分完善金融市场,通过金融政策、金融机构及业务的有效供给,矫正金融资源存在的扭曲和错配现象;实体企业则应制定或者更新资金投入管理办法,增强企业宏观统筹能力与市场竞争能力,避免企业内部因资金投入效率低而出现科技资源配置分散、整体运行效率低等问题。同时,政府、金融市场、实体企业也应建立管理机制,以适应科技发展新形势和政府职能转变的要求。

经济高质量发展在初级要素投入基础上,不断依靠高级要素的边际收益递增特点,促进经济发展从低级状态转为高级状态,实现以要素创新驱动经济升级。市场在资源配置中起决定性作用,必然就要求形成要素的市场化供给体系。但现行中国各种行政审批制度、国企主导的要素供给体系制约着高质量要素培育及供给。所以中国需建立市场主导的高质量要素供给体系,重点健全技术、创新资本等要素市场生成及优化机制。

(三)经济高质量发展的实现路径

制度创新和高质量要素供给是高质量发展的基础,要形成有效机制推动高质量发展。党的十九大报告提出,供给侧结构性改革核心是推动经济发展质量变革、效率变革和动力变革。市场是引致制度创新和要素优化配置并使其形成彼此作用机理的核心,应促进制度完善和高质量要素流动、投入及产出相匹配,实现制度引致要素配置效率变革、创新动力变革和结构质量变革。

形成市场引致要素优化配置的效率变革机理。从高速增长转变为高质量发展，是由要素投入增长转向要素效率增长的过程，需要促进要素流动及组合，提升要素配置效率。在高质量发展阶段，中国要打破市场分割及行业分割，降低交易成本，通过要素共享和增加劳动、资金等正外部性，发挥各类要素的经济协同效应。在这个过程中，即使没有增加要素供给和技术进步，经济增长也能获得一定的动力和效率。但是，对于处于经济转型阶段的工业国家而言，仅依靠提升现有要素配置效率是不够的，经济增长是有极限的。只有适应需求的变化，增加技术和人才等新要素流入及提高使用效率，使传统要素从低生产率部门转向高生产率部门，经济增长才不受原有要素限制。这对于缺少技术创新的发展中国家而言具有重要意义。只有创造一个自由灵活的经济制度，将低效率产业的生产要素转移到高效率产业中，才能带来效率变革。

形成市场主导技术创新体系的动力变革机理。新古典增长学派提出技术进步是经济增长的决定性因素，是长期拉动经济增长的主要动力。针对当前科技与经济"两张皮"现象，中国要强化市场主导技术创新活动的作用，将技术创新置于经济系统中，使政府的政策设计和社会的要素配置围绕市场主体展开，使企业家成为创新的组织者、企业成为创新的主体，使技术创新成为经济活动的一个配合环节而非支配环节，彻底解决技术与经济隔离问题。在市场主导技术创新过程中，明确技术创新驱动高质量发展机制，推进产品创新和产业发展。从微观角度看，技术创新使企业原有要素高级化，提高生产效率，改变企业原有生产模式，降低企业对资源的依赖程度；从宏观角度看，技术创新改变原有社会资源配置模式，使社会整体资源配置更富有效率。总之，中国要在完善技术创新体系基础上推动技术创新，实现经济增长动力变革。

形成制度质量保障产出效益的质量变革机理。传统产业体具有经济增长目标偏向，立足外生静态要素禀赋优势，回避资源、环境等方面的约束及发展质量的要求；现代产业体系以高质量发展为导向，基于内生动态竞争优势，补齐增长动力、结构优化等方面的短板。在多部门经济体系中，各个产业部门的增长因为要素供给条件不同而对要素的依赖程度不一样。在传统要素成本居高背景下，若能调整宏观经济政策，引导新要素供给的产业部门替代资源短缺的部门，引导稀缺要素部门进行更有效的配置，便能够提高要素投入产出收益。如建立智能工厂、智能园区等优质空间，保障要素投入及成果转化；构建有效产权及激励机制，使要素为企业带来更多创新收益；深化金融、能源等领域改革，降低要素成本、激发要素的生产潜力。有效的经济制度是结构性增长的基本前提，如果僵化的经济制度限制了要素流动，结构效益就难以实现。在这个意义上，制度质量是增强地区经济竞争力、推进高质量发展的关键。

新时期推动经济高质量发展，在制度创新和高质量要素供给过程中，核心是发挥市场引致制度创新和高质量要素配置并使其形成彼此作用机理的核心作用，关键是通过有效的制度创新，保障并促进人才、资本、技术三大关键要素互动和集成（辜胜阻，2019）。要在制度及要素质量提升基础上推进要素配置效率变革、创新动力变革和质量变革，形成发展合力并实现向高质量经济的跃升。

三 经济高质量发展的典型事实：深圳实践

（一）制度改革优势向制度质量优势转变

深圳是推行改革开放最为系统的城市，围绕建立市场经济体系实施的改革开放使得"市场化"的进程贯穿于深圳40多年发展全过程中，深圳经济高质量发展基因隐藏在市场化进程中。

推进制度改革形成比较优势。制度改革成为高质量发展的主导因素，关键原因在于中国经济转轨的特殊背景。发达国家是在既有市场经济体系下实现高质量增长，关注技术创新而非制度，市场体系会使技术完成商业化并实现产业升级；中国是在计划经济向市场经济转轨后相对较短的时间内推进高质量发展，因此消除阻碍高质量发展的制度因素更迫切。为摆脱计划经济体制束缚，深圳坚持以市场为导向，推进基建体制、价格制度、国企、人事制度等领域的改革，鼓励兴办私企、引进外资、建立证券交易所等，这些是深圳实现经济高质量有效运行的体制基础。傅高义（2008）认为，改革在全国展开时，深圳已基本完成作为引进外资、现代城市规划和建设及其他关键性体制改革试验田的使命。到 1997 年，深圳形成了以"十大体系"为主要内容的社会主义市场经济制度基本框架，涵盖政府改革、国企改革、分配制度、开放市场等，创设土地、资本等要素市场和商品市场。至此，深圳率先确立社会主义市场经济制度框架的比较优势。

提升制度质量形成竞争优势。进入 21 世纪，深圳面临土地、能源、人口、生态等问题，先后提出"效益深圳""深圳质量"战略，全面完善产权制度、投资制度、创新制度、营商制度等经济制度。至 2020 年 7 月，深圳市立法 369 件，其中修改、修正立法 225 件，立法件数决定法制体系覆盖的经济社会活动范围，而法律修改与修正件数决定法治化水平，深圳法治化程度走在全国前列。具体而言：产权制度方面，推行国有企业股权激励制度，构建国际知识产权保护制度；创新制度方面，围绕科研体系、深港创新合作、创新载体、国家科学中心强化金融支持；营商环境方面，率先启动行政审批制度改革、推进商事登记制度改革。尤其值得一提的是，深圳建成高端要素配置的法规制度体系和市场体系，充分发挥市场在要素配置中的决定性作用。这些措施包括修订《深圳经济特区人才市场条例》，规范市场化人才流动和服务活动；颁布《深圳经济特区技术转移条例》，促进技术交易和成果转化；颁布《深圳经济特区创业投资条例》，创建市场化的科技风险投资体系。

如果说深圳初期通过先行制度改革，率先发挥降低成本、要素配置等制度比较优势，那么在新时期完善制度过程中，主要是形成具有一定竞争力的制度生态及制度质量。在从创建特区、建立社会主义市场经济制度基本框架至探索建设中国特色社会主义先行示范区的过程中，制度创新的意义在于，由通过制度改革形成区位之间的制度比较优势转变为形成与国际市场经济制度范式竞争的中国特色制度生态，核心逻辑是在放活市场主体的过程中，有效发挥市场机制在人才、技术及资金配置中的作用，实现高质量发展目标。

（二）引进初级要素向培育高质量要素转变

深圳初期通过发展更具效率或资源优势的劳动密集型产业，获得较大经济效益。深圳先是确定"以外商投资为主、生产以加工装配为主、产品以出口为主"的经济方针，引进国内其他地区的劳动力和国外资金及技术，发展"三来一补"产业。但"三来一补"产业附加值低、技术含量少，且研发设计、运营等环节都由外企控制，不利于经济长远发展。对此，深圳提出"加快发展技术引进和消化吸收，加强内引外联"的发展思路，提高国外技术溢出效应。紧接着，政府制定高新技术产业发展战略，为深圳培养新的经济增长点。深圳实现由引进劳动密集型、加工组装型产业向引进技术、经营等要素的转变，在参与全球产业分工中通过技术学习提升自主创新能力，初步形成创新增长的要素基础。因此，深圳高质量发展秘诀里有重要一条：深圳是中国第一个把引进技术转变为学习技术、积累知识并最早开展自主创新的城市，快速积累创新要素和培育自主创新能力，是深圳形成竞争优势的关键。

城市经济增长是以城市要素禀赋为基础的，只有实现现有要素与新兴要素的最优配置，才能实现可持续的长期发展。进入 21 世纪后，在初期高新技术产业发展基础上，针对土地、能源、人口等问题，深圳先后提出"效益深圳""深圳质量"发展目标和思路，制定一系列政策促进人才、技术、创新资本等高质量要素形成，由此进入经济高质量发展阶段。

人才要素。在 20 世纪 80 年代中期至 90 年代初，任正非、王传福等脱离体制、南下深圳创业，深圳初步实现"原始人才积累"。进入 21 世纪后，至 2019 年底深圳累计引进留学人员超 13 万人、累计认定国内高层次人才 9000 余人；现今开办高校 15 所、在校生 11.32 万人，培育了大批高质量人才。所以，深圳已经成为由引进人才转向引进与培养人才并重的人才高地。

技术要素。通过技术开发合作引进技术要素是深圳创新的重要特点。深圳的技术要素主要是源于企业自主研发及合作研发，2017 年深圳 PCT 专利申请量超过德国和英国，是中国拥有 PCT 专利最多的城市。其中，深圳作为全球最重要的移动通信设备研究开发和生产中心，其所拥有的 5G 移动通信专利技术占全球的近 40%。总之，深圳推动技术创新的重点由推动企业引进外资技术成果转向构建高端技术要素的形成机制。

创新资本。资本只有转化成为创新资本，才能支撑高质量发展。深圳通过设立科技研发资金、风险投资引导基金等形式，支持技术研发和关键产业项目；建立深交所主板、创业板、中小板等多层次资本市场，形成包括创新投、深担保及前海基金等在内的多元风险投资体系，有效支撑创新孵化和产业升级。因此，深圳经济高质量发展的一条重要经验是：将金融资本转化为创新资本并有效支持实体经济发展，形成技术创新和产业升级的金融生态。

紧扣市场的资源配置规律，深圳构建了高度市场化的要素供给体系，涵盖人才吸纳、技术创新及创新资本形成。该要素供给体系由引进初级要素向引进与培育高质量要素转变，呈现以培育为主、引进为辅的要素形成特点，建立人才引进与培育并重、知识要素引进并转化为技术成果、金融资本转化为创新资本的不同要素形成模式，与硅谷、新加坡等创新城市的要素形成模式具有相似性，初步建成有效、有竞争力的支持高质量发展的市场化要素形成机制。

（三）市场主导技术创新进而驱动高质量发展

市场是技术创新发展的第一动力，引导着政府政策与社会要素的配置方向。企业是市场经济的主体，主导着技术创新，使得技术创新效果出现极大改善，进而驱动高质量发展。

市场引导要素配置。在深圳创新过程中，市场引导着政府的政策设计和社会的要素配置，推进创新活动。深圳率先提出"以市场为导向"的高新技术产业发展策略，先后进行人才制度、土地制度及金融制度等改革，建立并完善商品市场、资本市场及技术市场等要素市场，使得特定空间为商品、劳动、资本、技术等要素提供一个自由流动、相互嫁接的场所，这对深圳经济高质量发展起到关键作用。而深圳有90%的研发人员在企业，90%的科研投入源于企业，表明企业成为深圳要素配置的最重要的主体，是整合人才、资本、知识等要素的"超级高手"。深圳企业创新的市场导向性更强，能够加速创新要素转化为经济成果。因此，要通过完善制度保障要素积累和市场公平竞争，使得要素配置和经济活动免受无效率干扰，促进技术创新和高质量发展。

企业主导技术创新。企业是城市创新的微观主体，其通过市场激励将生产要素重新组合实现创新。新古典经济学认为，企业会在"无形之手"引导下，自觉地将生产要素引入有利可图的领域，并通过新技术、新产品等创新方式获取超额利润。企业是深圳创新的主体，2019年底深圳有高新技术企业1.7万家。深圳还依托龙头企业，组建产学研联盟、新型研发机构及公共技术平台，形成以企业为主体、以市场为导向、产学研一体化的创新模式，有效避免科技和经济"两张皮"问题。可以说，深圳高质量发展的另一条重要经验是，企业主导技术创新。深圳是中国第一个把创新从纯科研活动转变成为经济活动的城市，使得技术创新效果出现极大改善。

技术驱动高质量发展。1995 年深圳确定高新技术产业发展策略，提升产业发展层次。21 世纪初提出"效益深圳"理念，实现"速度深圳"向"效益深圳"转变。2011 年颁布《关于创造深圳质量的行动计划》，提出形成创新驱动、内生增长的经济发展模式。2017 年颁布《深圳经济特区质量条例》，提出"深圳质量""深圳标准"理念，把质量强市战略作为城市发展长远重大战略，把创新摆在质量发展全局的核心位置，率先全面迈向"质量时代"。目前深圳已形成经济增量以新兴产业为主、规上工业以先进制造业为主、第三产业以现代服务业为主的产业发展格局，同时资源消耗处于全国较低水平，逐步走出一条高质量发展之路。

总之，市场主导技术创新活动，使得各项政策和社会要素配置围绕市场主体展开，要素配置效率提升。企业是最重要的创新主体，应把创新的主动权交给企业，激励企业开展技术创新；把技术创新的服务功能交给社会中介组织，使其转而成为自主创新环境的建设者。在产业多次升级中，持续强化技术在产业升级中的作用，成为深圳率先实现高质量发展的关键。

参考文献

〔俄〕卡马耶夫：《经济增长的速度和质量》，陈华山、何剑等译，湖北人民出版社，1983。

〔美〕R. M. 索洛：《经济增长论文集》，平新乔译，北京经济学院出版社，1991。

〔美〕道格拉斯·诺斯：《制度、制度变迁与经济绩效》，刘守英译，上海三联书店，1994。

〔美〕兰特·普利切特、劳伦斯·萨默斯：《经济增速回归全球均值的典型化事实》，《开放导报》2015 年第 1 期。

〔美〕迈克尔·波特：《国家竞争优势》，李明轩、邱如美译，中信出版社，2007。

戴翔、金碚：《产品内分工、制度质量与出口技术复杂度》，《经济研究》2014 年第 7 期。

杜爱国:《中国经济高质量发展的制度逻辑与前景展望》,《学习与实践》2018 年第
　　7 期。

傅高义:《先行一步:改革中的广东》,广东人民出版社,2008。

辜胜阳:《高质量发展要让创新要素活力竞相迸发》,《经济研究》2019 年第 10 期。

黄少安:《把产业政策的作用重点转移到生产要素》,《财经问题研究》2019 年第
　　9 期。

金碚:《关于"高质量发展"的经济学研究》,《中国工业经济》2018 年第 4 期。

李巧华:《新时代制造业企业高质量发展的动力机制与实现路径》,《财经科学》2019
　　年第 6 期。

林毅夫:《新结构经济学、自生能力与新的理论见解》,《武汉大学学报》(哲学社会
　　科学版)2017 年第 6 期。

潘士远、史晋川:《内生经济增长理论:一个文献综述》,《经济学》(季刊)2002 年
　　第 3 期。

任保平:《新常态要素禀赋结构变化背景下中国经济增长潜力开发的动力转换》,《经
　　济学家》2015 年第 5 期。

任保平、文丰安:《新时代中国高质量发展的判断标准、决定因素与实现途径》,《改
　　革》2018 年第 4 期。

史丹、赵剑波、邓洲:《推动高质量发展的变革机制与政策措施》,《财经问题研究》
　　2018 年第 9 期。

陶长琪、彭永樟:《制度邻近下知识势能对区域技术创新效率的空间溢出效应》,《当
　　代财经》2018 年第 2 期。

中华人民共和国国民经济和社会发展第十四个五年规划和 2035 年远景目标纲要》,新华
　　网,http://www.xinhuanet.com/2021-03/13/c_1127205564.htm,2021 年 3 月 13 日。《

周路明:《解读深圳创新的路径》,《中国科学报》2019 年 9 月 12 日。

Hartmut Bossel, *Indicators for Sustainable Development: Theory, Method, Applications*, Manitoba:
International Institute for Sustainable Development, 1999.

Lucas R. J., "On the Mechanics of Development", *Journal of Monetary Economics*,
No. 1, 1988.

Martinez M., M. Mlachila, "The Quality of the Recent High-Growth Episode in Sub-Saharan
Africa", IMF Working Paper, No. 1, 2013.

Myrick Freeman, Joseph A., Herriges, Catherine L. Kling, "The Measurement of Environmental and
Resource Values: Theory and Methods", *Resources for the Future*, No. 4, 1994.

Nishioka, S., M. Ripoll, "Productivity, Trade and the R&D Content of Intermediate Inputs",
European Economic Review, No. 8, 2012.

Ramón E. López, Vinod Thomas, Yan Wang, "The Quality of Growth: Fiscal Policies for Better Results", IEG Working Paper, No. 6, 2008.

Renoldner, K., Rethinking"Our Common Future": A Physician's Remarks 25 Years after the Release of"Brundtland Report", *Medicine, Conflict and Survival*, No. 4, 2013.

Robert J. Barro, "*Quantity and Quality of Economic Growth*", Working Papers, Central Bank of Chile, 2002.

Romer P. M., "Increasing Returns and Long-Run Growth", *Journal of Political Economy*, No. 5, 1986.

Thomas V., Dailami M., Dhareshwar A., *The Quality of Growth*, Oxford University Press, 2000.

World Bank, *Sustainable Development in a Dynamic World—Transforming Institutions, Growth, and Quality of Life*, World Bank Publications, 2003.

Xiaodong Zhu, "Understanding China's Growth: Past, Present and Future", *Journal of Economic Perspectives*, Vol. 26, No. 4, 2012.

（本文原载于《湖南社会科学》2021 年第 3 期）

后发地区产业结构高级化演进的国际比较与深圳经验

陈庭翰　谢志岿*

摘　要： 发展新质生产力是我国推动高质量发展、实现从后发追赶到超越引领的必由路径。从国际经验来看，后发地区具有后发优势，但日本、中国香港与拉美地区的后发追赶效率有较大差异，说明技术创新和产业关联发展对实现产业结构高级化起到了核心作用。本文对深圳产业结构转型升级历程和阶段性表现进行研究，发现从产业结构、产业发展阶段与就业结构的角度看，深圳经济特区实现了产业结构高级化的有效推进，其核心是通过政府、市场、社会三个维度有效支持了技术创新和产业关联发展，体现出了深圳有为政府与有效市场良性关系的独特优势。总的来说，深圳在产业结构高级化中形成四个经验：第一，产业集群推进价值链治理，构建产业内生增长机制；第二，虚实结合，动力共促，建立资本与产业良性互动机制；第三，有为政府推动制度创新，彰显政府治理能力优势；第四，塑造特区创新精神与文化，释放民营经济创新活力。

关键词： 产业结构高级化；技术创新；制度创新；后发优势；深圳模式

---

* 陈庭翰，经济学博士，深圳市社会科学院助理研究员；谢志岿，政治学博士，深圳市委党校副校长、研究员。

我国已经进入发展新质生产力的关键阶段，这对生产力各要素提出了更高更新的质量要求。发展新质生产力体现了我国良好的宏观表现、较大的经济发展潜力和强大的内生增长能力，这在我国改革开放以来产业结构升级过程中就已经鲜明地表现了出来。深圳是我国后发崛起的典范，本文试图采取国内外对比的方式分析深圳产业结构转型的特点与经验，以进一步解释我国经济独特优势。

产业结构升级是指产业结构随着经济发展而发生由低附加值产业向中、高附加值产业转移的过程，总体趋势表现为第一产业向第二、三产业转移（李江帆，2005）。产业结构高级化进一步强调在合理、协调的基础上，产业结构的素质和效益向更高层次进化（高远东等，2015）。从技术层面来说，一个国家的经济发展主要依靠生产要素、产业结构与技术创新三方面的推动，其中最关键的是获得技术创新的持续进步以克服报酬递减问题，改进产业结构，提升要素生产率。技术创新会产生试错成本，而后发国家的优势在于可以通过技术模仿、技术引进实现低成本的技术进步，从而实现对发达国家的追赶（林毅夫，2003）。这一优势不仅体现在技术引进上，也体现在对技术路线和研发组织经验的借鉴上（Mathews & Cho，1999；Teece，2008）。不过，当发展中国家无限接近发达国家技术水平时，这种技术溢出将无限接近于零，其后发优势也将损失殆尽。因此，在技术模仿与引进过程中能否加快技术变迁速度，对于后发国家而言才是重中之重（林毅夫和张鹏飞，2005）。对于我国而言，快速的技术变迁有助于彰显科技创新的引领性和高质量发展的时代性，而这是我国形成新质生产力的重要前提。

一　后发地区产业演进的主要模式分析

（一）日本模式

日本的追赶战略帮助日本成功由一个边缘国家一跃成为资本主义强

国，并至今仍在电子、机械制造、重化工业等领域保持领先地位。日本成功的关键在于政府的有效干预和产业部门战略规划皆以技术引进与模仿效率为核心，最大限度地保障对发达国家技术的转移与吸收，并在吸收过程中确立自身差异化优势，为日后如何立足全球市场做长期谋划。日本政府的市场干预政策体系具有清晰的施行逻辑，且皆以促进技术引进为要旨。首先，日本政府将"贸易立国"战略作为技术引进的敲门砖，以极力推动贸易出口获取外汇作为引进技术的资本基础；其次，日本政府推行金融统制政策，确立外汇储备并向产业部门有效输出，支持后者展开大规模技术引进；最后，日本政府确立了以重化工业化为核心的产业政策，为关键产业部门提供技术引进的技术便利。日本企业则由于以传统财阀为主要组织形式，因此具有足够的组织能力应对市场化改革，其以技术引进为核心的企业战略安排呈现出承前启后的战略一贯性。

日本的技术引进追寻两个融合，即西方技术引入和自身差异化定义之间的融合，以及西方企业管理理念的引入与日本传统企业文化之间的融合。前者主要体现为西方技术与日本"轻薄短小"产品设计风格搭配形成了日本式制造品，并成为日本企业应对石油危机的撒手锏；后者主要体现为西方现代化工业生产线模式与日本财阀文化的外部合作内部化的集团化构架搭配形成了日本式的精益制造体系与垂直统合企业管理模式，为之后的高技术精益化生产方式提供组织基础。在"二战"后的 20 年里，日本节省了 90% 的研发费用与 2/3 的研发时间，获得了发达国家耗费金额高达近 2000 亿美元的技术，成功使产业结构整体攀升至全球价值链中高层。

（二）中国香港模式

香港受英国自由主义经济政策影响，走向了自由主义的产业发展道路，其产业后发追赶及进入停滞与空心化的过程，都是外界环境影响和要素自由配置的结果。外界环境影响主要来自香港在英国全球贸易体系中的地缘位置，以及中国内地与世界各国的外交环境以及西方贸易政策的变化。在"二战"结束前，香港作为英国全球贸易链条的重要一环提供转口贸易，而不追求产业发展。20世纪50年代后，香港聚集资本建立以纺织为主的轻工业体系，以低廉的劳动力优势承接来自西方的劳动密集型为主的边际产业（服装、玩具、塑料、钟表、电子组装与加工）转移，形成了以加工出口为主的现代化产业结构。

利用自身的市场优势和地理优势，在20世纪70年代，香港自发形成了以金融、保险、房地产、旅游、运输、生产性服务业与商业服务业等具有竞争优势的产业为主的产业结构，帮助香港成为全球重要金融中心与商贸中心。然而，香港模式同样造成了产业空心化。自由市场环境下，政府难以提供针对产业升级的专用性刺激要素，无法帮助香港企业在西方技术阶梯性转移体系中获得技术创新能力。在内地改革开放之后，尚未完成产业结构高级化的香港企业又根据成本收益分析，决定将制造业产业链转移至要素成本更低的内地沿海地区，裁撤了大部分本地制造业部门，将本地资源进一步集中于附加值更高的金融服务业等第三产业。可以说，外部机会与环境以及全球价值链分工合作体系调整，共同促成了香港服务业一枝独秀、制造业和实体经济难以持续升级发展的产业结构。

（三）拉美模式

拉美地区融入资本主义世界体系较早，受英美资本控制程度较深。英美资本在拉美国家发展资源产业与客户工业型产业，导致拉美国家产业发展道路并未选择劳动力禀赋，而是被动选择了资源禀赋。外国资本利用投资利润差大肆掠夺，直接催生了民粹主义的盛行，并导致了"二战"后拉美国家的国有化运动。拉美国家在国有化运动后如愿以偿地控制了本国经济命脉，但选择了进口替代模式和福利赶超模式。前者封闭对外市场，强调本国生产的商品对市场的覆盖；后者罔顾本国经济发展水平，照搬西方发达国家福利制度和劳动力保障制度，并通过不负责任的选举利益承诺将社会福利开支持续前推（樊纲和张晓晶，2008）。进口替代模式无法有效获取海外投资与知识转移，使非资源型产业体系难以形成竞争力（江时学，2001）。资本密集领域的进口替代让拉美国家跳过劳动密集产业发展阶段直接谋求大规模工业化，但本国资本和狭小的国内市场无法支撑大规模工业化（王丽莉和文一，2017）；福利赶超模式使企业用工成本和国家财政支出都居高不下，劳动力成本高企，国企得不到足够的财政支持。面对以上问题，拉美国家曾尝试采取私有化改革，并通过财政、税收、信贷等政策调整支持劳动密集产业与技术密集产业发展。然而，后发优势已经丧失，产业学习效应和产业关联性难以改善，拉美国家至今仍无法实现产业转型升级。

二 深圳经济特区产业结构高级化发展的历程

（一）产业结构的演进

深圳作为市场经济体制改革试点，承担着股份制改革等现代服务业发展探索的时代任务，其经济现代化发展之初是将第三产业作为支柱产业。不过1992年以来，快速发展的制造业成为深圳经济的根基，并在1992年之后至2008年的较长时间中对第三产业保持优势。1986~2012年的多数年份，第二产业对深圳经济增长的贡献率高于第三产业，是深圳改革开放以来经济腾飞的主要动力（见图1）。2012年以来，第三产业无论是从产值比例看还是从对经济增长的贡献率看都逐渐超过第二产业，但第二产业特别是高新技术制造业仍然占据较大比重。2022年深圳第三产业产值比例上升至62%，但仍大幅低于京沪穗，是中国特大城市中对服务业依赖性最低的城市，表明制造业对深圳产业发展的重要性实质上仍然较高。

深圳第三产业产值比例超越第二产业是深圳第三产业内部的结构高

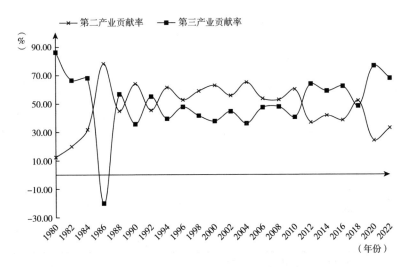

图 1   1980~2022 年深圳第二、第三产业对经济增长贡献率的变化

级化进程加速的结果，主要表现为发展重心开始由金融、房地产业向高新技术服务业转移。金融与房地产业增加值占比由 2008 年的 19.8%增加至 2022 年的 23.7%，信息传输、计算机服务及软件业与科学研究和技术服务业增加值占比则由 2008 年的 5.7%增加至 2022 年的 14%，二者占比差距由 14.1 个百分点缩小至 9.7 个百分点。同时，深圳第二产业内部结构高级化也在快速推进。2009 年以来，深圳开始布局战略性新兴产业，以制造业为主、新兴服务业为辅构建全新的产业结构。其中，新一代信息技术、文化创意、互联网、新材料、新能源、生物等战略性新兴产业成为这一次产业结构优化的支柱产业，成为深圳产业结构高级化加速的主要推动力量。以上行业增速大幅领先深圳生产总值增速，其增加值合计占比由 2010 年的 29.4%快速上升至 2017 年的 41.3%（见表 1）。2022 年，深圳战略性新兴产业增加值增长 7%，大幅领先深圳生产总值3.4%的增速，继续领跑深圳经济发展。

表1 2010~2017 年深圳主要战略性新兴产业增加值同比
增长率及增加值合计占 GDP 比重

单位：%

年份	2010	2011	2012	2013	2014	2015	2016	2017
新一代信息技术	21.9	4.1	16.5	19.6	14.0	19.1	9.6	12.5
文化创意	26.0	26.7	25.0	18.0	15.6	13.1	11.0	14.5
互联网	29.6	79.4	22.6	20.3	15.5	19.3	15.3	23.4
新材料	46.1	20.5	9.4	10.2	7.1	11.3	19.6	15.1
新能源	41.6	26.9	15.9	10.0	9.7	10.1	29.3	15.4
生物	1.1	21.3	17.2	8.0	6.4	12.4	13.4	24.6
增加值合计占 GDP 比重	29.4	29.0	30.7	34.3	35.6	38.1	40.9	41.3

资料来源：深圳市科技创新委员会、深圳市统计局。

（二）产业发展阶段的演进

1. 出口导向阶段

出口导向模式是指将与全球跨国厂商建立产业链中下游合作关系作为参与全球价值链的主要切入方式，通过承担非核心零部件生产工序与组装工序，吸收国外企业的中低端技术的转移来达成自身产业集群成熟度的提升。在改革开放初期，深圳的"三来一补"与"前店后厂"模式都是出口导向模式，通过政策优惠与劳动力要素禀赋吸引海外中低端生产链转移，并利用香港在全球资本市场中的地位，发展转口贸易与代工生产，找到了获取海外资本与技术的突破口，不过这一时期的代工主要分布在服装、鞋类、玩具等低专业化领域。20世纪80年代末，西方跨国巨头纷纷推行归核化转型，在电子、汽车等机械制造领域推行模块化，外包大量非核心部件生产。深圳凭借着本地代工产业集群竞争力，与以东亚为主的制造企业构建战略耦合关系，于20世纪90年代正式嵌入专业化水平更高、知识转移更频繁的全球机械制造生产网络，标志着深圳本地产业集群开始向以专业化程度更高的电子设备、家用电器、通信设备为主的中低端机械制造产业链转变。这一产业链转变带来了技术知识，孕育了许多以模仿创新为主要研发方式的本土企业。同时快速发展的深圳金融行业开始为本地产业投融资提供金融衍生品与投资工具，为深圳产业结构转型奠基。

2. 进口替代阶段

20 世纪 90 年代，深圳大力挤压"三来一补"产业，推进产业结构高级化进程，其最鲜明的特征是深圳本地产业集群开始构建国内价值链。构建国内价值链是指本地产业链寻求在国内价值链体系中获取优势地位，使本地产品不仅能有效满足国内需求，还能深刻影响国内产业链的表现形式与日后的发展趋势，日韩也是基于此经验发展的。构建国内价值链的关键在于立足国内市场的前端需求，在国内产业链体系内获得价值分配主导权。深圳充分利用本土低端工业体系化的优势大力推动产业转型与产品市场标准的制定，使华为、腾讯、比亚迪、大疆、中兴、长城等本土企业在国内市场形成较强的竞争优势与市场势力，并大力支持医药制造、通用设备、专用设备、交通运输、电器机械、电子通信设备制造等生产体系复杂、资产专用性高的中高端制造产业链的发展。通过低端产业集群的升级转换与"腾笼换鸟"，深圳制造已经能满足深圳城市现代化发展与产业更新的主要需求，实现了进口替代效果。深圳企业通过对全国阶梯式产业转移的把控与对中高端价值链的塑造获得了在国内价值链中的优势地位，使全国市场成为自己的经济腹地，为本地产业集群多元化、归核化发展提供了坚实的需求基础。

3. 高质量发展阶段

构建国内价值链的根本目标就是改善全球价值链地位，因而随着国内价值链构建的成功，深圳逐步从要素驱动的发展阶段转移到创新驱动的高质量发展阶段。这一阶段不再是简单地通过中低端产业链嵌入全球价值链，而是寻求向价值链高端发展。这一阶段深圳本土产业开始展现出以下特征：第一，深圳本土的模仿创新企业开始进入自主创新阶段，开始进入产业生命周期的成熟期。深圳 PCT 国际专利申请量由 2004 年的 331 件升至 2023 年的累计 20.84 万件，R&D 经费支出由 2009 年的 279 亿元升至 2022 年的 1880 亿元。第二，深圳产品转换周期加快，产业链调整、重组与拆分活动频繁。第三，深圳本地对外合作产业链开始进入全球分工体系的中高价值区间，企业组织重心开始由零部件生产与组装向产品设计与研发、市场营销与服务等领域集中。第四，深圳本土产业集群开始由以中小企业为主向以规模以上企业为主转变，具有大型水平结构与垂直统合结构的跨国、跨区域企业开始成为深圳企业的主要形态。2022 年，深圳拥有规模以上工业企业 13790 家，规模以上工业总产值达 4.6 万亿元。第五，总部经济开始形成，跨国公司与国内大型企业在深圳设立管理中心与投资中心，或在深圳设立洲际总部或者地区总部，例如华润、中广核、中海油、恒大、富士康、阿里巴巴、百度、高通、沃尔玛等。

（三）就业结构的演进

深圳劳动力就业规模随着移民的持续流入而扩大，由 1990 年的 109.90 万人快速上升至 2020 年的 1239.61 万人。2012 年，第三产业就业人口所占比例超越第二产业，成为深圳吸纳就业最多的领域，2018 年深圳就业人口所占比例达到峰值 62.6%，随后第二产业就业人口实现了小幅度增加，第二、三产业就业人口所占比例基本稳定（见表 2）。在深圳产业结构高级化的同时，劳动力质量也快速提升。2000 年，深圳只有 8% 的人口拥有大专以上学历，这一比例在 2010 年上升至 17.1%，至 2020 年进一步上升至 28.8%。截至 2023 年底，深圳各类人才总量超 679 万人、高层次人才 2.4 万人、留学回国人员超 20 万人，博士后在站人员 5302 人，专技人才总量 242.88 万人，技能人才总量 402.3 万人。深圳本地高等教育规模近年来也快速扩大，普通高等学校数量由 1983 年的 1 所升至 2022 年的

14 所，每年毕业生人数由 1987 年的 1028 人升至 2022 年的 33847 人。其中，北京大学、哈尔滨工业大学、中国科学院、中山大学等全国顶级科研资源先后被引入深圳，南方科技大学、深圳大学等本土院校科研实力也显著提升。

表 2　深圳劳动力就业结构的变化

单位：万人，%

年份	劳动力就业规模	第一产业就业人口所占比例	第二产业就业人口所占比例	第三产业就业人口所占比例
1990	109.9	6.1	69.8	24.1
2000	474.97	0.8	57.0	42.2
2010	781.45	—	51.5	48.4
2012	902.02	—	44.4	55.6
2014	1009.60	—	39.3	60.6
2016	1141.42	—	38.0	62.0
2018	1214.49	0.1	37.3	62.6
2020	1239.61	0.1	38.6	61.3
2022	1193.41	0.1	39.2	60.7

三　深圳产业结构高级化发展的主要经验

（一）产业集群推进价值链治理，构建产业内生增长机制

技术持续创新和产业持续升级来源于高水平价值链治理，价值链治理主要由交易复杂性、可标准性与供应商能力组成。交易复杂性的提升加快知识交流与知识更新，交易可标准性扩展带来交易效率提高与生产规模化，供应商能力决定了企业构建复杂组织结构与复杂生产体系的能力。借由广大中小企业产业集群实现交易复杂性提高、可标准性扩展与供应商能力构建进而推进价值链治理，形成本地产业的内生增长机制，是深圳实现产业结构高级化的关键经验。每个中小企业都是一个单元或者模块，多个

单元构成分工协作网络形态时，交易复杂性快速提升。企业之间复杂的技术联合与专业化经营能充分提升企业获取知识转移的效率，形成自主创新。企业将自主创新成果通过交易与标准化生产途径传达给整个价值链，形成更复杂的交易行为与新标准化生产体系，带领整个产业集群向上突破。深圳产业转型就是基于此基本逻辑，实现了从"三来一补"到核心企业与网状供应商系统，再到由规模以上企业集群、专精特新小巨人企业集群、层级供应商网络所组成的全链条产业生态。

在高质量发展的不断深化中，近年来，深圳培育出国家级专精特新企业 742 家，国家级高新技术企业 2.4 万家，低空经济、人型智能机器人、合成生物、半导体与智能传感器等新兴高精尖产业在深圳掀起新的产业发展浪潮。结合产业发展现有基础和未来趋势，深圳布局"20+8"产业集群高质量发展方案，大力培育新一代电子信息、高端装备、绿色低碳、数字时尚、生物医药、海洋经济等领域的二十大支柱产业，以及合成生物、智能机器人、脑科学、深地深空等八大未来产业，以进一步促进产业内生增长，加快发展新质生产力。

（二）虚实结合，动力共促，建立资本与产业良性互动机制

深圳金融产业发展很好地支撑了实体经济规模扩张、结构优化和效率提升，促进了产业转型与技术升级。在设立深圳证券交易所时，深圳金融业就被要求为实体经济注入动力，为科技创新提供活力。资本市场为技术创新提供融资，技术创新推动产业形态不断转换，又促进金融创新，形成深圳金融与实体经济的螺旋式发展，实现"双轮驱动"共同促进产业的持续升级。活跃的风险投资基金、私募股权投资基金、创业基金大力促进深圳高科技创投发展。截至 2016 年，深圳已有 4.6 万家风险投资机构和私募机构，支撑深圳成为中国第一批开展科技与金融结合试点的城市之一。1998 年成立的深圳高新技术创业投资公司和高新技术产业投资基金是全

国第一家科技风险投资机构,对深圳中小创业企业提供金融支持。深圳证券交易所在 2004 年推出中小板,2009 年设立创业板,通过金融创新实现从风险投资到创业板的"创投资本链",进一步推动深圳新兴产业领域的创新创业活动。

在"双轮驱动"下,深圳在科技金融的快速发展中促进了制造业、生产性服务业、消费性服务业的良性互动发展。制造业、金融业、服务业的大融合极大地赋能制造业的高端化、智能化、数字化、绿色化发展,加快了新业态、新模式和新产品的产生,为加快培育壮大市场主体以及深圳推进新型工业化进程和服务业进一步转型升级提供了宝贵的动力。

(三)有为政府推动制度创新,彰显政府治理能力优势

有为政府作为一个典型的创新主体推动城市产业转型是深圳产业结构高级化的又一主要经验,其通过制度创新手段极大地提升了公共服务的提供效率,尤其是对产业政策与营商环境这两大领域的支撑与优化,为技术持续升级提供了环境根基。深圳创造了多个"90%",即 90% 以上的研发机构、研发人员、研发资金等在企业,90% 以上的职务发明专利和重大科技项目发明专利等出自企业,其背后是深圳有为政府与有效市场模式的支撑。

在产业政策方面,深圳通过提出多项在全国领域具有前瞻性与开创性的制度设计,重塑市场预期,释放市场要素,引导产业转型。深圳产业政策主要表现为两大特点,一是财政支持,二是以民间为主。首先是财政支持,深圳以政府财政手段推行科研经费激励机制,形成了独特的研发型预算。一方面通过再分配手段为企业科研活动注入资金,另一方面通过优胜劣汰机制鼓励企业展开科研竞争,以弥补基础研究不足。近年来,深圳大力创建光明科学城,在光明区集中打造面向企业和全社会开放的大科学装置和重点实验室,建设面向新能源车企开放使用的智能网联汽车测试场,

创立多类创新基金，以及为新技术、新产品提供运用场景等。其次是以民间为主。深圳率先鼓励科技人员兴办民间科技企业，引导民间创新以市场需求为导向，紧跟国内与国际市场热点，促成了华为、比亚迪、腾讯、大疆、顺丰、迅雷等新兴产业领域民营企业的发展。政府还积极培育"以企业为主体，以市场为导向，产学研深度融合"的技术创新体系，使基础研究、产品研发与设计高度集中于企业。这些举措使企业的研发产业链有效进入基础研发领域中，有效带动了高端装备制造、新一代电子信息技术等高科技产业集群的发展，形成了具有深圳特点的"全过程创新生态链"。

在优化营商环境方面，深圳政府为了实现制度设计有效渗入对市场环境的改造，做了多项大胆的制度尝试。首先是扩展支持领域，比如深圳规定任何性质的企业都可以获得高新技术企业标准认定，享受税赋减免、政策配套与科技贷款，并率先以立法形式确立市科技研发资金投向基础研究和应用基础研究的比例不低于30%。其次是改善法制环境。深圳政府重视知识产权立法，大力保护企业劳动成果。再次是加大人才引进力度，率先探索企业建立博士后流动站制度，建立多层次人才引进和补贴机制，配套人才房与保障房制度，为企业人力资源培养与集聚提供便利。

（四）塑造特区创新精神与文化，释放民营经济创新活力

利用社会文化价值与创新主体意愿塑造创新文化，形成具有创新活力的特区创新精神和文化，是深圳产业转型升级的软性支撑。来自五湖四海的、具有拓荒精神的科技人才与企业家来到深圳后，敢闯敢试、敢为人先，将创新作为第一动力。各地移民资源与本地资源基于产业链形成了以民营企业为创新主体的深圳创新文化，又因为产业链是深圳社会主要的连接工具，也是整合来自全国的各领域创业人才资源的工具，所以深圳的创新行为高度关注从体系层面展开产业合作，寻求行业突破。深圳企业在这样的创新精神下在全产业链上寻找创新点，上游推进技术研发，中游推进

企业供应网络合作，下游推进商业模式创新，使创新构建出完整生态圈，自成体系突破西方的价值链低端锁定，形成了在全世界领域都极具创新活力的民营经济体系。

习近平总书记在深圳经济特区建立四十周年庆祝大会上指出，"深圳要建设好中国特色社会主义先行示范区，创建社会主义现代化强国的城市范例，提高贯彻落实新发展理念能力和水平，形成全面深化改革、全面扩大开放新格局"，"率先实现社会主义现代化"。① 2021 年以来，深圳出台多项关于更好支持民营企业改革发展的政策，进一步放宽市场准入，加强产业政策普惠性和功能性，优化金融供给，保护知识产权，构建亲清政商关系，为深圳创新文化的持续积累和民营经济活力的持续释放构建优良的竞争环境、融资环境、市场环境、法治环境。

参考文献

白积洋：《"有为政府+有效市场"：深圳高新技术产业发展 40 年》，《深圳社会科学》2019 年第 5 期。

初钊鹏、王铮：《R&D 产业化耦合机制研究——基于深圳的实证分析》，《科技进步与对策》2013 年第 5 期。

樊纲、张晓晶：《"福利赶超"与"增长陷阱"：拉美的教训》，《管理世界》2008 年第 9 期。

高远东、张卫国、阳琴：《中国产业结构高级化的影响因素研究》，《经济地理》2015 年第 6 期。

辜胜阻、杨嵋、庄芹芹：《创新驱动发展战略中建设创新型城市的战略思考——基于深圳创新发展模式的经验启示》，《中国科技论坛》2016 年第 9 期。

江时学：《拉美和东亚利用外资的比较》，《拉丁美洲研究》2001 年第 3 期。

孔凡静：《"日本模式"的核心与政府干预》，《日本学刊》2009 年第 2 期。

李江帆：《产业结构高级化与第三产业现代化》，《中山大学学报》（社会科学版）

---

① 《（现场实录）习近平：在深圳经济特区建立 40 周年庆祝大会上的讲话》，新华网，http：//www.xinhuanet.com/politics/2020-10/14/c_1210840649.htm，2020 年 10 月 14 日。

2005 年第 4 期。

李俊江、孟勐:《技术前沿、技术追赶与经济超越——从美国、日本两种典型后发增长模式谈起》,《华东经济管理》2017 年第 1 期。

林毅夫:《后发优势与后发劣势——与杨小凯教授商榷》,《经济学》(季刊) 2003 年第 4 期。

林毅夫、张鹏飞:《后发优势、技术引进和落后国家的经济增长》,《经济学》(季刊) 2005 年第 1 期。

刘逸、杨伟聪:《全球生产网络视角下珠三角区域经济的战略耦合与产业升级》,《热带地理》2019 年第 2 期。

王丽莉、文一:《中国能跨越中等收入陷阱吗?——基于工业化路径的跨国比较》,《经济评论》2017 年第 3 期。

肖巍:《从马克思主义视野看发展新质生产力》,《思想理论教育》2024 年第 4 期。

曾繁华等:《创新驱动制造业转型升级机理及演化路径研究——基于全球价值链治理视角》,《科技进步与对策》2015 年第 24 期。

张新宁:《科技创新是发展新质生产力的核心要素论析》,《思想理论教育》2024 年第 4 期。

赵放、曾国屏:《全球价值链与国内价值链并行条件下产业升级的联动效应——以深圳产业升级为案例》,《中国软科学》2014 年第 11 期。

赵佳莹:《香港制造业的转型历程及其经验》,《企业经济》2008 年第 4 期。

Mathews J. A., Cho D. S., "Combinative Capabilities and Organizational Learning in Latecomer Firms: The Case of the Korean Semiconductor Industry", *Journal of World Business*, Vol. 34, No. 2, 1999.

Teece D. J., "Technology Transfer by Multinational Firms: The Resource Cost of Transferring Technological Know-How", *Economic Journal*, Vol. 87, No. 346, 2008.

(本文原载于《深圳社会科学》2020 年第 5 期,收录时有所修订)

新质生产力的理论内涵与实证评估

董晓远　张　超　廖明中*

摘　要： 新质生产力的提出是对马克思主义生产力理论的继承和发展，是对中国特色社会主义生产力理论的丰富和发展，并汲取了西方经济学中新增长理论的有益成分。这一阐释深化了对生产力发展的指导理念、催生动因、主要内容及表征特点的认识。根据新型生产力的内涵，从科技创新、新型劳动者、新型劳动资料、新型劳动对象、要素优化组合五个维度构建新质生产力评价指标体系，并采用熵值法和指数分解法，以 Wind 数据库中422 家深圳 A 股上市公司为样本，测度深圳新质生产力发展水平和驱动因素特征。结果显示：深圳新质生产力实力指数得分从2016 年的 0.2 快速增至 2022 年的 0.9，新质生产力发展呈现稳步上升态势；剖析其构成要素变化，新型劳动资料指数增速最快并呈现"╱"形增长态势，新型劳动对象和新型劳动者指数增速紧随其后并呈现"╱"形增长态势，科技创新指数增速较快呈现"✓"形增长态势，要素优化组合指数增速平缓并呈现"S"形波动上升态势。深圳新质生产力是由新型劳动资料主导带动、新型劳动对象和新型劳动者主力支撑、科技创新和要素优化组合共同保障发展壮大的，且各构成要素在不同时间的差异体现为新质生产力的驱动因素差异。概言之，新质生产力已在深圳战略性新兴

---

* 董晓远，深圳市社会科学院经济所研究员；张超，深圳市社会科学院经济所实习研究员（通讯作者）；廖明中，深圳市社会科学院经济所所长、研究员。

产业发展的实践中形成并加速成长壮大。

关键词：新质生产力；创新增长；新发展理念；高质量发展；指标体系

生产力是社会发展的决定性因素，是社会进步状态的指示器。2023年9月，习近平总书记在黑龙江考察调研时首次提出新质生产力。在2024年1月中央政治局集体学习时，习近平总书记对新质生产力作了系统全面的阐释，强调新质生产力是一种"符合新发展理念的先进生产力质态"，"以劳动者、劳动资料、劳动对象及其优化组合的跃升为基本内涵，以全要素生产率大幅提升为核心标志，特点是创新，关键在质优，本质是先进生产力"。[①] 这一经典阐释立足于马克思主义生产力理论，吸收了西方经济学的全要素生产率概念，深化了对生产力发展规律的认识，为我国现阶段和中长期推动生产力发展提供了根本遵循。

一 文献综述

新质生产力已经成为引领经济高质量发展的重要力量。习近平总书记提出"新质生产力"重要概念后，我国各部门和地方积极以"新质生产力"为中心概念进行学习探讨并部署相关工作，但学界对新质生产力的提出背景、重要意义、本质内涵等问题的研究仍处于起步阶段。

现有研究主要分为四个方面：首先，将新质生产力置于大国竞争、新时代发展阶段等视角下分析其产生的宏观背景与积极意义。"新质生产力"是习近平总书记基于大国竞争背景下我国发展阶段、环境和条件变化作出的重大战略判断（柳学信等，2024）；"新质生产力"是我国

---

① 《习近平：发展新质生产力是推动高质量发展的内在要求和重要着力点》，中国政府网，https://www.gov.cn/yaowen/liebiao/202405/content_6954761.htm? menuid=197，2024年5月31日。

立足于经济发展时代特征提出的新经济概念（高帆，2023）；"新质生产力"将国家发展的方略核心定位于"聚焦生产力，发力新科技"的实践方向（金碚，2024），对于加速建设中国式现代化意义重大（程恩富等，2023）。其次，阐释新质生产力的理论来源、本质内涵、表现形式与典型特征。新质生产力是对马克思主义生产力理论的发展和创新（周文，2023），以生产力新质论创新发展了马克思生产力质量理论，以生产力要素创新论丰富拓展了马克思生产力发展理论，以生产力水平跃升论创新发展了马克思生产力进步理论（张林等，2023）；新质生产力囊括新质劳动对象、新质劳动资料和新质劳动者（赵峰等，2024），是由于生产力构成要素的质的不断提升而呈现出的更为先进的生产力形式（李政等，2024），具有数智化、网络化、绿色化的基本特征（李政等，2023），其表现形式主要有"数字生产力"、"绿色生产力"和"蓝色生产力"三种（蒋永穆等，2023）。再次，评估地区新质生产力发展水平、促成因素和存在的主要问题。从新质劳动者、新质劳动资料和新质劳动对象三个维度构建评估体系（王珏，2024；朱富显等，2024），发现中国区域层面新质生产力发展水平呈现稳步增长态势（朱富显等，2024），存在显著的集聚效应，新质劳动资料对新质生产力提升的贡献度最高（王珏等，2024）；从科技生产力、绿色生产力和数字生产力三个维度构建新质生产力评价体系，发现科技生产力、绿色生产力和数字生产力的水平稳步上升（卢江等，2024），其中数字经济对新质生产力的形成有显著正向影响（焦方义等，2024）。但我国各地区新质生产力呈现梯度提升和发展不均衡特点（朱富显等，2024），我国省际新质生产力水平的差距有逐渐拉大趋势（卢江等，2024）。最后，分析新质生产力的发展路径与政策启示。"新质生产力"既要有科技创新的要素结构，也要有创新担当和允许试错的制度安排（金碚，2024）；发展新质生产力的现实途径是在科技创新和产业创新的深度融合中发展新兴产业和未来产业，这是中国式现代化所要建设的现代化产业体系的核心内容（洪银兴，2024）。

上述文献关于"新质生产力"的研究主要集中在三个方面：从大国竞争等宏观视角下分析其产生的宏观背景与战略意义，或阐释其理论来源、基本内涵与典型特征等，或分析其发展水平、促成因素、发展路径与政策启示等。由于"新质生产力"概念提出时间较短，现有研究大多停留在内涵、特征、内容、影响意义探讨等方面，缺乏较为深入的定量评价研究。对新质生产力应该怎样开展定量评价？构成新质生产力的因素有哪些？为将总书记关于新质生产力的新论断落到实处，使其成为贯彻新发展理念、指导高质量发展的新标尺，需要构建一套科学的评价指标体系，识别新质生产力的经济活动，评估观察新质生产力的新进展，阐释新质生产力的成因，并提供一种促进新质生产力发展的实现路径。

本文相对于现有研究有以下几方面的创新：①综合中西方经济学理论阐明新质生产力的本质内涵。依据马克思主义生产力理论和新古典经济增长理论中有关生产力、全要素生产率的解释，阐明新质生产力的理论来源、本质内涵和思想突破，并构建评估体系奠定理论基础。②选取特色指标构建评估体系，拓展生产力评价研究。依据本文剖析的新质生产力内涵，构建涵盖科技创新、新型劳动者、新型劳动资料、新型劳动对象和要素优化组合五个维度的评价指标体系，该评价指标体系是对传统强调劳动要素的劳动生产力和强调技术进步的全要素生产率评估的发展，拓展了生产力评价研究。③评估与分析方法具有科学性，行业分析体现前瞻性。本文基于 Wind 数据库中 422 家深圳 A 股上市公司的财务数据，评估深圳新质生产力发展水平，深入分析新质生产力变动的成因。本文旨在为通过促进技术革命性突破、持续优化资源配置等方式，培育发展壮大新质生产力提供坚实的政策依据和实施路径参考。

二 新质生产力——生产力理论的新突破

（一）生产力理论发展的演进

新质生产力的提出是习近平新时代中国特色社会主义思想在经济社会领域的又一极具前瞻性的创新成果，是对马克思主义生产力理论的继承和发展，是对中国特色社会主义生产力理论的丰富和发展，并汲取了西方经济学中新增长理论的有益成分。

继承和发展马克思主义的生产力理论。生产力这一思想和概念在古典经济学者们对财富的来源进行探索时即初见端倪。弗朗斯瓦·魁奈最早提出并使用生产力概念，他认为只有农业劳动才是生产的，生产力即"土地生产力"，他从生产要素角度阐释了生产力的内涵。生产力是马克思政治经济学的核心概念之一，马克思和恩格斯在《资本论》等著作中认为，生产力主要是人类适应自然、利用自然和改造自然的能力，是"人以自身的活动引起、调整和控制人和自然之间的物质变换过程"，生产力包括三个关键要素，即具有一定生产经验与劳动技能的劳动者、引入生产过程的劳动对象和劳动资料。马克思还强调科学技术属于生产力的重要组成部分，即生产力也包括科学技术，而劳动生产力是随着科学技术的不断进步而不断发展的。随着工业革命的发展，马克思再次提出了"科学技术是生产力"的思想，认为"社会的劳动生产力首先是科学的力量"。随着技术创新的不断深化，习近平同志提出新质生产力"以劳动者、劳动资料、劳动对象及其优化组合的跃升为基本内涵"，继承和发展了马克思主义生产力理论，代表了生产力的飞跃和质的变化。

丰富和发展中国特色社会主义生产力理论。新中国成立后，中国共产党人在继承马克思主义生产力理论的基础上，不断深化对生产力范畴的科学认识。毛泽东提出，"不搞科学技术，生产力无法提高"，明确将科学技术和生产力的发展联系在一起。邓小平进一步提出"科学技术是生产力"

的重要论断，推动了科学技术从"一般生产力"到"第一生产力"的提升，将科学技术视为推动现代生产力发展的重要因素和重要力量。进入21世纪，江泽民再提"科学技术是第一生产力，而且是先进生产力的集中体现和主要标志"，将科学技术提升到"先进生产力"的高度，并将其作为"三个代表"重要思想的重要组成部分，进一步强调了科技创新在经济社会发展全局中的重要地位。胡锦涛同志将科学技术在经济社会发展中的地位提高到新高度，他指出："科学技术是第一生产力，是推动人类文明进步的革命力量。"可以说，生产力概念是贯穿中国共产党治国理政理念的核心范畴。

汲取西方经济学中新增长理论的有益成分。"全要素生产率"是西方宏观经济学中的重要概念，是衡量一个国家或地区经济增长质量和技术进步、管理效率水平的重要标志。全要素生产率在中国经济现实增长和理论研究层面成为重要性日益凸显的研究对象。习近平总书记提出，新质生产力由生产要素创新性配置等催生，以全要素生产率大幅提升为核心标志。在内涵层面，将全要素生产率理解为技术进步（Solow，1957），或使用成本概念对其进行内涵解释（Farrell，1957），使用了宏观经济研究中更容易接受的产出概念，即技术效率反映相同投入方式及投入条件机制下实际产出和理论最优产出之比（Leibenstein，1966）。相比于传统生产力，新质生产力旨在提升全要素生产率，阐明了当下生产力组成要素的丰富多样性，并构成了对传统生产力理论研究的必要补充。

（二）新质生产力的理论内涵和思想突破

习近平总书记对新质生产力作了系统阐释，强调新质生产力是一种"符合新发展理念的先进生产力质态"，"它由技术革命性突破、生产要素创新性配置、产业深度转型升级而催生，以劳动者、劳动资料、劳动对象及其优化组合的跃升为基本内涵，以全要素生产率大幅提升为核心标志，特点是创新，关键在质优，本质是先进生产力"。[①] 习近平总书记对于新质生产力的阐释，深化了对生产力发展的指导理念、催生动因、主要内容及表征特点的认识。

首先，符合新发展理念的生产力质态。"理念是行动的先导"（习近平，2021），发展理念的性质影响物质生产力的具体形态。新发展理念符合新质生产力的发展要求，创新体现新质生产力的根本驱动力量，协调体现新质生产力的区域均衡，绿色体现新质生产力的生产方式，开放体现新质生产力的内外联动，共享体现新质生产力的高阶目标（潘建屯等，2024）。新发展理念作为新时代解放和发展生产力的思想指引，不仅体现了人们物质资料生产能力的实践水平的跃升，而且体现了人们美好生活需要得以满足的价值取向和精神理念的跃升。因此，新质生产力体现了观念更新、物质生产与社会进步协调一致的多维度突破跃升。

其次，阐明新质生产力的产生机制。新质生产力是"由技术革命性突破、生产要素创新性配置、产业深度转型升级而催生"，因此需从这三个层面把握其科学内涵。科学技术革命性突破是驱动生产力整体质态跃升的根本动力，使得当时生产力水平产生大幅度质的跃升，还催生一系列产业发展新业态，孕育形成一系列经济发展新模式。同时科学技术革命性突破对生产要素产生创新性配置效应，即对劳动者、劳动资料、劳动对象配置产生重大影响，形成与当时科技水平相适应的配置方式，进而有助于推进产业体系深度转型升级。可见，科学技术的革命性突破可以进一步推动生产要素的创新性配置，而生产要素的创新性配置可以推动产业体系的深度转型升级，它们共同构成新质生产力的核心内涵（贾若祥等，2024）。

再次，赋予传统生产力要素新的内涵。新质生产力"以劳动者、劳动

---

① 《习近平：发展新质生产力是推动高质量发展的内在要求和重要着力点》，中国政府网，https://www.gov.cn/yaowen/liebiao/202405/content_6954761.htm?menuid=197，2024年5月31日。

资料、劳动对象及其优化组合的跃升为基本内涵"，新质生产力的"新质"包括新型劳动者、新型劳动工具、新型劳动对象，以及各新要素之间相互作用与联系方式的优化。当下，新质生产力体现的是包含人工智能和数字科技的现代化生产资料、生产工具和生产方法，以及高素质劳动者和新的劳动对象、生产组织方式，为社会发展注入源源不断的新动力。同时，新质生产力不仅是单一新要素数量的连续追加，更强调不同生产要素的有机融合，将更多资源配置到高效率产业，而被配置到低效率产业的资源将更快地退出市场，从而提升行业间的资源配置效率。

最后，明晰新质生产力的本质特点。新质生产力"以全要素生产率大幅提升为核心标志，特点是创新，关键在质优"，全要素生产率跃升是新质生产力的核心表征，创新是本质特点。相比传统生产力，新质生产力旨在提升全要素生产率，追求更高生产效率和生产效能。全要素生产率有赖于技术进步，新质生产力为实现关键性、技术性突破而产生，强调在创新驱动本质的基础上，对技术进行颠覆性突破，即一种创新驱动力（徐政等，2023），新质生产力注重通过创新来提升生产效率和质量。总之，新质生产力是由科技创新发挥主导作用的生产力。

综上所论，笔者将"新质生产力"概念在生产力理论上的突破概括为以下三方面。

一是推动劳动生产力观念向创新生产力观念转变。党的二十大报告强调，"必须坚持科技是第一生产力、人才是第一资源、创新是第一动力"。新质生产力强调科技是第一生产力，科技本身构成新质生产力的核心内容。新质生产力以"高新技术应用"为主要特征，例如利用人工智能、大数据等数智技术激发质量变革、效率变革、动力变革，是数智时代更具融合性、更体现新内涵的生产力。同时，创新是新质生产力发展的第一动力，它通过不断的技术进步和知识更新，深刻重塑生产力基本要素，推动生产力实现从量变到质变的跃升。例如，人工智能、云计算等突破性新技术的出现，不仅改变了传统的生产和管理方式，还重新定义了产品和服务的生产创造过程，促进了新的细分行业的产生。因此，新质生产力是创新驱动的生产力，创新驱动是新质生产力的关键引擎。

二是确立经济新质态为生产力发展目标的理念。随着人类社会的发展，生产力由落后向先进不断演进，从而呈现不同的质态。新质生产力属于生产力范畴，"新质"是生产力的特征性的规定。如果将新质生产力中的"新质"解释为"崭新的本质"，那么"新质"就是特指生产力构成要素出现了"崭新的本质"即质变。因为生产力构成要素出现了质的提升，所以生产力表现为全新的形式，出现新质生产力（李政等，2024）。新质生产力，既优化升级传统生产要素，又发掘使用新型生产要素，由"高素质"劳动者和"高精尖"劳动资料以及"新形态"劳动对象构成，质量高的生产要素推动经济高质量发展。

三是将生产力与生产要素创新性配置紧密结合。西方经济学通常将生产力定义为单位投入所创造的产出数量，反映了生产要素转化为产品或服务的效率（Syverson，2011），更加注重生产效率。实际上，单一要素无法助推生产力发展，生产力跃迁依赖生产要素的综合配置和协同作用。新质生产力的发展不仅取决于某种要素的发展，更重要的是依靠不同要素之间的有效组合、有效协同和使用效率，使之达到帕累托最优状态。通过生产要素的最优配置组合，以及生产过程中技术、管理和组织方式的创新，让各类优质要素向发展新质生产力的领域顺畅流动，极大地提升经济体的整体效率。

三 新质生产力评价指标体系构建、研究方法及数据来源

（一）评价指标体系构建

基于上述有关新质生产力的内涵特征以及学界关于生产力评价指标体系的研究成果，本文从"做大"和"做强"新质生产力两个方面，从科技创

新、新型劳动者、新型劳动资料、新型劳动对象、要素优化组合五个维度构建包含 5 项一级指标、10 项二级指标的新质生产力评价指标体系，指标选取过程遵循科学性、强相关性、前瞻性原则（见表1）。

表1 新质生产力评价指标体系

一级指标	序号	二级指标	指标解释	单位	属性
科技创新	A1	研发投入规模	研发投入总额	亿元	+
	A2	研发投入强度	研发投入强度	%	+
新型劳动者	B1	研发人才规模	企业研发人员数	万人	+
	B2	研发人才强度	企业研发人员占全部从业人员比重	%	+
新型劳动资料	C1	高端装备规模	高端装备和新兴软件营业收入	亿元	+
	C2	高端装备强度	高端装备和新兴软件营业收入占装备制造和软件业营业收入的比重	%	+
新型劳动对象	D1	新产业新业态规模	战略性新兴产业营业收入	亿元	+
	D2	新产业新业态质量	战略性新兴产业营业收入占各行业总营业收入中的比重	%	+
要素优化组合	E1	劳动生产率	战略性新兴产业人均营业收入	万元	+
	E2	要素配置效率	战略性新兴产业营业利润率	%	+

科技创新是新质生产力发展的第一动力。科技创新在发展新质生产力过程中发挥主导作用，它通过不断的技术进步和知识更新，深刻重塑生产力基本要素。从本质上看，新质生产力是科技创新发挥主导作用的生产力。本文科技创新主要由研发投入规模和研发投入强度来衡量，具体通过研发投入总额、研发投入强度来衡量。

新型劳动者是新质生产力的第一要素。新质生产力发展需要更高素质的劳动者，新型劳动者成为提升新质生产力的关键因素。新型劳动者维度由研发人才规模、研发人才强度来衡量，具体通过企业研发人员数、企业研发人员占全部从业人员比重来衡量。

新型劳动资料是新质生产力发展的测量器。随着科技的进步，生产工具和技术设备从简单工具到自动化机械、再到数字化智能化无人工厂，劳动资料的改进和更新是推动新质生产力发展的物质条件。新型劳动资料维度主要聚焦新型生产工具领域，包括各类实体、非实体形态的生产工具，具体通过高端装备和新兴软件营业收入，以及高端装备和新兴软件营业收入占装备制造和软件业营业收入的比重来衡量。

新型劳动对象是新质生产力发展的载体。新型生产要素成为重要的劳动对象，通过与其他生产要素的融合拓展新质生产力的发展空间，人们获取物质和能量的手段变得更加先进，劳动对象的种类和形态大大拓展，新材料、新能源、新产业不断涌现，成为新质生产力的承载主体。新型劳动对象聚焦新产业新业态的规模和质量两个方面，具体通过战略性新兴产业营业收入、战略性新兴产业营业收入占各行业总营业收入的比重来衡量。

要素优化组合是新质生产力形成与发展的重要保障。新质生产力的发展不仅取决于单个要素的发展，更重要的是要素之间的有效组合和有效协同。通过生产要素的最优配置组合，让各类先进优质生产要素向发展新质生产力的领域顺畅流动，可以极大提升一个经济体的整体效率。本文中要素优化组合维度主要聚焦劳动生产率和要素配置效率，具体通过战略性新兴产业人均营业收入、战略性新兴产业营业利润率来衡量。

（二）研究方法

1. 数据的标准化处理

本研究采用最小最大法对数据进行标准化处理，将数据映射到［0，1］

的范围内。对于正向指标，计算公式为：$z=(x-min)/(max-min)$，其中x是原始数据，min和max分别是原始数据的最小值和最大值；对于负向指标，计算公式为：$z=(max-x)/(max-min)$。

2. 权重选取或确定方法

在赋予权重方面，本文采用客观赋权法中的熵值法对科技创新、新型劳动者、新型劳动资料、新型劳动对象和要素优化组合5项一级指标赋权。其中，科技创新的权重最大，其次是要素优化组合，反映新质生产力表现为全要素生产率大幅提升的核心观点。同时，基于做大做强同等重要甚至只有做大才能做强的基本判断，本文设定用于测度"做大"规模的基础指标与用于测度"做强"强度（或效率）的基础指标各占50%的权重。

3. 指数合成

新质生产力实力指数是由五个一级指标（分指数）按熵权法计算出来的固定权重加权合成的。假定第t年的实力指数为I_t，当年的五个分指数分别为$i_{1,t}$，$i_{2,t}$，$\cdots$，$i_{5,t}$；相应的权重分别为β_1，β_2，$\cdots$，β_5，则总指数的计算公式为：

$$I_t = \beta_1 i_{1,t} + \beta_2 i_{2,t} + \cdots + \beta_5 i_{5,t}$$

4. 指数的行业或区域分解

根据上述五类十项的评估指标体系，评估近七年的深圳新质生产力变动，只需要这十项指标近七年的数据（70个），既可以算出实力指数的变动趋势，也可以得到各分指数的变动趋势。但各分指数为什么有的波动比较大？要透彻分析其原因，发现仅有的70个数据就远远不够了。必须将这70个汇总指标分解到各个行业或地区。因此，本研究对指标体系中各规模指标构成的指数及各比例指标构成的指数按行业或辖区内区域进行了分解，以从行业或区域变动中理解指数的变动。

（1）实力指数分解

实力指数的变动，是各分指数加权变动的和，计算公式为：

$$I_t - I_{t-1} = \beta_1(i_{1,t} - i_{1,t-1}) + \beta_2(i_{2,t} - i_{2,t-2}) + \cdots + \beta_5(i_{5,t} - i_{5,t-5})$$

（2）分指数分解

除了要素优化组合指数由两个比例指标指数构成，其余四个分指数都可以分解为规模指标指数和比例指标指数。以第 g 个分指数的分解为例，假定第 t 年规模指数为 $m_{g,t}$，比例指数为 $q_{g,t}$，且按等权重（50%）加权，那么：

$$i_{g,t} = 0.5 m_{g,t} + 0.5 q_{g,t}$$

$$\beta_g(i_{g,t} - i_{g,t-1}) = \beta_g(0.5 m_{g,t} + 0.5 q_{g,t}) - \beta_g(0.5 m_{g,t-1} + 0.5 q_{g,t-1})$$

$$= 0.5 \beta_g [(m_{g,t} - m_{g,t-1}) + (q_{g,t} - q_{g,t-1})]$$

（3）规模指标指数的行业或区域分解

一个地区第 t 年的某个规模指标，如研发支出总额 X_t，是各个行业（或辖区内各区域）研发支出的总和，即：$X_t = \sum_{k=1}^{n} x_{k,t}$。根据微分公式，有：$dX_t = \sum_{k=1}^{n} dx_{k,t}$，即各个行业或区域规模指标的变动总量，等于各个行业或区域规模指标变动量的和。因此，各个行业或区域对地区规模指标变动的贡献率，等于各个行业或区域规模指标变动额占地区规模指标变动额的百分比 $\left(\dfrac{dx_{1,t}}{dX_t} \times 100\% \right)$，数据标准化的处理，对于各行业或区域对相应规模指标变动量的贡献率没有影响。

（4）比例指标指数的行业或区域分解

一个地区某年的某个比例指标（ q_t ），以研发投入强度为例，是由当地的研发支出总额（ X_t ）除以当地经济规模指标（如营业收入 Y_t ）得出的，即 $q_t = X_t / Y_t$。

令一个地区某年研发支出增长率为 α_t，营业收入增长率为 β_t；k 行业或区域研发支出增长率为 $\alpha_{k,t}$，其营业收入增长率为 $\beta_{k,t}$，其研发支出 $x_{k,t}$ 占本地区研发支出的份额 $s_{k,t}=x_{k,t}/X_t$，其营业收入 $y_{k,t}$ 占本地区营业收入总额 Y_t 的份额 $r_{k,t}=y_{k,t}/Y_t$，那么，有：

$$X_t = (1+\alpha_t)X_{t-1}, \qquad Y_t = (1+\beta_t)Y_{t-1}$$

$$\alpha_t = \sum_{k=1}^{n}\alpha_{k,t}s_{k,t-1}, \qquad \beta_t = \sum_{k=1}^{n}\beta_{k,t}r_{k,t-1},$$

$$q_t - q_{t-1} = (X_t/Y_t) - (X_{t-1}/Y_{t-1}) = [(\alpha_t-\beta_t)/(1+\beta_t)](X_{t-1}/Y_{t-1})$$

因此，比值项 q_t 增长率 γ_t 的行业或区域分解为：

$$\gamma_t = (\alpha_t-\beta_t)/(1+\beta_t) = (\sum_{k=1}^{n}\alpha_{k,t}s_{k,t-1} - \sum_{k=1}^{n}\beta_{k,t}r_{k,t-1})/(1+\beta_t)$$

$$= \sum_{k=1}^{n}(\alpha_{k,t}s_{k,t-1} - \beta_{k,t}r_{k,t-1})/(1+\beta_t)$$

k 行业对于本地区比例项 q_t 增长的贡献率为：

$$(\alpha_{k,t}s_{k,t-1}-\beta_{k,t}r_{k,t-1})/(\alpha_t-\beta_t)$$

（三）数据来源与样本说明

本研究相关数据来源于 Wind 数据库。截至 2024 年 3 月初，Wind 数据库中 A 股上市公司全国共有 5350 家，其中战略性新兴产业共有 1817 家。深圳市共有 A 股上市公司 422 家，其中战略性新兴产业 172 家。深圳历年新增战略性新兴产业上市公司数见图 1。

在 Wind 数据库中，不仅可以查到公司上市公司上市当年及之后的财务数据，而且可以查到公司上市之前若干年的相关数据。因此，尽管 2014 年深圳的战略性新兴产业上市公司只有一家，但我们可以查找 67 家战略性新兴产业上市公司 2014 年及之后的从业人员数，64 家上市公司 2014 年及之后的营业收入，35 家上市公司 2014 年及之后的研发支出；Wind 数据库中，查不到深圳战略性新兴产业上市公司 2014 年的研发人员数据（见图 2）。

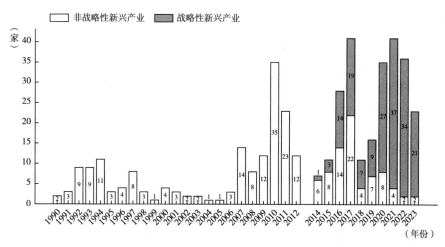

图 1 深圳历年新增 A 股上市公司数①

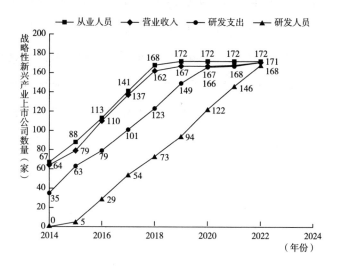

图 2 能查到相关变量数据的战略性新兴产业上市公司数量

---

① 2010 年 10 月，国务院印发《关于加快培育和发展战略性新兴产业的决定》（国发〔2010〕32 号），对战略性新兴产业给出了明确的定义。国家统计局于 2012 年与 2018 年分别发布了《战略性新兴产业分类（2012）（试行）》和《战略性新兴产业分类（2018）》，对战略性新兴产业进行了具体划分。2013 年，IPO 停摆一年。1990 ~ 2000 年，上市公司中钢铁、石油化工、采掘、电力等传统产业占较大比重；2000 ~ 2010 年，上市公司中能源、银行、保险类占相当大比重；2010 年以来，战略性新兴产业类上市公司异军突起。

为了更全面地反映深圳新质生产力的发展情况，同时，也为了保证数据处理的简便性，本研究数据处理过程中将尽可能采用较多的上市公司样本数据。图 2 显示，2016 年有从业人员、营业收入、研发人员和研发支出四大指标数据的战略性新兴产业上市公司达到了一定规模，样本开始具备较强的代表性，所以，本研究将新质生产力测算的基年定为 2016 年。

四 实证分析

（一）新质生产力总体发展水平及贡献因素分析

基于上述指标体系及指数计算方法，本文以 Wind 数据库中 422 家深圳 A 股上市公司为样本，对深圳新质生产力实力进行初步测算。2016 年深圳战略性新兴产业新增 A 股上市公司 14 家，2021 年深圳战略性新兴产业新增 A 股上市公司 37 家，2016~2023 年深圳战略性新兴产业平均每年增加 21 家 A 股上市公司。深圳新质生产力实力指数得分从 2016 年的 0.2 快速提升至 2022 年的 0.9（见图 3），深圳新质生产力实力指数呈现稳步上升的良好态势，显示出新质生产力已经在深圳战略性新兴产业发展中形成并加速成长壮大。

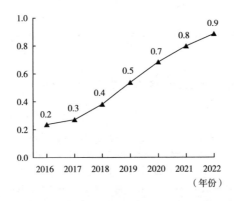

图 3　2016~2022 年深圳新质生产力实力指数得分

为了全面解析深圳新质生产力实力指数的变化情况，本文利用科技创新、新型劳动者、新型劳动资料、新型劳动对象、要素优化组合五个分项指数阐释2016~2022年深圳新质生产力的演变特征和基本趋势。五个分项指数得分情况如图4所示。

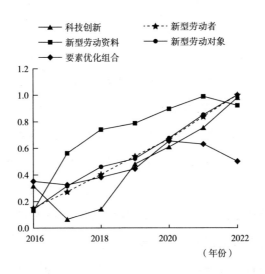

图4　2016~2022年深圳新质生产力分项指数得分

科技创新指数增长较快，呈现"√"形走势。该分项指数在深圳新质生产力实力指数中的权重为30.4%，得分由2016年的0.32降到2017年的不足0.1，后增长到2022年的0.98，且呈现出快速增长态势。深圳大多数战略性新兴产业上市公司是2016年以来上市的，随着上市公司数量的增多以及各上市公司研发力度的增大，上市公司研发投入总额从2016年的45.5亿元增长到2022年的296.1亿元，增长到了原来的6.5倍，呈现出高速增长的良好势头。从2016年至2022年一直有研发投入和营业收入数据的77家固定样本公司看，其研发投入总额从2016年的43.7亿元增长到2022年的199.9亿元，增长到原来的4.6倍；可见，从同一组上市公司来看，这些年它们的研发投入增长也是十分迅速

的。2016~2022 年深圳战略性新兴产业上市公司研发投入强度在 5.1%~
7.4%；2022 年深圳有 76.1% 的战略性新兴产业上市公司研发投入强度超
过 5%。根据欧盟统计标准，研发投入强度在 5% 以上属于高研发投入强
度，此类企业一般被认为具备充分的研发竞争力优势。深圳研发投入总额
指标和研发投入强度指标的优异表现，表明科技创新切实发挥了第一生产
力的重要作用。

新型劳动者指数增速位居第三并呈现 "／" 形变化态势。该分项指数
在深圳新质生产力实力指数中权重为 17.8%，得分从 2016 年的 0.15 上升
到 2022 年的 1.0，该阶段深圳新型劳动者规模呈现快速增长态势。随着上
市公司数量的增多以及各上市公司研发力度的增大，深圳战略性新兴产业
样本上市公司的研发人员从 2016 年的 0.6 万人迅速增长至 2022 年的 7 万
人，以工程师和技能人才为代表的应用型人才快速集聚；研发人员占企业
全部从业人员的比重由 2016 年的 5.6% 提高到 2022 年的 20.5%，应用型
人才成为新型劳动者队伍的重要力量。

新型劳动资料指数增速最快并呈现 "／" 形走势。该分项指数在深圳
新质生产力实力指数中的权重为 15%，指数得分由 2016 年的 0.13 提高到
2022 年的 0.92。可见，2016~2022 年深圳新型劳动资料指数变化幅度较
大，同样呈现出上涨的发展趋势。深圳战略性新兴产业上市公司的高端装
备和新兴软件产值从 2016 年的 72.3 亿元迅速增长至 2022 年的 667.1 亿
元；2016~2022 年深圳战略性新兴产业上市公司高端装备和新兴软件营业
收入占深圳上市公司装备制造和软件业营业收入的比重在 2.3%~5.3%。
新型生产工具的规模化生产及其逐步推广应用，反映出深圳劳动资料的科
技属性日趋增强。

新型劳动对象指数增速位居第二并呈现 "／" 形增长态势。该分项
指数在深圳新质生产力实力指数中权重为 17.3%，得分由 2016 年的
0.14 提高到 2022 年的 1.0，新产业新模式呈现持续快速扩张特点。随

着上市公司数量的增多及各上市公司业务规模的扩大，深圳战略性新兴产业上市公司营业收入从 2016 年的 707.9 亿元增长至 2022 年的 4032.3 亿元；同期深圳战略性新兴产业上市公司营业收入占深圳 A 股上市公司营业收入比重由 2.5% 提高到 6.2%。战略性新兴产业的快速成长反映了深圳新质生产力的产业基础不断夯实，战略性新兴产业成为深圳经济增长的重要引擎。

要素优化组合指数增速平缓并呈现 "S" 形波动上升态势。该分项指数对深圳新质生产力实力指数的贡献率为 19.5%，得分由 2016 年的 0.35 增长到 2020 年的 0.65 和 2022 年的 0.50，要素优化组合水平呈现波动式上升的特点，总体保持了增长态势。深圳 172 家战略性新兴产业上市公司的人均营业收入从 2016 年的 63.6 万元增长至 2022 年的 117.4 万元；受经济形势变化等因素的影响，深圳战略性新兴产业上市公司的营业利润率是仅有的出现下降态势的基础指标，也是拉低深圳要素优化组合水平的一个重要因素，显示资本要素的配置效率亟待提升。

（二）指数变动原因分析

图 4 显示，科技创新指数得分在 2017 年比 2016 年有明显的下降，这是否表明 2017 年深圳科技创新遇到什么问题？按照前述指数分解方法，本研究对其波动原因进行分析。从表 2 可以看出，2017 年深圳战略性新兴产业上市公司各行业的研发支出（研发投入）增长都十分迅速，整体比上年增长 41.1%。在研发支出的增长贡献中，其中新一代信息技术产业贡献了 59.3%，生物产业贡献了 15.6%。规模扩大引起规模指数上升，按前述算法，规模指数相应提高 0.12。因此，科技创新指数得分在 2017 年比 2016 年有明显下降，不是规模指数引起的，根据排除法，余下的原因只能从研发投入强度的变化里面找。

表2　深圳战略性新兴产业上市公司历年分行业研发支出情况

战略性新兴产业一级行业分类	研发支出（亿元）		增长量（亿元）	增长率（%）	增长贡献率（%）
	2016年	2017年	2017年	2017年	2017年
数字创意产业	1.4	1.7	0.3	24.9	1.8
新一代信息技术产业	19.5	30.6	11.1	56.8	59.3
新材料产业	0.6	1.2	0.6	92.5	3.0
新能源产业	0.6	1.0	0.4	55.3	1.9
新能源汽车产业	1.8	2.2	0.4	24.6	2.3
生物产业	16.0	18.9	2.9	18.2	15.6
相关服务业	0.0	0.2	0.2	inf	0.8
节能环保产业	2.1	3.6	1.5	71.8	8.1
高端装备制造产业	3.5	4.8	1.3	38.5	7.1
合计	45.5	64.2	18.7	41.1	100.0

注：数据因四舍五入原因，略有误差，未做调整。余同。

表3显示，深圳战略性新兴产业上市公司平均研发投入强度在2017年比上年下降的1.37个百分点中，高端装备制造业贡献了1.05个百分点，占比接近77%，是当年整体研发投入强度下降的主要原因。节能环保产业及新一代信息技术产业分别贡献了0.14个与0.13个百分点，占比分别为10.2%和9.5%，也是当年战略性新兴产业上市公司整体研发投入强度下降的重要原因。新材料、新能源、新能源汽车产业的相关变动与整体研发投入强度的变化方向相反，减缓了整体研发投入强度的下降，但对于整体研发投入强度的下降也没有明显抑制作用。

表 3　深圳战略性新兴产业上市公司历年分行业研发投入强度变动情况

战略性新兴产业 一级行业分类	研发投入强度 （%）		研发投入强度增长 （个百分点）	总研发投入强度 变动行业分解 （个百分点）	增长贡献率 （%）
	2016 年	2017 年	2017 年	2017 年	2017 年
数字创意产业	4.2	4.4	0.13	−0.01	0.6
新一代信息技术产业	5.3	5.4	0.10	−0.13	9.5
新材料产业	3.8	5.6	1.81	0.02	−1.4
新能源产业	5.3	6.2	0.88	0.01	−0.6
新能源汽车产业	6.2	6.8	0.64	0.02	−1.1
生物产业	12.1	10.2	−1.85	−0.04	2.7
相关服务业	0.0	1.2	1.17		
节能环保产业	2.6	2.7	0.13	−0.14	10.3
高端装备制造产业	9.6	1.8	−7.76	−1.05	76.8
各行业平均或合计	6.4	5.1	−1.37	−1.37	—

注：由于"相关服务业"2016 年研发投入强度为 0，致使增长贡献率合计不等于 100%。

高端装备制造产业之所以能够成为 2017 年研发投入强度下降的主导力量，主要是因为该行业样本新增了 4 家营业收入大于 0 的上市公司，引起该行业营业收入 2017 年比上年增长了 634%（见表 4），但这 4 家公司的研发支出都为 0，从而拉低了该行业的研发投入强度。为了剔除样本变动的影响，本文将 2016 年以来研发支出与营业收入数据持续大于 0 的 77 家战略性新兴产业上市公司作为固定样本，与有相关数据的全部战略性新兴产业上市公司样本组进行比较。图 5 显示，两组的研发投入强度走势大致相同，但固定样本组的研发投入强度一直较高，且固定样本组的研发投入强度波动更小。全样本组的研发投入强度较低，因为其包含了一些没有研发数据但有营业收入数据的上市公司，这些公司的研发投入强度被认为是零，由此拉低了整体的研发投入强度。在固定样本条件下，2017 年战略性新兴产业上市公司的研发投入强度仍然比 2016 年有所下降，按照前述的行业分解发现，主要是新一代信息技术产业研发投入强度下降引起的。在 2017 年研发投入强度比上年下降的约 0.7 个百分点中，新一代信息技术产业贡献了 0.42 个百分点，占比超过一半。2017 年固定样本组的战略性新兴产业上市公司的研发支出增长迅速，增速达 28.1%，但营业收入增长更快，增速高达 40.0%。作为整体研发投入强度下降主导力量的新一代信息技术产业，其 2017 年研发支出比上年增长 42.9%，其营业收入增长 49.0%，导致该行业研发投入强度下降 0.3 个百分点。如果要继续追问，新一代信息技术产业的研发投入强度下降，主要是哪些细分行业（或企业）引起的，我们可以再次运用上述指数行业分解方法，进行更深入的分析。

表 4　深圳战略性新兴产业上市公司 2017 年研发支出与营业收入增长率比较

单位:%

所属战略性新兴产业分类（一级行业）	研发支出增长率	营业收入增长率
数字创意产业	24.9	21.2
新一代信息技术产业	56.8	54.0
新材料产业	92.5	30.7
新能源产业	55.3	33.1
新能源汽车产业	24.6	12.9
生物产业	18.2	39.6
相关服务业	—	594.9
节能环保产业	71.8	63.7
高端装备制造产业	38.5	634.0
各行业平均	41.1	79.5

可见，深圳战略性新兴产业上市公司 2017 年研发投入强度下降，不是研发投入出现了什么问题，而是在研发投入高速增长的前提下，营业收入增长更快。

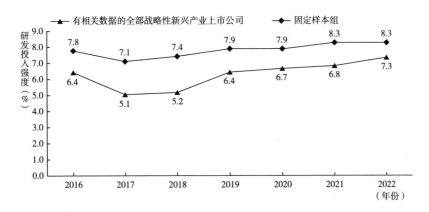

图 5 有相关数据的全部战略性新兴产业上市公司与固定样本组研发投入强度比较

研发投入强度下降引起比例指数走低，按前述算法，比例指数相应下降 0.6。因此，科技创新指数得分在 2017 年比 2016 年有明显下降，主要是研发投入强度指数下降引起的。将规模指数的变动（+0.12）与比例指数的变动（-0.6）代入公式：

$$i_{i,t} - i_{i,t-1} = 0.5 \left[(m_{1,t} - m_{1,t-1}) + (q_{1,t} - q_{1,t-1}) \right] = 0.5(0.12 - 0.6) = -0.24$$

由此，笔者就较为深入地理解了 2017 年科技创新指数下降的原因及含义。2017 年科技创新指数的下降，似不宜简单地解读为创新活力有所下降，实际上研发投入在以近 30% 的速度高速增长，只是营业收入增速更快，显得研发投入强度有所降低。如果是研发投入的高增长引起了营业收入的更高增长，那么人们不但不应该为此担忧，反而应该为这种"新动能推动新增长"的理想状态感到高兴。另外，要素优化组合指数在 2022 年出现明显下降，也可以进行如上分解与分析，限于篇幅，从略。

五 研究结论与展望

新质生产力的提出是习近平新时代中国特色社会主义思想在经济社会

领域的又一极具前瞻性的创新成果，是对马克思主义生产力理论的继承和发展，是对中国特色社会主义生产理论的丰富和发展，并汲取了西方经济学中新增长理论的有益成分。习近平总书记关于新质生产力的阐释，深化了对生产力发展的指导理念、催生动因、主要内容及表征特点的认识。这种认识体现了生产力理论的新突破，特别是推动劳动生产力观念向创新生产力观念转变，确立经济新质态为生产力发展目标的理念，并将生产力与生产要素创新性配置紧密结合。

基于对新质生产力内涵的剖析，本文从科技创新、新型劳动者、新型劳动资料、新型劳动对象、要素优化组合五个维度，从"做大"和"做强"两方面选取 10 项二级指标构建新质生产力评价指标体系，采用熵值法及指数分解方法，以 Wind 数据库中 422 家深圳 A 股上市公司为样本，测算深圳新质生产力的发展水平和驱动因素特征。结果显示：深圳实力指数得分从 2016 年的 0.2 快速增至 2022 年的 0.9，深圳新质生产力呈现快速高水平发展态势；其中，科技创新指数得分由 2016 年的 0.32 降到 2017年不足 0.10，后增至 2022 年的 0.98，该分项指数呈现"✓"形走势；新型劳动者指数得分从 2016 年的 0.15 上升到 2022 年的 1.0，该分项指数增速位居第三并呈现"∕"形变化态势；新型劳动资料指数得分由 2016 年的0.13 提高到 2022 年的 0.92，该分项指数增速最快并呈现"∫"形走势；新型劳动对象指数得分由 2016 年的 0.14 提高到 2022 年的 1.0，呈现持续快速扩张特点；要素优化组合指数得分由 2016 年的 0.35 增长到 2020 年的 0.65 和 2022 年的 0.50，生产要素优化组合发展较为缓慢并呈现"S"形波动特点，总体保持了增长态势。

总体上，新质生产力已经在深圳战略性新兴产业发展的实践中形成，并展现出强劲增长势头。新质生产力内涵深刻丰富，外延十分广泛，本文的研究成果仍是初步的。在后续研究中，笔者将增强理论模型构建，规范指标选取和数据采集，以便准确评估新质生产力。

参考文献

程恩富、陈健:《大力发展新质生产力加速推进中国式现代化》,《当代经济研究》2023 年第 12 期。

弗朗斯瓦·魁奈:《租地农场主论谷物论》,吴斐丹、张草纫译,商务印书馆,2021。

高帆:《新质生产力的提出逻辑、多维内涵及时代意义》,《政治经济学评论》2023 年第 6 期。

洪银兴:《新质生产力及其培育和发展》,《经济学动态》2024 年第 1 期。

胡锦涛:《坚持走中国特色自主创新道路 为建设创新型国家而努力奋斗——在全国科学技术大会上的讲话》,https://www.gov.cn/ldhd/2006-01/09/content_152487.htm。

贾若祥、王继源、窦红涛:《以新质生产力推动区域高质量发展》,《改革》2024 年第 3 期。

江泽民:《江泽民文选(第八卷)》,人民出版社,2006。

蒋永穆、马文武:《新质生产力是什么? 新在哪?》,《四川日报》2023 年 9 月 18 日。

焦方义、杜瑄:《论数字经济推动新质生产力形成的路径》,《工业技术经济》2024 年第 3 期。

金碚:《论"新质生产力"的国家方略政策取向》,《北京工业大学学报》(社会科学版)2024 年第 2 期。

李政、崔慧永:《基于历史唯物主义视域的新质生产力:内涵、形成条件与有效路径》,《重庆大学学报》(社会科学版)2024 年第 1 期。

李政、廖晓东:《发展"新质生产力"的理论、历史和现实"三重"逻辑》,《政治经济学评论》2023 年第 6 期。

柳学信、曹成梓、孔晓旭:《大国竞争背景下新质生产力形成的理论逻辑与实现路径》,《重庆大学学报》(社会科学版)2024 年第 1 期。

卢江、郭子昂、王煜萍:《新质生产力发展水平、区域差异与提升路径》,《重庆大学学报》(社会科学版)2024 年第 3 期。

马克思:《政治经济学批判大纲(草稿)(第三分册)》,人民出版社,1963。

马克思:《资本论(第三卷)》,人民出版社,2004。

潘建屯、陶泓伶:《理解新质生产力内涵特征的三重维度》,《西安交通大学学报》(社会科学版)2024 年第 1 期。

王珏:《新质生产力:一个理论框架与指标体系》,《西北大学学报》(哲学社会科学版)2024 年第 1 期。

王珏、王荣基:《新质生产力:指标构建与时空演进》,《西安财经大学学报》2024 年第 1 期。

习近平:《论把握新发展阶段、贯彻新发展理念、构建新发展格局》,中央文献出版社，2021。

徐政、郑霖豪、程梦瑶：《新质生产力赋能高质量发展的内在逻辑与实践构想》，《当代经济研究》2023 年第 11 期。

张林、蒲清平：《新质生产力的内涵特征、理论创新与价值意蕴》，《重庆大学学报》（社会科学版）2023 年第 6 期。

赵峰、季雷：《新质生产力的科学内涵、构成要素和制度保障机制》，《学习与探索》2024 年第 1 期。

中共中央文献研究室编《毛泽东文集（第八卷）》，人民出版社，1999。

周文：《许凌云论新质生产力：内涵特征与重要着力点》，《改革》2023 年第 10 期。

朱富显等：《中国新质生产力指标构建与时空演进》，《工业技术经济》2024 年第 3 期。

Farrell M. J. , "The Measurement of Productive Efficiency", *Journal of the Royal Statistic Society*, No. 120, 1957.

Leibebstein H. , " Allocative Efficiency Vs. X-Efficiency ", *American Economic Review*, No. 8, 1966.

Solow R. K. , "Technical Change and the Aggregate Production Function", *Review of Economics and Statistics*, No. 39, 1957.

Syverson C. , "What Determines Productivity?", *Journal of Economic Literature*, Vol. 49, No. 2, 2011.

（本文原载于《深圳市社会科学》2024 年第 3 期）

金融集聚对经济转型的溢出效应分析：以深圳经济特区为例

徐晓光　许　文　郑尊信[*]

摘　要： 本文基于金融集聚对特区经济转型的溢出效应的理论分析，以深圳经济特区为例，将银行、证券、保险和基金四个主要金融行业作为切入点，采用 2006～2015 年季度数据，运用区位熵指标及时间序列分析、Granger 因果检验与回归分析等方法研究其金融集聚程度、动态因果关系及溢出效应。结果表明，在金融集聚程度方面，深圳基金业集聚程度最高，证券业次之，银行业、保险业集聚程度较低；在金融集聚与特区经济转型溢出效应的关系与效果方面，证券业集聚对特区经济转型的溢出效应尤为显著，二者互为因果；保险业集聚对特区经济转型的溢出效应显著；银行业集聚和基金业集聚是第三产业发展的原因，但银行业集聚对特区经济转型的溢出效应不显著。针对上述结论，笔者认为，应加快完善深圳经济特区多层次资本市场，继续发挥证券业集聚优势；加快保险产品的研发与创新，为高新技术产业发展保驾护航；建立政府引导基金，引导社会资金投向，充分发挥基金业集聚优势；健全商业银行体系，加大银行业对第三产业和高新技术企业的金融支持力度。

关键词： 金融集聚；经济转型；区位熵；溢出效应

---

* 徐晓光、许文、郑尊信，深圳大学经济学院教授。

引言

目前，中国经济已进入"新常态"。从全球范围看，高增长之后的"增速换挡"是一种必然趋势。从中国经济发展轨迹来看，经济增速放缓虽是中国经济转型必须付出的代价，但更是迈向新增长模式的起点。因此，探讨经济转型问题，以实现有效率、有质量、可持续的增长，显得尤为重要。特别是对作为中国经济"排头兵"的经济特区而言，经济结构转型的要求更为迫切。经济转型更多表现为产业结构升级、升级步伐加快，会倒逼经济特区调整经济结构，带来新的发展机遇。经济转型不仅是中国各地区经济发展中所要解决的瓶颈和重点问题，也是各经济特区稳步迈向"新常态"过程中继续保持增长"领头羊"地位的关键所在。

产业结构转型升级的关键是发展第三产业和高新技术产业，近年来全球经济一体化和信息技术革命的发展推动了国际资本的不断流动。随着竞争的加剧，大量金融机构选择利用企业间的协调方式组织生产和交易，促使金融机构及相关资源在某一区域内集中，并逐渐发展成为金融集聚区。产业集聚理论和国际实践都表明，金融集聚区内的金融机构能依托区域内现有的经济基础，在合作和竞争中传递信息，共享公共基础设施及其他公共服务，从而引导巨额资金流入集聚区，优化资源配置，推动区域经济发展和经济转型，产生规模经济、溢出效应、辐射效应等。金融集聚对区域产业结构的影响及作用强度可以用金融集聚对产业结构的"溢出效应"来定义。因此，客观评价金融集聚水平，系统分析金融集聚对特区经济转型的溢出效应，从金融集聚角度探索突破特区经济转型瓶颈的有效路径显得尤为重要。

深圳经济特区具有毗邻港澳、背靠珠三角、地处亚太主航道的地缘优势和金融对外开放程度高的竞争优势。经过多年的超常规增长，经济规模不断扩大，产业结构迅速调整优化。深圳在经济高速增长、率先发展的同时也率先进入了后工业化阶段，面临着特区经济转型的瓶颈和困境。深圳经济特区对自身经济转型进行了诸多有益探索，使得以往"三来一补"、加工贸易产业结构发展为如今以高新技术产业、金融产业、物流产业和文化产业为四大支柱产业，以生物、互联网、新材料、文化创意、新一代信息技术及新能源为六大战略性新兴产业的产业结构格局。特别是2008年国际金融危机爆发以来，深圳经济特区适时提出了"高质量稳定增长和可持续全面发展"的目标，继续大力调整优化产业结构。简言之，深圳经济特区是改革开放的试验田和排头兵，"先行先试"的特征决定了其经济转型的改革发展经验对全国特区改革而言有重要的借鉴意义。因此，本文以深圳经济特区为例，研究金融集聚对特区经济转型溢出效应的存在性及强度，并从金融集聚角度探索突破特区经济转型瓶颈的有效路径。

一　文献综述

世界金融中心出现后，国外学者开始重视对金融集聚的理论研究，相关理论经历了从企业集聚到产业集聚，再逐步形成金融集聚理论体系，并延伸至对金融中心的研究变化过程。在企业集聚方面，Marshall（1890）总结了企业集聚的三大优势即专业化、资源共享、知识外溢。在产业集聚方面，Fujita等（2001）以空间经济学为理论基础，系统阐述了产业集聚的形成和影响因素，得出了运输成本、收益递增和关联效应对产业在空间上的集聚具有重要作用的结论。在金融集聚方面，Kindleberger（1973）率先提出金融集聚的概念；Audretsch & Feldman（1996）提出金融产业研发集聚有利于金融企业分享集聚区内的信息和管理经验，以提高企业产品创新能力的观点；Pandit等（2001）得出金融机构集聚有利于机构间获得支持性服务，提高企业声誉，也有利于金融机构和客户之间传递信息，从而有助于维护长期客户关系的结论；Porteous（1995）分析了距离对银行贷款监督成本的影响。Dixon（2011）从金融组织形态、功能及跨时空金融三方面对金融地理进行理论研究。在金融集聚促进金融中心形成方面,Grote(2009)以欧洲金融中心为例,研究金融中心的集中化和虚拟化,认为信息和通信技术的广泛应用会导致金融集聚溢出效应的减弱,促进金融中心虚拟化,但金融产业所涉及的复杂信息仍需要面对面的交流,由此强调金融中心存在的必要性。Aalbers(2015)从金融地理学的诞生及发展入手进行金融集聚与金融中心的理论研究,得出金融集聚发展的未来趋势是离开金融中心向扩散转化。Kocheturov等(2014)通过构建集聚结构预测金融中心对金融危机的应对能力。在产业集聚及金融集聚形成原因方面,Marshall(1890)认为是内部经济与外部经济共同作用的结果。Fujita & Krugman(2001)认为除外部经济之外,市场需求与产业地方化也是促进产业集聚的动因。在产业集聚及金融集聚的溢出效应方面,Perroux(1950)提出增长极理论,认为产业关联、外部性,在促进自身产业集聚并增长的同时也促进其他产业增长,从而影响整体经济增长,解释了经济的非均衡增长战略。在产业集聚及金融集聚的互动方面,Pandit等(2001)采用产业集群动态研究方法得出集聚效应影响公司成长性及新进入者数量,同一金融服务中心的不同金融部门之间存在相关性的结论。

国内学者针对金融集聚对经济转型溢出效应的研究主要从产业结构、金融集聚及二者关系三个方面展开。在产业结构转型方面,何平等(2014)通过分析我国"十一五"期间产业结构的优化进程,得出我国产业结构的高度化和合理化进程不一致的结论。李文玉(2011)着眼于我国经济特区产业结构演进的异质性问题,总结出导致经济特区产业发展轨迹异化的因素,主要包括外商直接投资、技术因素和人力资本投资、资源禀赋与区位优势、外部机遇等要素资源。在金融集聚方面,车欣薇等(2012)从金融集聚的理论机理入手,分析金融集聚的成因,得出地理因素所导致的机会成本、规模效益、金融服务产业份额和金融相关默示信息等都会直接促进金融集聚,从而使得金融效率在空间上不断调整并提高的结论。潘英丽(2003)将金融集聚的形成归因于政府行为与区位因素。殷兴山等（2003）采用因子分析法评价了长三角区域金融集聚的状态和水平。在金融集聚和产业结构转型的关系方面，周振华（1992）从理论层面得出证券市场通过影响产业结构调整方式来促进经济转型的结论。顾海峰（2010）从直接金融与间接金融对产业结构高级化的作用机理入手进行深入的理论分析。范方志、张立军（2003）以中国东部、中部和西部为研究样本，分别比较其金融结构转变与产业结构之间的关系，得出我国东部地区金融业发展最快、产业结构相对合理，中西部地区金融发展较落后，产业发展不均衡、产业结构不合理的结论，进而说明提高金融发展水平有利于产业结构转型。施卫东（2010）针对上海的实证检验也验证了金融集聚对产业结构转型存在溢出效应。孙晶、李涵硕（2013）分析金融集聚与产业结构升级关系时肯定了溢出效应的存在性，并得出银行业对产业结构升级的贡献度大于证券、保险业的结论。

通过梳理国内外研究文献可知，目前对金融集聚与经济转型关系的研究成果颇多，然而有限的实证研究只提供了区域性的经验证据，学术界对于"我国金融集聚对经济转型溢出效应的存在性及作用强度"还未达成共识，主要存在以下三个问题。一是以往学者更偏重于对金融发展与经济增长、金融结构与产业结构关系的研究，对金融集聚对经济转型溢出效应的研究关注较少。二是现有文献更多将金融作为一个整体，或是从银行业、证券业和保险业三个金融部门出发研究其对产业结构转型的贡献程度，没有依据金融发展实际情况进行调整。本文基于基金业在全国特别是深圳经济特区飞速发展且占有举足轻重地位的现实情况，从银行业、证券业、保险业和基金业四个主要金融部门入手研究溢出效应，这是本文的创新之处。三是在经济进入增速放缓的"新常态"下，经济转型问题迫在眉睫，而目前对深圳经济特区金融业集聚与特区经济转型关系的研究较为缺乏。除此之外，聚焦深圳经济特区金融集聚对特区经济转型溢出效应的实证研究结论不仅适用于深圳经济特区，还能通过示范作用形成新的规范和发展模式，从而为探索其他经济特区乃至全国经济转型的未来走向提供经验借鉴。

综合国内外文献分析可知，金融产业的集聚形成金融集聚区，集聚区内的金融机构进一步依托区域内现有的经济基础，优化资源配置，对区域内其他产业的集聚和发展产生溢出效应，促进经济转型。具体来说，金融集聚对经济转型的溢出效应主要是通过三个渠道传导的：①金融集聚区内的金融机构依托区域内现有的经济基础、地理优势与政策优势，共享资源尤其是信息及管理经验，提升其在特定区域的金融集聚度。集聚区的相应金融部门发挥集聚效应，根据其掌握的投融资资源指导资源配置，引导经济结构向专业化更强、效率更高的方向转型。②鉴于金融资源的稀缺导致产业本身具有很强的外溢性，金融产业的各个部门与其他企业开展分工合作，在稳定获取资金的前提下通过投资或贷款指导其他行业的资源配置，形成更有效和稳固的集聚状态，从而持续高效促进经济转型。③金融产业集聚下，各金融机构之间也相互协作，共享信息资源、地理优势等，形成超分工合作，促进实体经济的各行业部门快速发展和专业化分工，从而通过微观企业发展促进宏观经济转型。

二　深圳经济特区金融集聚程度度量及分析

（一）区位熵指标介绍

根据产业集聚理论，可构建指标进行量化分析得到有关产业的集聚程度。目前，衡量集聚程度的指标主要有：行业地区集中度（CR 指数）、赫芬达尔指数（H 指数）、空间基尼系数（EG 系数）和区位熵（LQ）。CR 指数无法反映个别情况，且存在地区选择的主观性问题；H 指数在不同产业间难以进行比较，直观性较差；EG 系数的计算需要企业及产业数据，不适用于本文；区位熵（LQ）又称专门化率，由 Haggett 提出并最早用于区位集聚的研究，不仅可用来测度某地区某产业的集聚程度即专门化程度，而且其描述的是相应行业的相对集中程度。运用区位熵指标可更直观地体现深圳经济特区相对于全国的集聚情况。结合数据可得性和可操作性，本文选择区位熵（LQ）来衡量深圳经济特区的金融业集聚程度。金融区位熵侧重于研究区域金融是否具有外向型特征，当区位熵大于 1 时，可以判断该行业具有外向辐射功能，其计算公式为：

$$LQ_{ij} = (S_{ij}/S_j)/(P_i/P)$$

式中，LQ_{ij} 表示 i 产业 j 区域的区位熵，S_{ij} 表示 i 产业 j 区域的经济水平（产值或就业人数等），S_j 表示 j 区域的经济水平（GDP），P_i 表示全国 i 产业的经济水平（产值或就业人数等），P 表示全国的经济水平（GDP）。LQ_{ij} 的值越大，说明 i 产业在 j 区域的集聚程度越高。

（二）深圳经济特区金融集聚的区位熵状态

本文利用 Wind 数据库中全国及深圳经济特区 2006 年第一季度到 2015 年第一季度的各季度 GDP、存贷款余额、保费收入、上市公司数量及各基金公司资产净值数据，计算深圳经济特区金融业的区位熵。银行业区位熵，以深圳经济特区存贷款余额占深圳经济特区 GDP 比重除以全国相应的数据计算；证券业区位熵，以深圳经济特区上市公司数量与深圳经济特区 GDP 之比除以全国相应的数据计算；保险业区位熵，以深圳经济特区保费收入占深圳经济特区 GDP 的比重除以全国相应的数据计算；基金业区位熵，以归属地为深圳经济特区的各基金公司的资产净值占深圳经济特区 GDP 的比重除以全国相应的数据计算（见表1）。

表 1   各行业区位熵的描述性统计结果

	N	极小值	极大值	均值	标准差
YH（银行业区位熵）	37	1.1577	1.5758	1.3698	0.1170

	N	极小值	极大值	均值	标准差
ZQ（证券业区位熵）	37	13.6455	28.4674	21.5663	4.3840
BX（保险业区位熵）	37	0.7948	1.2156	0.9964	0.1031
JJ（基金业区位熵）	37	12.8761	45.5242	38.5902	5.3904

2006 年第一季度至 2015 年第一季度深圳经济特区银行业、保险业的区位熵均值分别为 1.3698 和 0.9964，基金业与证券业区位熵均值分别为 38.5902 和 21.5663，说明深圳经济特区基金业集聚程度最高，远高于其他三个行业，其次是证券业，相比而言，保险业和银行业集聚程度较低。

三 实证分析

（一）变量选取和数据来源

基于现有理论框架，结合数据可得性和代表性进行变量选取。以往文献中主要是用第二、三产业增加值之和占 GDP 的比重来衡量产业结构，比重越高，说明产业结构越合理，越有利于经济转型（黎平海、王雪，2009；邓向荣、刘文强，2013）。随着经济的发展、产业升级步伐加快，第二、三产业增加值之和占 GDP 的比重已不能确切反映深圳经济特区转型的现状和趋势。深圳经济特区在全国率先以"有质量的稳定增长"为目标，较早进行了产业结构的调整，主要集中发展第三产业和高新技术产业。为此，本文从产业结构升级和高新技术产业发展两个维度，测度深圳经济特区经济的转型程度。将深圳经济特区第三产业增加值占地区 GDP 比重和深圳经济特区高新技术产业出口值占地区 GDP 比重这两个指标分别记为 Y_1 和 Y_2，Y_1 反映产业结构升级程度，Y_2 反映高新技术产业发展水平。衡量深圳经济特区金融行业集聚程度的区位熵（YH、ZQ、BX 和 JJ）为解释变量，Y_1 和 Y_2 为被解释变量，样本区间均为 2006 年第一季度至

2015 年第一季度，数据来源于 Wind 数据库。

（二）平稳性检验

本文选取的数据为季度数据。根据被解释变量的取值特征和模型设置需要，借助非线性回归模型（见模型 1 和模型 2），线性化过程中需要对被解释变量 Y_1 和 Y_2 进行变换，分别转化为 Y_1^* 和 Y_2^*。运用 ADF 检验对 Y_1^* 和 Y_2^* 以及银行业区位熵对数 Ln（YH）、证券业区位熵对数 Ln（ZQ）、保险业区位熵对数 Ln（BX）及基金业区位熵对数 Ln（JJ）6 个变量的时间序列进行平稳性检验。各变量平稳性检验结果如表 2 所示。

表 2　主要变量的平稳性检验结果

变量	ADF 值	（C，T，L）	5%临界值	平稳性
Y_1^*	−4.3569	（1，1，0）	−3.5386	平稳
Y_2^*	−3.8194	（1，1，0）	−3.5386	平稳
Ln（YH）	−9.0490	（1，1，2）	−3.5468	平稳
Ln（ZQ）	−3.1688	（1，0，3）	−2.9527	平稳
Ln（BX）	−6.4912	（1，1，2）	−3.5468	平稳
Ln（JJ）	−14.0027	（1，0，0）	−2.9446	平稳

注：①检验模型（C，T，L）中，C 为常数项，T 为趋势项，L 为滞后阶数。②最大滞后阶数根据施瓦兹信息准则确定。

由表 2 可知，各序列 ADF 值均小于 5%显著性水平的临界值，故拒绝原假设，表明六个变量时间序列均平稳。

（三）Granger 因果关系检验

运用 Granger 因果关系检验进一步研究深圳经济特区金融集聚与经济转型的动态因果关系。综合考虑模型的序列相关性和 AIC 值，选择滞后三期的 Granger 因果检验，结果如表 3 所示。

表 3　Granger 因果检验

H_0 原假设	F 统计量	P 值	结论
$Ln(YH)$ 不是 Y_1^* 的格兰杰原因	4.2487	0.0139	拒绝
Y_1^* 不是 $Ln(YH)$ 的格兰杰原因	1.4706	0.2447	接受
$Ln(ZQ)$ 不是 Y_1^* 的格兰杰原因	4.2522	0.0139	拒绝
Y_1^* 不是 $Ln(ZQ)$ 的格兰杰原因	6.8258	0.0014	拒绝
$Ln(BX)$ 不是 Y_1^* 的格兰杰原因	3.1880	0.0396	拒绝
Y_1^* 不是 $Ln(BX)$ 的格兰杰原因	3.8674	0.0201	拒绝
$Ln(JJ)$ 不是 Y_1^* 的格兰杰原因	5.1623	0.0060	拒绝
Y_1^* 不是 $Ln(JJ)$ 的格兰杰原因	3.3909	0.0323	拒绝
$Ln(YH)$ 不是 Y_2^* 的格兰杰原因	3.0390	0.0906	接受
Y_2^* 不是 $Ln(YH)$ 的格兰杰原因	0.1272	0.7237	接受
$Ln(ZQ)$ 不是 Y_2^* 的格兰杰原因	5.8726	0.0210	拒绝
Y_2^* 不是 $Ln(ZQ)$ 的格兰杰原因	4.8291	0.0351	拒绝
$Ln(BX)$ 不是 Y_2^* 的格兰杰原因	8.6945	0.0058	拒绝
Y_2^* 不是 $Ln(BX)$ 的格兰杰原因	1.2600	0.2698	接受
$Ln(JJ)$ 不是 Y_2^* 的格兰杰原因	2.2591	0.1423	接受
Y_2^* 不是 $Ln(JJ)$ 的格兰杰原因	0.1441	0.7067	接受

在 5% 的显著性水平下，深圳经济特区银行业集聚、证券业集聚、保险业集聚及基金业集聚是推动第三产业发展的格兰杰原因，并且深圳经济特区证券业集聚、保险业集聚及基金业集聚与第三产业发展互为格兰杰因果；深圳经济特区证券业集聚和保险业集聚是高新技术产业发展的格兰杰原因，深圳经济特区证券业集聚与高新技术产业发展互为格兰杰因果。深圳经济特区银行业集聚与基金业集聚不是高新技术产业发展的格兰杰原因。

理论上银行业集聚、证券业集聚、保险业集聚及基金业集聚是推动第三产业发展及高新技术产业发展的原因之一，但检验结果显示深圳经济特区银行业集聚与基金业集聚不是高新技术产业发展的格兰杰原因。从银行业看，高新技术企业具有研发时间长、资金等投入大、产品更新快，经营风险相对较高等特点，致使银行业对高新技术企业提供的金融支持有限，银行业没能成为高新技术企业发展的有力推动者；从基金业看，高新技术企业在发展中得到了私募股权基金的支持，但由于数据搜集困难，文中采用的基金数据并未包括私募股权基金数据，因此，深圳经济特区基金业集聚不是高新技术产业发展的格兰杰原因的结论，可能是数据局限性导致的。

（四）非线性回归模型与参数估计

深圳经济特区第三产业增加值占地区 GDP 比重 Y_1 与深圳经济特区高新技术产业出口值占地区 GDP 比重 Y_2 取值具有特殊性，Y_1 的取值落在 $(0，1)$，Y_2 的取值落在 $(0，+\infty)$，难以服从正态分布假设，不宜直接作为被解释变量建立古典线性回归模型，为此采用非线性回归模型。

模型 1：

$$Y_{1,t} = \frac{1}{1+e^{-[\alpha_0+\alpha_1\ln(YH_t)+\alpha_2\ln(ZQ_t)+\alpha_3\ln(BX_t)+\alpha_4\ln(JJ_t)+\mu_{1,t}]}}$$

模型 2：

$$Y_{2,t} = \frac{1}{e^{-[\beta_0+\beta_1\ln(YH_t)+\beta_2\ln(ZQ_t)+\beta_3\ln(BX_t)+\beta_4\ln(JJ_t)+\mu_{2,t}]}}$$

其中，$\mu_{1,t}$ 和 $\mu_{2,t}$ 为随机误差项。参数估计过程中，将非线性回归模型进行线性化处理。线性化处理后的回归模型为：

$$Y_{1,t}^* = -\ln\left(\frac{1}{Y_{1,t}}-1\right)$$
$$= \alpha_0+\alpha_1\ln(YH_t)+\alpha_2\ln(ZQ_t)+\alpha_3\ln(BX_t)+\alpha_4\ln(JJ_t)+\mu_{1,t}$$

$$Y_{2,t}^* = -\ln\left(\frac{1}{Y_{2,t}}\right)$$
$$= \beta_0+\beta_1\ln(YH_t)+\beta_2\ln(ZQ_t)+\beta_3\ln(BX_t)+\beta_4\ln(JJ_t)+\mu_{2,t}$$

对解释变量统计分析后发现，各解释变量之间存在较为显著的线性关系，直接引入会导致共线性问题，故采取逐项引入方式。参数估计结果如表4所示。

表4　参数估计及检验结果

被解释变量	Y_1^*				Y_2^*	
模型	M1.1	M1.2	M1.3	M1.4	M2.2	M2.3
常数项	0.1055 (0.089)	-0.6474 (0.3801)	0.1498 (0.0808)	0.5027 (0.3271)	-2.6561** (0.7408)	-0.3790** (0.1256)
$Ln(YH)$	0.1335 (0.1231)	—	—	—	—	—
$Ln(ZQ)$	—	0.2511* (0.1217)	—	—	0.6998** (0.2091)	—
$Ln(BX)$	—	—	0.0279 (0.1151)	—	—	0.6987** (0.1817)
$Ln(JJ)$	—	—	—	-0.0936 (0.0867)	—	—
AR(1)	0.8062** (0.1078)	0.6595** (0.1431)	0.8055** (0.1094)	0.7981** (0.1076)	0.8941** (0.0873)	0.8043** (0.1136)
R^2	0.6406	0.6537	0.6285	0.6418	0.5324	0.5862
Adj R^2	0.6189	0.6537	0.6060	0.6201	0.5041	0.5611
F	29.42**	31.14**	29.91**	29.56**	18.79**	23.37**
D.W.	2.2467	2.1816	2.0942	2.0970	2.1146	1.9840

注：*、**分别表示在5%、1%的水平上显著。

运用White检验得知模型随机项不存在异方差，根据D.W.检验随机项无一阶自回归形式，由LM检验得知随机项无高阶自相关。模型的参数估计结果显示，α_2 的参数估计值为正，且在 5% 的水平上显著，说明证券业集聚对深圳经济特区的第三产业发展有显著的正向促进作用，深圳经济特区证券业集聚对第三产业发展有显著的溢出效应。然而，相比证券业而言，集聚程度同样明显的基金业却对深圳经济特区第三产业发展贡献不显著，原因可能在于数据的局限性，实证数据主要是采用公募基金数据，而私募基金在深圳经济特区更发达，在促进产业结构升级中发挥更大作用，深圳经济特区公募基金虽集聚程度较高，但对促进产业结构升级作用有限。深圳经济特区银行业集聚和保险业集聚对第三产业影响不显著，可能是由于银行业区位熵和保险业区位熵较低，二者集聚水平难以满足特区经济转型的需求，对推动特区产业结构升级乏力。β_2 与 β_3 的参数估计值均为正，且在 1% 的水平上显著，说明深圳经济特区证券业集聚、保险业集聚对高新技术产业发展有明显正向促进作用，证券业集聚对高新技术产业的溢出效应略大于保险业集聚对高新技术产业的溢出效应。

四 结论与政策建议

本文首先在文献梳理的基础上分析金融集聚对经济转型溢出效应的作用渠道；其次基于区位熵指标计算公式，计算深圳经济特区银行业、证券业、保险业及基金业的区位熵，以度量其集聚状态；最后利用 ADF 检验、Granger 因果检验及回归分析方法，实证分析深圳经济特区这四大主要金融行业集聚对特区经济转型的溢出效应，得出以下结论：一是深圳经济特区基金业集聚程度最高，其次是证券业，再次是银行业，相比而言，保险业集聚程度最低。二是深圳经济特区证券业集聚对第三产业及高新技术产业的溢出效应均显著，对深圳经济特区经济转型的溢出效应尤为显著，且二者互为因果。三是深圳经济特区保险业集聚是第三产业和高新技术产业发展的原因，保险业集聚对第三产业溢出效应不显著，但对高新技术产业溢出效应显著，从而对深圳经济特区经济转型的溢出效应显著。四是深圳经济特区银行业集聚和基金业集聚是第三产业发展的原因，但银行业集聚和基金业集聚对特区经济转型的溢出效应不显著。

基于上述结论，本文提出以下建议。

（1）完善深圳经济特区多层次资本市场，继续发挥证券业集聚优势。当前深圳经济特区证券业快速发展，地理优势和政策优势凸显，具备发展多层次资本市场的有利条件，应通过证券业的竞争与合作提高其集聚程度，充分发挥集聚优势。前海股权交易中心正是特区建立多层次资本市场的产物，政府应给予前海股权交易中心更多的政策倾斜和资金支持。通过对前海股权交易中心的重点支持，为高新技术企业开拓融资渠道、提供融资便利，促进高新技术企业快速发展，最终带动产业结构向高端产业链升级，促进特区经济转型。

（2）加快保险产品的研发与创新，为高新技术产业发展保驾护航。《国家中长期科学和技术发展规划纲要（2006—2020年）》提出，鼓励保险公司加大产品和服务创新力度，为高科技企业开发契约责任保险，提供风险保障机制，促进高新技术成果转化。保险业集聚形成的行业竞争有助于加快保险产品的研发设计，为高新技术产业的风险分散和转移提供渠道。深圳经济特区保险业发达、行业竞争力强，在支持高新技术产业发展方面成果卓著，应进一步激活其创新潜能，帮助企业渡过转型期所面临的风险困境，推动区域经济转型升级。

（3）建立政府引导基金，引导社会资金投向，充分发挥基金业集聚优势。因私募基金数据收集困难，且公募基金资金主要投向证券市场，基金业集聚的溢出效应作用渠道受阻，集聚优势未能有效显现。鉴于此，可以通过建立政府引导基金，引导社会资金投向，打通溢出效应的三个作用渠道，充分发挥基金业集聚优势，最终促进经济转型。具体而言，可通过政府信用和资金引导社会资金，支持中小企业特别是高新技术企业的发展。一方面发挥孵化作用，让新技术、新创意在政府引导基金的支持下实现产业化；另一方面，发挥带动作用，通过"四两拨千斤"的示范效应带动社会资金投向高新技术产业，促进高新技术产业发展和产业结构升级，为特区经济转型提供动能。

（4）健全商业银行体系，加大银行业对第三产业和高新技术企业的金融支持力度。深圳经济特区商业银行体系主要由国有控股商业银行、股份制商业银行等的分支机构构成，然而只有例如平安银行和招商银行等少数股份制商业银行将总部设在深圳，这种结构体系与深圳在全国的经济地位不相匹配，与深圳的经济发展水平不相适应，导致银行业集聚对特区经济转型的溢出效应不明显。因此，应通过调整商业银行体系结构，打破国有大型银行业的垄断，在大力发展股份制商业银行的同时，重点支持民营银行的发展，促进银行间竞争，为第三产业和高新技术产业提供多样化融资渠道。尤其是前海作为"特区中的特区"，实行比经济特区更加特殊的先行先试政策，应充分利用其政策优势，加快民营商业银行集聚步伐，使之与前海第三产业和高新技术产业发展实现良性互动。

参考文献

车欣薇等：《一个金融集聚动因的理论模型》，《管理科学学报》2012 年第 3 期。

丁艺等：《金融集聚与区域经济增长——基于省级数据的实证分析》，《保险研究》
　2010 年第 2 期。

邓向荣、刘文强：《金融集聚对产业结构升级作用的实证分析》，《南京社会科学》
　2013 年第 10 期。

范方志、张立军：《中国地区金融结构转变与产业结构审计研究》，《金融研究》2003
　年第 11 期。

顾海峰：《金融支持产业结构调整的传导机理与路径研究》，《证券市场导报》2010 年
　第 9 期

胡国晖、郑萌：《金融集聚向扩散转化动因及机理研究》，《商业研究》2013 年第
　4 期。

黄解宇、杨再斌：《金融集聚论》，中国社会科学出版社、线装书局，2006。

何平等：《产业结构优化研究》，《统计研究》2014 年第 7 期。

惠晓峰、沈静：《东北三省金融发展与产业结构升级关系的实证研究与比较》，《哈尔滨工业大学学报》2006 年第 2 期。

何云景、刘瑛：《创业政策与创业支持：基于系统优化的视角》，《科学决策》2010 年第 4 期。

黄永兴等：《金融集聚影响因素及其溢出效应——基于长三角的实证分析》，《投资研究》2011 年第 8 期。

李文玉：《中国经济特区产业结构演进的异质性研究》，《求实》2011 年第 11 期。

黎平海、王雪：《基于金融集聚视角的产业结构升级研究——以广东省为例》，《广东金融学院学报》2009 年第 6 期。

潘英丽：《论金融中心形成的微观基础——金融机构的空间聚集》，《上海财经大学学报》2003 年第 5 期。

孙晶、李涵硕：《金融集聚与产业结构升级》，《经济学家》2013 年第 3 期。

施卫东：《城市金融产业集聚对产业结构升级影响的实证分析——以上海为例》，《经济经纬》2010 年第 6 期。

殷兴山等：《长三角金融集聚态势与提升竞争力分析》，《上海金融》2003 年第 8 期。

张文云、徐润萍：《珠三角经济发展、产业升级与金融支持的效应分析》，《南方金融》2004 年第 6 期。

周振华：《证券市场与产业结构调整》，《财经研究》1992 年第 12 期。

Aalbers M. B. , "Financial Geography: Introduction to the Virtual Issue", *Transactions of the Institute of British Geographers*, Vol. 40, No. 4, 2015.

Audretsch D. B. , M. P. Feldman, " R&D Spillovers and the Geography of Innovation and Production", *American Economic Review*, Vol. 86, No. 3, 1996.

Dixon A. D. , "The Geography of Finance: Form and Functions", *Geography Compass*, Vol. 5, No. 11, 2011.

Fujita M. , et al, *The Spatial Economy: Cities, Regions, and International Trade*, MIT Press, 2001.

Grote M. H. , *Financial Centers between Centralization and Virtualization*, Springer-Verlag, 2009.

Kindleberger C. P. , "The Formation of Financial Centers: A Study in Comparative Economic History", MIT Working Paper, 1973.

Kocheturov A. , et al. , "Dynamics of Cluster Structures in A Financial Market Network", *Physica A: Statistical Mechanics and its Applications*, Vol. 413, No. 11, 2014.

Marshall A. , *Principles of Political Economy*, Macmillan, 1890.

Pandit N. R. , et al. , "The Dynamics of Industrial Clustering in British Financial Services",

Service Industries Journal, Vol. 21, No. 4, 2001.

Perroux F. , "Economic Space: Theory and Applications", *Quarterly Journal of Economics*, Vol. 64, No. 1, 1950.

Porteous D. J. , *The Geography of Finance: Spatial Dimensions of Intermediary Behavior*, Aldershot: Avebury, 1995.

（本文原载于《经济学动态》2015 年第 11 期，收录时有所修订）

科技创新篇

数字经济产业的创新关联

——来自深圳市创新企业的证据

唐 杰 戴 欣[*]

摘　要：数字作为一种通用技术，向其他产业溢出的效应日益显著，成为全球生产组织网络的核心工具，提高了信息共享的速度，降低了知识运用和信息传输的成本。本文以深圳数字经济产业为研究对象，拓展了传统的莫兰指数作为研究空间知识溢出的代理方法，加入时间与空间的元素，探索数字经济产业与其他产业的创新关联，并识别数字经济产业在空间上的分布。主要结论有：一是数字经济产业的软技术与服务和硬制造之间具有极为密切的创新依赖，相互支撑占据产业网络的中枢位置，构成了数字产业化和产业数字化的中枢；二是数字经济产业中的软技术与硬制造具有不同的空间集聚方式，形成空间上产业协同与配套的格局。

关键词：数字技术；知识溢出；空间分工

引言

2016年9月中国首次提出了"数字经济"对创新增长与国际合作的重要作用；党的二十大报告指出，加快发展数字经济，推动实体经济和数

---

* 唐杰，哈尔滨工业大学（深圳）经济管理学院教授；戴欣，哈尔滨工业大学（深圳）经济管理学院博士生。

字经济融合发展；2020 年 4 月数据正式被纳入生产要素范围，数据从资源到生产要素，其重要性不断提升。根据中国信息通信研究院发布的《中国数字经济发展白皮书（2020 年）》和国家互联网信息办公室印发的《数字中国建设发展进程报告（2019 年）》，2019 年我国数字经济增加值规模达到 35.8 万亿元，数字产业化增加值达约 7.1 万亿元，产业数字化增加值达约 28.8 万亿元。规模以上信息传输、软件和信息技术服务业，互联网和相关服务企业营业收入同比分别增长了 21.4% 和 29.1%，计算机、通信和其他电子设备制造业增加值同比增长了 9.3%。以数据为关键要素、以数字技术为引擎的数字经济得到蓬勃发展。信息传输、软件和信息技术服务业增加值在 2020 年一季度 GDP 下降 6.8% 的情况下增长了 13.2%，带动 GDP 增长 0.6 个百分点[①]，数字技术产业成为推动经济增长的关键抓手。

大数据与实体经济深度融合，为产业数字化转型升级提供了新路径，满足了我国经济新旧动能转化的客观需求。工业互联网、大数据、人工智能等数字技术深度渗透至实体经济，直接驱动研发、生产、销售等环节向数字化、智能化方向转型升级，推动提升供应链整体网络化能力（WTO，2019）。2020 年后，以第三产业为主的网络消费模式进一步拓展了数字经济发展空间，推动技术、资本、劳动力、土地等传统生产要素发生深刻变革与优化重组，赋予数字经济和数字平台强大发展动力（贾晖等，2020）。过去，数字投资每增长 1 美元，撬动 GDP 增加 20 美元；就平均回报率而言，数字技术比非数字技术投资高 6.7 倍（Huawei & Oxford Economics，2018）。2021年上半年，我国高技术产业投资同比增长 6.3%，其中高技术制造业中，5G 投资同比增长 47.7%，5G 已成为投资增长的"助推器"。数字化水平与信息化基础设施等能够降低企业的成本（王如玉等，2018），如小微企业基于数字化驱动带来的降本增效、增收节支等好处，快速形成新的商业模式；大中

---

① 《翻开国家账本——人文清华讲坛许宪春演讲实录》，https://m.thepaper.cn/baijiahao_11805257，2021 年 3 月 21 日。

型企业通过数字技术带来的无限链接，与更多组织、更多系统，以及更广泛的外部环境构建共生平台，创造新的价值（裘莹和郭周明，2019）。数字技术驱动的数字化革命和数字化转型，将带来经济社会发展的大变局，推动产业转型升级、实现高质量发展（罗贞礼，2020）。

表 1　2019 年我国数字经济相关指标数值

类别	增加值（万亿元）	占 GDP 比重（%）	同比增长（%）
数字经济增加值	35.8	36.2	1.4
数字产业化增加值	7.1	—	11.1
产业数字化增加值	28.8	29.0	—

注：数据因四舍五入原因，存在误差。
数据来源：中国信息通信研究院：《中国数字经济发展白皮书（2020 年）》。

随着数字技术蓬勃发展、不断演进，数字产业化与产业数字化逐步驱动生产方式、生活方式和治理方式发生深刻变革，对世界经济、政治和科技格局产生深远影响。进一步研究数字经济产业与其他产业的互动外溢，最大限度地利用数字化机遇服务经济社会，释放区域高质量增长潜力，推动传统经济结构转型具有重要现实意义。本文以深圳为例，利用 2012～2015 年深圳市创新创业数据库，探究数字经济产业对其他产业的影响，并在空间的视角下进一步考察数字经济产业的关联情况。本文的主要贡献在于：（1）在理论上解读了数字经济产业对其他产业影响的相关研究，并以数字技术的硬件与软件为核心，探究数字经济产业对其他产业的影响；（2）拓展了莫兰指数（Moran's I）的应用，加入时间效应，观察数字经济产业的时空影响；（3）深入分析深圳市创新创业数据库涵盖的 7000 余家创新企业发展情况，呈现更为细致的深圳数字技术产业发展实践。

一　文献综述

数字经济是随着数字基础设施、硬件终端设备和软件系统的更新迭代产生的数字技术与各生产要素融合而创造社会产品价值的经济活动方式。在不同的时期，数字经济的内涵会随着数字技术及其应用而变化。早期的数字经济概念多局限于通信技术的应用和以电子商务为代表的互联网经济（彭刚等，2021），如今，数字技术迭代以指数级速度展开，全球移动通信技术经历了从 2G 到 5G 的发展演变，形成多种技术整体演进、群体性突破的格局（马化腾等，2017），实现了传输速率的不断提升，通信形式和场景的不断丰富，极大地推动了知识经济替代与传统的物质生产过程改造。

所谓数字技术，是指各类数字化技术的集合①，其本质是对各类信息进行识别、转化、存储、传播、分析和应用等（彭刚等，2021）。数字技术具有强渗透性（Lipsey 等，2006），使用数据逻辑强化生产环节，疏通了从生产到数据，从数据到运营管理，再反馈给生产的过程（吕铁和李载驰，2021），将处理、统计、分析后的数据应用到生产环节的优化过程中，提高要素的生产效率。作为最新一代移动通信技术，5G 依托全新的网络架构，具备高速率、低时延、高可靠性以及广连接的特性，能有效提高数据速率、减少延迟、节省能源、降低成本、提高系统容量以及实现大规模设备连接，具有"高清""高流畅""强交互"的应用价值，成为产业数字化革命的新引擎，带来移动互联网、产业互联网的繁荣，例如超高清流媒体业务、云 VR/AR、车联网/自动驾驶、工业互联网等。此外，数字平台和数字工具具有便捷、易传播的优势，带来了线上线下融合、网络直播等新兴商业模式，为产品衍生、价值增值创造源源不断的动力②。

---

① 狭义的数字技术指的是对数字进行编码、运算、加工、存储、传送、传播、还原、应用的技术，而广义的数字技术包括二进制编码数字技术、5G 通信、人工智能、区块链、大数据、云计算、物联网、先进机器人、增材制造（3D 打印）、虚拟现实技术等。

② 《2021 年制造业数字趋势报告》显示，40% 的制造商正在使用在线视频等调查辅助产品，49% 的制造商计划开发此类产品。调查结果还显示，在业绩领先的制造业企业中，有 1/3 认为未来两年内，它们的销售额将有至少 50% 来自数字平台。

数字技术在社会经济各领域中的广泛应用，为数字经济发展提供了技术、产品、服务和解决方案，这是数字产业化的重要表现①。数字产业化围绕着数据的收集、存储、传输、管理、计算分析和应用全生命周期展开，通过硬件设备和软件系统影响着电子信息制造业，电信业，信息传输、软件和信息技术服务业，互联网和相关服务等行业领域。数字技术大幅度促进产业之间的深度耦合，尽可能消除信息不对称，连通前后向产业，不断拓展产业链条，从而更好地将本来孤立的产业与其他产业相融合（李海舰和张璟龙，2021）。比如传统的产业结构中各类业态和服务之间存在着比较明显的边界，但数字经济能够提高新兴产业与传统产业的关联度，推动传统产业向智能化转型（余东华和李云汉，2021），促进经济跨业态、多元化发展（丁守海和徐政，2021）。同时，行业内与行业间因采用通用技术而形成企业之间相互的知识外溢，知识外溢会在产业集群内迅速膨胀，加速企业内部、行业内部以及跨行业上下游供应链之间的知识转移（Suzumura，1992）。知识在产业链内部的流动，不仅能大幅提高企业生产力，还能建立更深层次的间接利益链。数字技术从数字经济产业逐渐扩散到与数字技术联系最为紧密的行业，通过高协同性和正反馈效应（OECD，2014）形成具有强烈互动关系的产业集群，再通过横向或纵向产业关联，进一步降低其他产业采用新技术范式所需要的成本。随着数字技术的不断发展创新，数字经济产业本身发展壮大成为经济社会的主导产业，其促进传统产业的数字化转型提升传统产业附加值，并带动了产业间的正向联动发展。

数字经济具有显著的网络化与空间溢出的特征，能够打破时间与空间的限制（薛成等，2020），促使网络空间和物理空间融为一体，形成不同

---

① 根据国家统计局 2021 年 5 月 14 日发布的《数字经济及其核心产业统计分类（2021）》，数字经济核心产业主要包括计算机、通信和其他电子设备制造业，电信广播电视和卫星传输服务，互联网和相关服务，信息传输、软件和信息技术服务业等，是数字经济发展的基础。

行政区域之间深度嵌入、彼此依赖的格局，促进区域一体化的发展（魏江等，2021）。如产品的生产制造数字化可描述成，产品先在"云端"开源设计，然后在全球范围内组织资源，形成分包、众包的生产格局，最后在通用界面连接下，完成通用模块和个性模块的集成和组装，用跨时空、跨地域的网络化协同方式组织生产，实现由实体工厂到实体空间和虚拟空间融合的制造（Sturgeon，2019）。数字技术的低扩散成本与高扩散速度提升了创新资源的流动性（施炳展和李建桐，2020；罗珉和李亮宇，2015），地理位置较邻近的创新主体具有更多交流合作机会，能够通过共享开放数据提升数据要素的利用率，进而增强区域创新绩效的空间溢出效应。但数字技术在迭代过程中产生的隐性知识又限制了数字技术扩散的地理空间范围（Audretsch & Feldman，1996），进一步强化了创新的空间集聚性。数字技术以高效的信息传递压缩了时空距离（殷群和田玉秀，2021），增强了区域间经济活动关联的广度和深度（赵涛等，2020），成为双循环的重要组成部分和增长动力（周广肃和樊纲，2018），为推动创新驱动型高质量发展提供了新动能。

综上所述，数字技术的快速迭代与发展，带动数字经济的不断演化与动态创新（Zittrain，2006），各行各业因数字技术应用的动态变化不断提高生产率与附加值（许恒等，2020）。一方面，数字技术以其强渗透性、高度网络化与通用可复制的特征，极大地改善了信息、知识交流的手段和效率（王如玉等，2019）。数字技术在产业内与产业间的蔓延与扩散，打破了产业之间的隔膜，不断模糊产业边界（Pee，2016），提升上下游企业之间的信息流通效率（吕铁和李载驰，2021），增强产业关联度，形成产业的自外溢入及对其他产业的溢出。数字技术不仅催生了一大批新技术产业，也让传统产业重生出新业态与新模式。另一方面，数字技术的广泛应用会整合和缩短供应链，因此推动产业集群的发展。数字技术将更多的信息以数字化的形式浓缩到集成元件中，通过互联网广泛传播和共享，降低空间距离的摩擦力，提高空间组织的效能与各种集群的竞争力。当前城市中心最突出的是以数字经济为基础的服务业经济，是通信枢纽，具有"共享性""高链接性""开放性""创新性"等特征，而土地需求强度较高的制造业和仓储等行业则扩散和聚集在核心区的周围，各区域发挥各自的优势，加强各自独特产业链的配套能力与对外协作能力，形成协同多样化的空间结构。

二 深圳崛起与数字经济产业发展

过去十年，深圳数字经济产业以平均每年 13%的速度快速增长，其中硬件设备制造的增加值翻了三番，软件技术服务的增加值增长幅度更是高达七倍，以这两个产业为核心的数字经济对深圳整体经济的贡献接近三成[①]，成为拉动深圳经济增长的引擎。深圳培育出一大批以数字技术为核心的科技创新企业，2020 年深圳数字经济产业 PCT 国际专利公开量为 1975 件，新一代信息技术产业 PCT 国际专利公开量为 1.2 万件（欧美日韩专利公开量为 1.8 万件），均位列全国第一，深圳成为领跑全国进入数字经济时代的城市典范[②]。因此，本部分将以深圳为例，分别对数字经济产业发展历程、数字经济产业关联与空间集聚特征等进行深入分析。

第一，深圳手机产业链迭代升级是深圳数字经济产业发展的代表。深圳以"三来一补"组装生产进口零部件进入全球价值链；20 世纪 90年代初从组装转向模仿制造，进入 21 世纪深圳已经形成初具规模、产品门类齐全、技术较内地其他城市先进并以生产视听产品为主的现代电子工业体系。随着手机的出现和移动通信的发展，华强北电子市场成为生产配套基地，在手机方案设计厂商的助推下，形成了特殊的山寨手机模块化生产方式。企业采购基础零组件就可通过组装推出成品，市场需

---

① 数据来源于深圳市统计局和《深圳统计年鉴 2020》。
② 数据来源于《深圳市 2020 年度知识产权数据统计分析报告》。

求推动了数字硬件制造的更新迭代。2011 年进入移动互联网时代后，以华为、中兴通讯等为代表的十家企业形成自主创新能力，带动了深圳国际专利申请量的快速增长。从 3G 跟随、4G 并跑到 5G 引领的不断迭代，深圳更加紧密地串联起各产业，实现转型升级。深圳在信息与通信产业的不同领域突破技术瓶颈形成核心竞争力，在不同细分市场占据有利地位，以鸿蒙系统、海思芯片为代表的数字软技术服务与大规模的数字设备制造相互推动发展。目前十大核心企业的国际专利申请量约占深圳国际专利申请量的 50%，产业链上的专业化中小型企业的国际专利申请量占了另外的 50%。

第二，数字技术的迭代升级塑造深圳完备的产业生态。深圳数字技术在过去四十多年经历了自身内在的规模扩张和技术升级，将无数家细分企业串联起来，形成庞大的数字经济产业分工网络，从数字硬件到软件一应俱全①，小到基础元器件生产企业，中到电池显示屏等配件生产企业，大到华为、大疆等行业龙头，汇聚了大量人才，孕育了大批软件企业。2008～2012 年，深圳积累了大量的数字技术相关专利，包括移动通信定位、数据处理、支付系统、图像系统等②。如图 1 所示，2012～2015 年深圳数字经济产业增加值占比接近 50%、研发支出占比和研发人员数量占比约为 60%，几乎是其他产业的 1.5 倍③。如今，深圳是世界智能手机产业中心，是通信设备产业中心，是旋翼垂直起降无人机产业中心。

第三，深圳数字经济领域汇聚大量数字技术企业与创新人才，形成了密集的创新产出，成为深圳创新发展的最大优势。近十年间，深圳成

---

① 计算机通信设备与网络设备为主体的制造业，我们称为硬的数字产业；信息、数字传输、数据分析与系统软件为主体的服务业，我们称为软的数字产业。
② 资料来源于中山大学城市研究院。
③ 数据来源于深圳市创新创业数据库，下文中若未注明均来自该数据库。

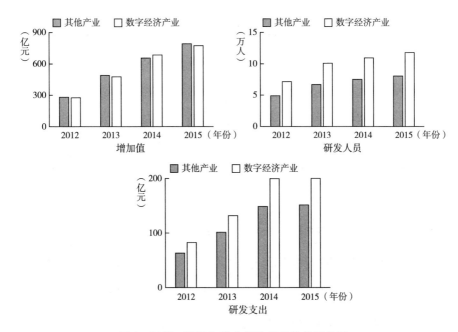

图1　2012~2015 年数字经济产业的特征统计

长出一批又一批的数字技术企业，高素质人才队伍规模不断扩大。较为明显的证据在于，2020 年深圳市 PCT 国际专利申请量排名前 10 的企业，以华为为榜首，均为数字技术企业（见表2），深圳每 10 万人中拥有大学文化程度的人口数上升为 2.88 万人[①]。创新人才的大量汇聚，与高密度的数字技术企业形成创新驱动循环，带动产业不断增长，催生更多的创新产出。2020 年深圳 5G 通信技术的 PCT 国际专利公开量为 2243 件，位居世界第一，是位居第二的硅谷的 1 倍。数字技术领域基于大量专利、知识、工艺、人才和企业等的持续积累，成为深化专业化分工协同的知识中心，也成为促进各行各业围绕数字技术重构实现数字化创新转型的支撑。

---

① 深圳市第七次全国人口普查。

表 2 2020 年深圳 PCT 国际专利申请量排名前 20 的企业

排名	企业名称	所属区域	PCT 国际专利申请量（件）	增速（%）
1	华为技术有限公司	龙岗区	6945	49.77
2	中兴通讯股份有限公司	南山区	1513	10.68
3	深圳市大疆创新科技有限公司	南山区	1142	11.31
4	平安科技（深圳）有限公司	福田区	1120	-8.94
5	瑞声声学科技（深圳）有限公司	南山区	839	0.72
6	腾讯科技（深圳）有限公司	南山区	579	36.88
7	深圳市华星光电半导体显示技术有限公司	光明区	424	48.29
8	TCL 华星光电技术有限公司	光明区	348	102.33
9	深圳市汇顶科技股份有限公司	福田区	279	-29.72
10	深圳壹帐通智能科技有限公司	南山区	277	12.15

数据来源：《深圳市 2020 年度知识产权数据统计分析报告》。

第四，深圳数字技术链接各产业形成密切的创新网络。我们采用专利申请量来识别深圳市各产业之间的创新关联，结果如图 2 所示。深圳市大体上形成了以数字软技术与服务和数字硬制造为核心，串联贯通主要产业的创新网络。其中，用 P 定义产业网络关联密切程度，在 15 个行业部门中，强关联的行业有 8 个，弱关联的行业有 7 个。实证结果表明计算机、通信和其他电子设备制造业与信息传输、软件和信息技术服务业在 1% 的显著性水平上存在显著的创新关联。

我们进一步随机从两个产业中各抽取 100 家企业，以专利申请量作为企业创新活动的代理变量，结果表明数字软技术与服务和数字硬制造有 10% 的企业存在着高密度的创新关联。由此，我们可以将深圳产业技术网

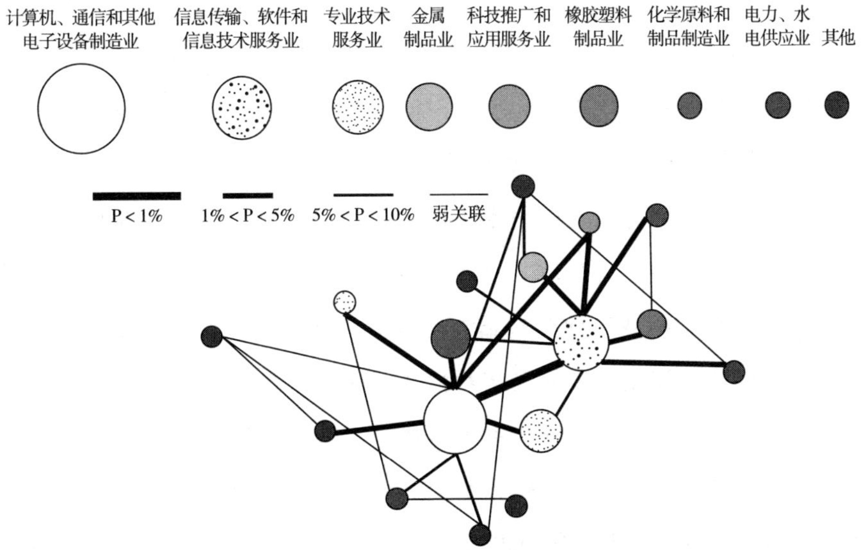

计算机、通信和其他　信息传输、软件和　专业技术　金属　科技推广和　橡胶塑料　化学原料和　电力、水
电子设备制造业　信息技术服务业　服务业　制品业　应用服务业　制品业　制品制造业　电供应业　其他

P＜1%　　1%＜P＜5%　　5%＜P＜10%　　弱关联

图 2　样本企业的产业关联示意

络的主要特征概括为五个。一是数字经济产业处在产业网络的核心位置，构成了数字产业化和产业数字化的中枢。二是数字经济产业内部存在着硬技术与软技术之间极密切的相互依赖式的创新支撑，这是数字经济产业从规模到水平能够持续快速提升的关键。三是数字经济产业与专业技术服务业联系密切，意味着专业技术服务业成为数字软技术与服务和硬制造两大领域间的沟通连接者，存在着大量中小型技术服务企业为软硬件生产企业提供补齐产业链的专业服务。四是数字经济产业与相关制造业互动密切，构成了相互的创新依赖。例如，化学原料制造业与数字硬制造之间联系密度很高。五是制造业企业与软件信息技术等软技术与服务业之间相互交错的复杂关系，更多地反映了其他制造业行业利用新的信息技术进行产业数字化改造重组的努力。

第五，中心区聚集数字软技术与服务、周边聚集数字硬制造，形成各区协同分工格局。从表 3 的企业数量在各区的分布来看，南山区的数字经济产业企业占本区所有产业企业的比例为 66%，其中数字软技术与服务企业占比为 54.1%，而对应的宝安区的数字经济产业企业占比为 47%，其中数字硬制造企业占数字经济产业企业的 65%，表现为明显的空间优势产业差别。选用区位熵①作为产业集聚的代理变量得到图 3，从全市的角度来看，南山与福田成为数字软技术与服务的核心区域，宝安、龙华、龙岗成为数字硬制造的核心区域，前者数字软技术与服务企业占全市的比例超过 73%，后者的数字硬制造企业占全市的比例超过 61%，数字制造与数字软性创新空间相互依存又相对独立。南山以全市 70% 以上的高层次人才、70% 以上的高等院校和重大科研平台②，织成密集创新合作网络，不断聚集以腾讯、中兴通讯为代表的数字软技术与服务企业。在这个过程中，土地空间利用的集约化使得大量制造企业迁出③，但企业会带着数字技术的知识溢出沿着搬离的方向继续传递，形成更为密切的产业关联，与南山构成产业协同与配套的空间格局。

---

① 区位熵公式为 $\beta_{ij} = \dfrac{\theta_{ij} \big/ \sum\limits_{i=1}^{n} \theta_{ij}}{\sum\limits_{j=1}^{n} \theta_{ij} \big/ \sum\limits_{i} \sum\limits_{j} \theta_{ij}}$。式中：$\theta_{ij}$ 表示地区 j 行业 i 的创新企业数量；$\sum\limits_{i=1}^{n} \theta_{ij}$ 表示地区 j 的创新企业数；$\sum\limits_{j=1}^{n} \theta_{ij}$ 则表示全市行业 i 的创新企业数；$\sum\limits_{i} \sum\limits_{j} \theta_{ij}$ 是全市创新企业数。

② 如 ARM（中国）总部、商汤科技等纷纷落户鹏城实验室，苹果、高通等世界巨头设立研发机构，空客、雀巢、埃森哲创新中心等相继揭幕，新增杰曼诺夫数学中心等 6 家高水平实验室，诺贝尔奖科学家实验室达到 9 家。

③ 2019 年迁出南山的制造业主要是计算机、通信和其他电子设备制造业，电气机械和器材制造业，专用设备制造业，金属制品业以及通用设备制造业。

表3 2015年数字软技术与服务、数字硬制造的企业数量情况

单位：家

产业分类	行业	光明	坪山	大鹏	盐田	宝安	龙华	龙岗	罗湖	福田	南山	全部
数字软技术与服务	信息传输、软件和信息技术服务业	6	7	1	3	169	161	86	65	301	1028	1827
	互联网和相关服务	0	1	0	2	35	18	21	30	83	249	439
数字硬制造	计算机、通信和其他电子设备制造业	52	16	2	2	378	155	151	11	66	280	1113
其他行业	科技推广和应用服务业	3	1	2	2	20	18	9	8	25	81	169
	专业技术服务业	3	2	1	1	14	8	14	4	34	62	143
	研究和试验发展	5	6	3	0	22	11	18	2	18	58	143
	其他服务业	7	3	1	4	51	32	43	27	69	143	380
	专用设备制造业	29	8	0	2	151	73	71	11	19	115	479
	电气机械和器材制造业	27	8	2	2	116	68	37	4	12	64	340
	仪器仪表制造业	3	2	0	0	28	14	20	2	12	61	142
	医药制造业	3	10	1	2	13	12	12	5	6	36	100
	通用设备制造业	12	5	0	1	52	22	23	2	5	30	152
	化学原料和制品制造业	10	8	0	0	40	15	20	2	11	20	126
	其他制造业	48	28	2	2	137	74	74	12	45	134	556
	全部	208	105	15	23	1226	681	599	185	706	2361	6109

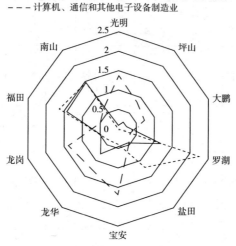

图3 数字软技术与服务、数字硬制造集聚优势的区位分布

第六，深圳数字经济产业在时空上产生创新溢出，构成产业协同关联的创新生态。本文采用拓展后的莫兰指数来识别数字经济产业与其他产业在空间上的溢出关联。莫兰指数（Moran's I）是衡量空间自相关性的常用方法，有助于研究相关活动在相邻区域的空间相关性及分布特征。常规的实证研究的一个共同特点是，用莫兰指数衡量一定时间内一个或两个变量在相邻地理空间是否相关，区分出高高、高低、低低和低高的四种空间相关关系，莫兰指数的正负表示存在空间正相关或负相关。但通过这种做法难以观察到产业空间聚集的动态变化。本文将扩展莫兰指数算法，加入变量时间效应以识别两个产业空间聚集动态变化。本文依据深圳市创新创业数据库①进行相关统计，以计算机、通信和其他电子设备制造业以及信息

———————————

① 该数据库包含 2012~2015 年获得政策支持的近 8000 家企业，其中企业类别高度集中于制造业以及信息传输、软件和信息技术服务业，在细分行业中，软件企业超过千家，信息集成和集成电路设计企业 400 余家，为本文的统计与实证检验提供了基础。

传输、软件和信息技术服务业为数字经济产业的代理变量[①]，以区域 i 行业 j 的全部微观企业的研发支出之和作为创新溢出的代理变量，手动输入数字经济产业 2013 年的数据和另一产业 2015 年的数据，在考虑了研发支出引起的产业创新在时效上具有滞后性后，生成深圳十个区域产业空间溢出的莫兰指数，判断产业间创新溢出引起的空间结构变化。由于本文探究两种产业之间的溢出关系，故采用双变量莫兰指数，以下所有计算结果均由 Geoda v1.14.0 软件自动算出。局部莫兰指数具体计算方式如公式（1）所示：

$$I_L = \frac{n}{\sum_i \sum_j \omega_{i,j}} \times \frac{(x_i - \bar{x}) \sum_j \omega_{i,j}(xy_j - \overline{xy})}{\sum_j (x_j - \bar{x})^2} \tag{1}$$

目前的研究主要采用空间距离、实际运输时间、社交网络距离或者经济距离等方法构建空间矩阵。本文采用空间距离构建地区之间的空间邻接关系（邻居数设置为 4），距离设置为 $\omega_{i,j} = \dfrac{1}{r_{i,j}^2}$，$r_{i,j}$ 为两地的距离，由此得到深圳各区域的邻居情况，如表 4 所示。

表 4　莫兰指数中各区域的邻居情况

序号	区域	邻居	序号	区域	邻居
1	南山	罗湖、福田、宝安、龙华	6	龙岗	罗湖、盐田、大鹏、坪山
2	罗湖	南山、福田、盐田、龙华	7	大鹏	罗湖、盐田、龙岗、坪山
3	福田	南山、罗湖、盐田、龙华	8	宝安	福田、南山、龙华、光明
4	盐田	罗湖、龙岗、大鹏、坪山	9	龙华	罗湖、福田、光明、宝安
5	光明	南山、福田、宝安、龙华	10	坪山	罗湖、盐田、龙岗、大鹏

数字经济产业在与其他产业的空间关联上具备一致的时效上的滞后性。从表 5 的实证结果来看，2013 年数字经济产业与同年的医药制造业为

[①]　分类根据来源于国家统计局 2021 年 5 月 14 日发布的《数字经济及其核心产业统计分类（2021）》。

负向关联，但时间滞后一年的溢出效应由负转正，数字经济产业与科技推广和应用服务业，2013年当年的空间相关性为0.079，滞后一年的空间相关性上升至0.16。比起当年产业之间的联系，这种跨越时间的溢出效应更加明显，也可理解为知识的溢出具有时间滞后性。这表明数字经济领域的知识具有高度流动性，主要分布在研究和试验发展与科技推广和应用服务业等方面，成为数字技术向外扩散的中介。此外，数字经济产业无论是产业内部扩散还是产业间扩散，在空间上均依赖于科技推广和研究开发试验的市场机制，在此基础上形成了空间上各具特色的数字产业集群。研究发现，科技推广和应用服务业对互联网和相关服务在2013年当年的莫兰指数为-0.001，并无明显的空间相关性，但滞后一年的莫兰指数则上升至0.082。

表5 数字经济产业与部分产业的莫兰指数

	科技推广和应用服务业 2013年	科技推广和应用服务业 2015年	研究和试验发展 2013年	研究和试验发展 2015年	医药制造业 2013年	医药制造业 2015年
数字经济产业 2013年	0.079	0.16	0.1	0.079	-0.037	0.055

数字经济领域知识的高度流动性打破地理空间约束，促成各区域产业的溢出关联。本文对双变量的莫兰解释分为四种，一是高高，代表本区域的数字经济产业高，邻居的另一个产业也高，表现为明显的正向关联；二是低低，代表本区域的数字经济产业低，邻居的另一个产业也低，表现为无明显的空间溢出联系；三是高低，代表本区域的数字经济产业高，但邻居的另一个产业低，表现为数字经济产业与周边区域的另一个产业联系较弱；四是低高，代表本区域的数字经济产业低，但邻居的另一个产业高，表现为更加依赖于邻居的另一个产业。实证结果如表6所

示，数字经济产业对附加值更高的产业显示出空间正相关的联系，如南山作为数字经济产业的核心区，与周边区域的科技推广和应用服务业、医药制造业密切相关，数字经济对周边区域的扩散效应明显，成为深圳数字经济产业与其他产业联系的空间载体；宝安、光明的数字经济产业更加依赖于邻居的另一个产业，如周边的科技推广和应用服务业、研究和试验发展等行业；而龙岗在数字经济产业方面也较为突出，但与邻居的另一个行业的联系较弱；坪山和大鹏在此类行业中与邻居没有较大的关联。

表 6　数字经济产业与周边区域另一产业的创新溢出联系

数字经济产业 （2013 年）	科技推广和应用服务业 （2015 年）	研究和试验发展 （2015 年）	医药制造业 （2015 年）
高高	南山	（南山）不显著	南山
低低	宝安、坪山、大鹏	坪山、大鹏	-
高低	龙岗	龙岗	-
低高	光明	宝安、光明	宝安、光明、福田、罗湖

深圳数字经济的溢出存在路径差异，形成多样化的跨空间产业集群。不同的区域在数字技术应用与知识吸收方面的差异形成空间上数字经济发展的不同关键点，有些强化数字软性技术创新，有些强化数字制造，以这两个领域为核心不断扩张，构成了各区域数字硬制造与软技术的空间差别，形成多样化与细分化的产业集群。一个典型的案例是华为所在的深圳龙岗和东莞松山湖。从上述分析可知，龙岗区的数字经济产业非常集聚，龙岗区虽为数字技术中心，但其没有依托数字优势与邻居的另一个产业建立联系，这与华为企业的选址布局密切相关。华为从南山起家、于坂田壮大，自 2005 年开始在东莞布局，位于松山湖的南方工厂此后一直承担着

华为制造基地的作用，直到 2018 年华为将终端总部迁至松山湖溪流背坡村①。华为在深圳与东莞的边界区域快速生长，将供应链体系中的大中小企业一同带到这一地区。企业间更大规模的前后向生产协作需求，促使企业选择相近区位，引发企业空间集聚现象，同时因企业性质不同，空间上的集聚效应也有所不同（梁琦，2004）。华为将数字软性研发留在龙岗，数字硬制造留在松山湖，在空间上形成差别化的产业集群，成功塑造了跨行政边界的高新技术科技研发中心与制造中心。

三　结论与讨论

深圳数字技术的更新迭代，成为科技创新产业不断转型的重要工具，也是深圳各行各业蓬勃发展的源源动力。数字技术加速企业之间的知识外溢扩散，打通产业上下游及产业间的壁垒，构成产业协同关联的创新生态。以多样化的产业集群形成跨技术、跨领域、跨行业的融合式创新行为，不断延伸形成新的产业。以南山为代表的城市中心在强化数字软技术与服务的同时，逐渐向外分层次扩散数字硬制造，产业之间显著的知识溢出互补以及需求关联特征，在空间范围内形成"数字软技术与服务+硬制造"的布局，为深圳创新驱动发展提供更强动力。

"十四五"时期将是我国创新发展取得突破性进展，实现经济增长方式从数量型和要素投入驱动型向高质量和创新驱动型转变的时期。要牢牢抓住数字革命带来的机遇，积极拥抱数字经济红利，最大限度地利用数字化机遇造福大众，让数字技术渗透至各领域，释放区域高质量增长潜力，推动传统经济结构转型，助力中国成为可持续、有活力、创新型的数字化强国。本文的研究进一步深化了对深圳数字经济产业与其他产业互动的认识，有益于对深圳未来发展进行思考以及国内其他城市学习深圳经验，同

---

① 深圳市城市规划设计研究院：《城市边界上的边缘城市》，2020 年 4 月载于深规院公众号。

时也有着重要的政策借鉴意义。

一是针对产业链企业大多以产业共享技术进行细分化研发的特点，构筑起共享技术的制度基础。政府可通过公共财政支持，鼓励可延伸拓展的协同创新和竞争性创新，放大数字技术背景下的知识创造溢出效应，不断向上下游产业链渗透，带动上下游企业的协同创新，形成产业不断转型升级的浪潮。

二是针对各行业对算法、算力等数字化服务要求不断提高，对传感器、芯片、晶体管等数字化制造需求不断扩大的特点，完善数字化基础设施。积极开展宽带网络建设，推进区域间宽带网络的互联互通，提升宽带网络的服务质量，进一步提高信息的传输能力和接入能力，为区域发展提供更高水平的数字化服务。

三是进一步加快数字技术的应用与落地，构建数字应用场景。优化为数字技术发展提供重要支撑的要素配置，提高核心要素资源的发展水平，如建立完善的数字人才培养体系，加快如 5G 技术、人工智能、3D 打印等数字技术的研究，大力发展智能制造，推进全产业数字化转型。

参考文献

丁守海、徐政：《新格局下数字经济促进产业结构升级：机理、堵点与路径》，《理论学刊》2021 年第 3 期。

贾晖等：《后疫情时代下数字经济带动经济发展的实证分析》，《工业技术经济》2020年第 11 期。

李海舰、张璟龙：《关于数字经济界定的若干认识》，《企业经济》2021 年第 7 期。

梁琦：《产业集聚论》，商务印书馆，2004。

罗珉、李亮宇：《互联网时代的商业模式创新：价值创造视角》，《中国工业经济》2015 年第 1 期。

罗贞礼：《我国数字经济发展的三个基本属性》，《人民论坛·学术前沿》2020 年第 17 期。

吕铁、李载驰：《数字技术赋能制造业高质量发展——基于价值创造和价值获取的视角》，《学术月刊》2021 年第 4 期。

马化腾等：《数字经济：中国创新增长新动能》，中信出版集团，2017。

彭刚、朱莉、陈榕：《SNA 视角下我国数字经济生产核算问题研究》，《统计研究》2021 年第 7 期。

裘莹、郭周明：《数字经济推进我国中小企业价值链攀升的机制与政策研究》，《国际贸易》2019 年第 11 期。

施炳展、李建桐：《互联网是否促进了分工：来自中国制造业企业的证据》，《管理世界》2020 年第 4 期。

王如玉、梁琦、李广乾：《虚拟集聚：新一代信息技术与实体经济深度融合的空间组织新形态》，《管理世界》2018 年第 2 期。

王如玉等：《金融集聚与城市层级》，《经济研究》2019 年第 11 期。

魏江、刘嘉玲、刘洋：《数字经济学：内涵、理论基础与重要研究议题》，《科技进步与对策》2021 年第 21 期。

许恒、张一林、曹雨佳：《数字经济、技术溢出与动态竞合政策》，《管理世界》2020 年第 11 期。

薛成、孟庆玺、何贤杰：《网络基础设施建设与企业技术知识扩散——来自"宽带中国"战略的准自然实验》，《财经研究》2020 年第 4 期。

殷群、田玉秀：《数字化转型影响高技术产业创新效率的机制》，《中国科技论坛》2021 年第 3 期。

余东华、李云汉：《数字经济时代的产业组织创新——以数字技术驱动的产业链群生态体系为例》，《改革》2021 年第 7 期。

赵涛、张智、梁上坤：《数字经济、创业活跃度与高质量发展——来自中国城市的经验证据》，《管理世界》2020 年第 10 期。

周广肃、樊纲：《互联网使用与家庭创业选择——来自 CFPS 数据的验证》，《经济评论》2018 年第 5 期。

Audretsch D. B., Feldman M. P., "Innovative Clusters and the Industry Life Cycle", *Review of Industrial Organization*, No. 11, 1996.

Huawei, Oxford Economics, "Digital Spillover. Measuring the True Impact of the Digital Economy, Shenzhen: Huawei Technologies", Retrieved February 28, 2018.

Lipsey R., Carlaw K., Bekar C., *Economic Transformations: General Purpose Technologies and Long-Term Economic Growth*, Oxford: Oxford University Press, 2006.

OECD, *Measuring the Digital Economy: A New Perspective*, OECD Publishing, 2014.

Pee L. G., "Customer Co-Creation in B2C E-Commerce: Does It Lead to Better New Products",

Electronic Commerce Research, Vol. 16, No. 2, 2016.

Sturgeon T. , et al. , Digitalization, Geographies of Production and Varieties of Digitized Capitalism (Session 2), 31st Annual Meeting, SASE, 2019.

Suzumura K. , "Cooperative and Noncooperative R&D in an Oligopoly with Spillovers", *American Economic Review*, No. 82, 1992.

WTO, *Global Value Chain Development Report* 2019, *Technological Innovation, Supply Chain Trade, and Workers in a Globalized World*, Switzerland: Geneva, 2019.

Zittrain J. L. , "The Generative Internet", *Havard Law Review*, Vol. 119, No. 7, 2006.

［本文原载于《中山大学学报》（社会科学版）2021年第6期，收录时有所修订］

数字化转型：畅想深圳经济特区的新开启

南　岭[*]

摘　要：2020 年是深圳经济特区建立 40 周年，适逢数字技术正加快引领经济社会全方位变革，为深圳高质量发展注入强大动力。深圳具备资本、技术、体制等方面的良好条件，有望迎来数字化转型的窗口期。数字化转型是技术进步及应用的过程，也是观念、规则、伦理调整的过程，二者相辅相成，相互作用。市场在资源配置中起决定性作用，政府的作用亦举足轻重。为此本文建议：制定数字化转型的战略规划，统筹深圳数字经济数字社会发展；启动立法程序，在制度创新上先行示范；整合支持政策，精准施策，支持数字化发展；改革监管制度，既包容谨慎又履职尽责到位，创造数字化转型的良好环境。

关键词：数字化转型；制度创新；监管体制

一　深圳数字化转型迎来窗口期

恩格斯曾经指出，社会上一旦有技术上的需要，则这种需要会比十所大学更能把科学推向前进。2020 年后，产业链重构加速、数字化发展需求增大，支持数字化转型的技术、资本、社会条件逐步成熟，深圳加快数

---

[*]　南岭，教授，原深圳市委副秘书长，深圳市体制改革研究会会长。

字化转型进入难得的窗口期。

（一）5G 时代的到来打开的窗口

数字化的表层是各种应用，如网上购物、网上娱乐、电子政务、网上教学、网上支付等，其背后由技术、制造、运行三大系统支撑。第一，芯片/半导体。它们如同数字化系统的心脏，发挥着信息的计算处理功能。第二，软件/操作系统。它们好比数字化系统的大脑，负责信息的规划、决策、资源的分配。第三，通信。它们类似于数字化组织中的神经纤维和神经末梢，主管信息的传输与接收。在前两个领域中，发达国家企业占支配地位，在 5G 领域深圳企业有一定优势。与 4G 相比，5G 具有低时延、广连接、大带宽的特点，其应用场景更加丰富，为工业互联网、自动驾驶、智慧城市、智慧医疗、智慧管家等提供了赛道。中国政府、企业、研发机构都潮水般地投入 5G 领域。"十三五"规划纲要和《国家信息化发展战略纲要》，将 5G 发展作为国家战略，提出了使我国成为 5G 技术、标准、产业、服务及应用领先的国家之一，综合竞争实力和创新能力进入世界前列的目标，并对 5G 的发展进行了全面部署。2020 年 3 月，工业和信息化部颁发了《关于推动 5G 加快发展的通知》，从加快 5G 网络建设部署、丰富 5G 技术应用场景、持续加大 5G 技术研发力度、着力构建 5G 安全保障体系、加强组织实施等五个方面，提出了 18 条措施，加快 5G 建设步伐。

深圳是国家布局的首批 5G 商用试点城市之一。2019 年 9 月，深圳出台了《深圳市关于率先实现 5G 基础设施全覆盖及促进 5G 产业高质量发展的若干措施》，全面推进 5G 基础设施建设、5G 产业发展和场景应用，按下 5G 发展的快进键。2020 年，5G 在深圳率先实现商用，为拉动数字化转型，加快发展提供了良好的新基础设施。

（二）中国特色社会主义先行示范区建设提供的契机

《中共中央　国务院关于支持深圳建设中国特色社会主义先行示范区

的意见》中，多处提到支持深圳发展数字经济、文化，支持深圳"打造数字经济创新发展试验区"，"允许深圳立足改革创新实践需要，根据授权对法律、行政法规、地方性法规作变通规定"，这些要求赋予深圳先行数字化发展的任务，也提供了制度创新的最有力的支持。

数字化转型，需要系统性创新，包括制度创新。以数据为例，理论和实践表明，在数字化时代，数据是重要的生产要素。如同其他要素一样，一旦数据投入经济社会发展过程，就涉及数据的获取、发掘、利用、交易等一系列权益的分配，契约的达成和履行，也产生了数据权利界定、数据主权和数据流动等新问题，数字化程度越高，数字覆盖的范围越广，数据存量和增量越大，由数字化带来的问题就越多。又如，数字化产生新的社会经济巨头。一些头部企业建立起垄断地位，集资本、技术、数据等于一身，同类的中小竞争者无法成长，更谈不上竞争。一些头部企业通过数据分析，实现对广告的精准投放，在满足消息需求的同时引导消费。一些公司甚至可以通过数据，深度介入政治和社会发展过程，带来新的社会治理挑战。数字化转型也涉及打破旧的利益格局，形成新的利益格局，以及各种观念、利益的调整。如果没有相应的治理改革，没有新的制度设计，问题得不到解决，转型就不可能实现。无论是革除旧习俗旧体制，还是形成新的体制机制，充分条件是地方有能力可操作。《中共中央　国务院关于支持深圳建设中国特色社会主义先行示范区的意见》，为深圳制度创新赋权赋能，这是先行示范的法宝。这等于在一个集中统一的管理体制中，给予一个地区突破空间。关键是深圳能不能抓住这个窗口期，在多方面包括在数字化转型中，以制度创新引导并支撑经济社会向更高层次跃进，成为数字时代的领导者之一。

（三）深圳企业数字化积累形成了一个有可能并需要爆发性扩张的平台

第一，华为、中兴通讯在 5G 领域有一定的领先优势。中国移动通信起步比较晚，但后来居上，在 3G 时代开始跟跑，在 4G 时代的一些领域与全球巨头并跑，在 5G 时代的一些领域开始领跑。有关资料显示，华为在 5G（RAN）全球竞争力综合排名中高居榜首。在运营商看重的基带容量、射频产品组合、部署简易度及技术演进能力四个关键维度均保持排名第一。2020 年 2 月，华为伦敦产品与解决方案发布数据。华为在全球已获得 91 个 5G 商用合同，超过爱立信、诺基亚，位居世界第一。在合同的地域分布上，欧洲有 47 个、亚洲有 27 个、其他地区有 17 个。截至 2019 年底，全球已有 34 个国家的 62 个运营商正式宣布 5G 商用，华为支持了其中的 41 个，占比为 2/3。中兴通讯也是全球著名的四大电信设备提供商之一，在 5G 领域也有若干技术领先。诞生于深圳的华为公司、中兴通讯的能力、地位，代表了深圳能力，其在国内的新基建中必将大放异彩。

第二，深圳具有信息产业集群优势。深圳的工业化是从信息产业发展起步的。在以家用电器作为终端的时期，深圳生产的彩电占中国市场的半壁江山。在手机成为普通人的电子消费品后，深圳拥有中国最大最全的手机产业群。无论从设计、电子元器件的生产看，还是从品牌、销售网络看，深圳都是"手机之都"。深圳一度集中了国内 75% 的手机制造商、60% 的手机研发设计商、90% 的手机包销商，手机生产零部件配套率达到 99%，拥有集研发设计界、零部件制造、整机集成和批发销售为一体的完整手机产业链。进入智能手机时代后，华为手机与苹果、三星同频竞争。2018 年，中国智能手机出货量 20.34 亿部，占全球的 80%，而中国的智能手机 70% 出自深圳。5G 产业链的网络建设侧涵盖天线、射频模块、小微基站、核心网、传输网、承载网等各类设备厂商，日海通信、信维通信、摩比天线、国人通信、大富科技等一批深圳企业是相关细分领域的龙头企业。这种完整的电子信息产业链生态,构成了全球有影响力的电子信息加工生产群落。这个群落降低了产业内的生产成本、交易成本,强化了产业的根植性,积累培养了专业人才,同时,也促进了产业新的生长。电子信息产业在代工的基础上,生长出本土品牌,不断地往产业链高端攀升。华为、中兴通讯不仅在5G领域领先,在云计算、软件等领域亦具有一定的优势。在IC设计领域,海思已跻身世界先进水平。汇顶、商汤、云天励飞、敦泰、大疆等在不同领域崭露头角。工业富联在工业互联网领域,金蝶公司在云服务领域都有独特的领先优势。有竞争力的产业集群优势,再加上改革开放以来形成的市场经济体制机制,构成了深圳数字化转型的基础,由此迸发出的活力、能力、动力汇成转型窗口期的爆发力。

第三,数字化应用平台发展的风口。数字化转型的题中之义,就是不断扩展社会经济中的数字化应用。腾讯公司无疑是数字化应用水平领先的公司。微信或微信支付已覆盖了几十个国家和地区。2020年3月30日,联合国在纽约总部宣布腾讯成为其全球合作伙伴,由腾讯为联合国成立75周年提供全面技术方案,并将通过腾讯会议、企业微信和腾讯同传在线主办数千场会议活动。这意味着,迄今为止,规模最大的全球对话将在深圳企业的技术支持下进行。平安保险集团不仅在集团业务中力推数字化,如一些车险赔付可以"不见面"解决,而且强势涉足智慧城市,提供了 i 深圳平台,还大举进军数字化大健康领域,打造与保险相得益彰的综合体。金蝶公司的金蝶软件及云服务对象每天有超过680万家企业及非营利性机构。深圳还有一些中小企业提供细分领域的数字化服务。如中琛源提供线上体育活动服务,消费者通过公司研发的App,可以了解体育场所的实时状态、寻找配对、预约场次等。5G的商用,无疑为数字化应用提供了更好的基础性支持。

在看到数字转型的窗口期的同时,也要看到深圳面临的严峻挑战。这个挑战的关键是，数字化的核心技术或者说"卡脖子"技术不在深圳本土企业手中也不在中国企业手中，主要由美国等发达国家的公司掌控。美国利用其优势，先是打击中兴通讯，2019年开始，以种种理由限制华为进入美国市场，并将华为列入"实体清单"进行管制。其后，"实体清单"扩大到数十家中国企业特别是中国数字经济领域的企业。凡被列入"实体清单"的企业和组织，都无法购买美国的技术和产品，除非有美国政府的临时许可。2020年以来，美国对华为的限制进一步升级。

2020年突如其来的新冠疫情使得世界变得更加复杂。一方面，"不见面"解决问题成为一种趋势，在全球寻求利益最大化仍是资本的惯常选择，数字技术在全球应用中发展的本性没有改变。因此，数字技术有力量带动数字化朝更深更广的方向走。另一方面，产业链重构中的孤立主义抬头。各国会倾向于把与国家安全、民生切身利益直接相关的东西重新掌握在自己手中，经济利益的最大化要服从经济安全，回到经济主权时代可能是一种选择。尽管如此，笔者仍然倾向于认为，新技术新经济既然优于旧的经济生态，那么，即使有曲折，也阻挡不住。数字化转型是时代的主题。

挑战十分严峻，无论是关键技术还是其他因素的影响。避无可避，唯有前行。我们或许要作很多的反思，例如，我们的芯片之路以及解决机制等。否则，我们会总是受制于人，因为控制我们的方式可能不是占领，不是暴力，而是核心技术。

二 数字化转型是一个社会过程，而政府在推动转型中至关重要

数字化转型是用数字技术全面驱动社会经济的进步，是综合性的发展，需要企业、政府、社会形成合力。深圳在基础设施、数字产业化、产

业数字化、数字政府等方面有较好的基础，但需要进一步系统谋划，整体推动，创新发展。将数字化转型上升为城市创新战略，提升城市数字化转型的领导力，将带动城市在新的 40 年再次实现全面进步。

（一）制定数字化转型的战略规划

在某段时间，一些人将战略规划与经济计划联系起来，否定任何形式的规划。其实，这是错误的。战略规划与经济计划是完全不同的。战略规划是一种愿景以及愿景下的总体安排和支撑措施。经济计划看上去是一个宏观架构而实际上是一个微观指令。一直以来，战略规划在传统的市场经济国家或更低层级的政府都得到广泛采用。目前，世界上主要发达经济体相继出台了促进数字化的战略或规划，例如美国、欧盟、日本、韩国等。深圳的数字化发展有一些单项规划，如 5G 与新一代信息技术产业政策、互联网产业规划、鹏城实验室等机构引进。这些安排都是有意义的，但并没有被放在一个数字化转型的大战略框架下进行谋划和统筹，除板块之间缺少联系和协调外，还存在着某些板块的遗漏。如大数据及其应用、人工智能、良性监管框架、数字社会新伦理等。在近年的发展中，深圳数字化转型引进和培育了不少新元素，如诺贝尔奖实验室等。它们在深圳数字化转型中的功能如何打造，如何与已有的资源互补，都需要在整体框架下予以明确。因此，整合深圳各板块的相关资源，并将其升级到数字化转型的框架下，在"数字经济创新发展实验区"的平台上进行融合发展，是十分有意义的。

（二）启动立法程序

法是正式制度，是运行规则。制度的重要性在理论上已得到充分揭示，古今中外的无数实践表明，制度及其执行是人类社会发展的决定性因素。人类在制度的构建上花费的精力、付出的代价远远超出了在技术上的投入。

不少城市重视数字经济，但不重视数字化发展中的制度构建，更谈不上将立法提上日程。其实，数字化不仅仅改变了生产方式或生活方式中的物的形态，还改变了身处其中的人的观念和主体之间的关系。法就是通过规则处理主体间的权利、义务，彰显平等、公正等，以引导不同主体的行为。良法不仅不会阻碍数字化，还会促进数字化健康生长。以大数据为例，既然数据是一种生产要素，就有数据的权益如何界定、如何分配、如何交易、如何保护的问题，政府数据的界定、保护、公开问题，个人隐私与个人权利问题等。如果这些问题不解决，在分析、交易中大规模应用数据就很容易出现纠纷，反过来制约数据作为生产要素功能的发挥，技术上的算力、算法、芯片再给力也无济于事。又如，人工智能领域，在弱智能阶段，人们就提出了智能机器人在运行过程中，若出现损害社会损害他人的行为，责任主体是谁的问题。随着人工智能向强智能阶段升级，其面临的问题及处理难度不断增加。有关资料显示，美国加州大学旧金山分校研究团队，使用人工智能解码条件，把人的脑电波转译成英文句子，准确率高达98%。这就意味着，人类的潜意识可以在一定的条件下被解读出来。这是人类从未有过的成就，也是人类从未有过的危险。加强数字经济立法，使数字经济在法治轨道上运行显得十分紧迫。因此，数字化转型能走多远，在一定意义上取决于良法的构建。

深圳是被国家赋予经济特区立法权的城市，尽早谋划、超前探索数字时代的法规，不仅可以为自身发展开辟道路，更是深圳先行示范的责任担当。

（三）整合支持政策

在调研中，一些企业反映，深圳对产业支持力度大，但不少政策仍需改进。软件是数字化转型的关键之一，与美国著名的公司相比较，我国企业在基础性软件上还有相当大的差距，这种差距并不为多数人所熟识。数字化中软硬件发展都依靠关键技术。要成为数字化的领先者领导者，软件的进步和突破十分重要。深圳的政策中支持"硬"件的较多，支持软件的不够。建议政府出台专门政策，支持软件技术攻关，支持软件的推广应用，补齐深圳软件领域的短板。在人工智能发展中，应用场景的支持是基础性条件之一。有了应用场景，才会发现技术的不足，从而使得技术不断改进和提高。应用场景既有"硬"设施，如应用场地、群体等，也有"软"设施，如数据的提取和分析授权等。要借鉴应用场景提供做得好的国内城市的做法，如长沙辟专地专路供开展无人驾驶试验，上海也辟有人工智能试验区。深圳的政策一般性的支持多，精准性的支持还要加强。有的企业研发经费使用制度僵化，如深圳提供的经费只能在深圳区域使用。而大型企业研发，需要对资源进行综合配置，分割的僵化的管理，给组织开展大规模的研发设置了障碍。有的企业反映，企业研发骨干留不住，深圳中小学数量质量满足不了骨干的家庭发展需求，导致那些30多岁正当年的骨干选择离职，削弱了公司的研发能力，更不利于积累性的进步。总的来看，深圳不能满足于一般性的政策供给，要下大气力到企业调研，借鉴国内外先进经验，对既往的政策作科学评估，立足当前，放眼未来，对支持政策予以整合补充完善提升，以一流的政策支持一流的发展。

对企业的技术创新支持，要破除几个障碍：其一，将敬畏市场与支持市场对立起来。一种观点认为，技术选择是企业的事，主张政府在企业技术创新上袖手旁观。这是十分天真的。美国是世界上典型的市场经济国家，既敬畏市场，又支持市场。以芯片为例，成立于硅谷的仙童公司，是研发生产芯片的先驱，是芯片技术的创新者。然而，军方订货是其最初产品的主要需求，美国国防部的采购计划以及美国国防部制定的性能标准倒逼了公司重要半导体技术创新，仙童公司的质量技术及管理体系也是在美国国防部的监督协调下构建而成的。在数字化过程中，发达国家的政府一般都选择了敬畏并支持市场。政府支持市场并不违背市场经济原则，而是市场经济的组成部分。我们不能以不干预市场来捆住政府的手脚。

其二将支持企业与支持国有企业画等号。早在20世纪80年代后期，深圳就计划引进芯片制造并采取相关行动，但后来由于各种原因放弃了。至今，高端芯片成了深圳之痛、中国之痛。长期以来，在引进芯片制造方面，人们一般将其基础的载体设定为国有企业。但从芯片制造商台积电来看，它是一家私营企业，由一群留美科学家组建，初创时所需资金规模庞大，政府给予了支持。这给我们一个启示，对企业技术创新产品的支持，不一定要以企业的所有制来划分，要将创新资源配置到创新效率高的项目上。深圳对液晶显示器的支持，选择了后一种方式，事实证明是成功的。华为所设计的部分芯片，研发的部分软件，达到世界先进水平。如何以政府支持的方式在技术创新上助企业一臂之力，是值得思考的。接下来，在数字化转型中，深圳还需要突破很多技术，还需要进一步解放思想，发挥市场在配置资源中的决定作用和好的政府作用。

（四）改革监管制度

数字化转型会给市场结构、社会结构带来冲击，转型越彻底，带来的冲击就越大。经验表明，对任何新事物而言，监管过度和监管不足都是不利于其成长的。

当下，已出现不少苗头性的问题需要进行研究。如平台型经济快速崛起。这些平台企业（如滴滴打车、蚂蚁金服、菜鸟物流）本身具有虚拟性特征，却支配着庞大的实体网络。这些新的经济组织和金融资本，有的行为超越了现有的监管机构、监管法规、监管手段，在监管真空地带游走。监管需要深化改革以扭转这种现象。又如，基于人像识别的相关产业发展问题，有涉及范围不断扩大的趋势。要保障公权力不被滥用，在保护个人隐私与公权力之间、与相关产业发展之间取得平衡。对于人像识别的设置要不要监管，怎样监管；在国际化城市建设中，如何与国际通行的做法相协调，如何保护消费者的权益等，这些问题都需要深入研究，先行探索。在数字化转型过程中，对于虚拟世界的市场和社会加强监管，也是监管面临的新挑战。深圳应主动作为，既包容审慎，又尽职尽责，打造促进数字化转型的营商环境和社会环境。

数字化转型不只涉及数字经济，还涵盖数字城市、数字政府、数字文化、数字家居等。一个虚拟的世界对应着一个实体的世界，它们共同构成一个现实世界，这就是正在"走来"的实际场景。数字化转型关乎现在，关乎未来。

参考文献

《中共中央　国务院关于支持深圳建设中国特色社会主义先行示范区的意见》，人民出版社，2019。

国务院发展研究中心创新发展研究部：《数字化转型：发展与政策》，中国发展出版社，2019。

（本文原载于《特区实践与理论》2020年第4期，收录时有所修订）

深圳经验：促进企业家
创新的七大因素

郭万达　廖令鹏[*]

摘　要：促进我国经济持续稳定增长，预期和信心特别重要，尤其是企业家的预期和信心，企业家有信心了，市场就有信心，预期就能转好。企业家是创新的主体，企业家创新精神是经济增长的重要推动力。改革开放以来，我国经济发展取得举世瞩目的成就，与激发企业家创新精神是分不开的。企业家创新推动了企业的发展，促进了科技进步和产业升级，发展了生产力，提升了我国经济的国际竞争力。作为我国改革开放的窗口、排头兵和先行区，深圳经济特区经过 40 多年的发展，成为一个具有全球影响力的国际大都市和经济中心城市。深圳经济特区发展的 40 多年，是科技创新的 40 多年，是企业家创新的 40 多年。深圳的发展历程表明，企业家创新精神是驱动形成"深圳奇迹"的主要力量，是深圳成为高科技城市的"密码"，是深圳抵御外部风险挑战的"利器"。深圳的经验表明，影响和促进企业家创新的因素，涵盖观念变革、产权制度、产业生态、协同创新、人才流动、法治环境、金融市场七个方面的内容。总结深圳的经验发现，企业家创新需要良好的市场环境、法治环境，需要通过政府改革形成自由公平的竞争市场，需要发展教育和科技，通过科学家、工程师和企业家的互动协同，实现从模仿创新走向颠覆性创新。

---

* 郭万达，综合开发研究院（中国·深圳）常务副院长，研究员；廖令鹏，综合开发研究院（中国·深圳）办公室职务。

关键词：深圳特区；制度创新；企业家创新精神

经过 40 多年的发展，深圳从一个边陲农业县发展成为具有全球影响力的创新型城市。2019 年，深圳 GDP 达 2.69 万亿元，高新技术企业 1.7 万家，专利授权量达 16.66 万件，占全国的 6.4%，PCT 国际专利申请量 1.75 万件，占全国的 28.7%。深圳经济特区发展的历史，就是企业家创新和制度创新演进的历史。深圳诞生了一批世界级创新型企业，企业家创新精神是驱动形成"深圳奇迹"的主要力量。深圳高新技术产业发展为什么会成为全国的一面旗帜？深圳企业和社会为什么充满活力？深圳为什么会有那么多创新的企业家集聚？这是值得认真思考的问题。

一 相关文献综述

企业家精神的核心是创新。国内外有关研究企业家的文献把企业家精神等同于创新精神。熊彼特最早系统论述了企业家精神，认为资本主义经济发展最大的活力和动力是企业家的创新。吴敬琏（2018）认为企业家精神的本质和核心就是创新精神，创新可以提高企业效率，形成经济增长的动力。张维迎和王勇（2019）认为存在两种企业家精神，即套利型企业家精神和创新型企业家精神，创新型企业家有模仿性创新（改良创新）、颠覆性创新（破坏性创新），企业家创新精神体现在敢于打破现有的均衡，创造新的潜在均衡上。

企业家创新精神是如何形成的？或者说影响企业家创新精神的因素有哪些？理论上有各种解释，归纳起来，主要有以下几种：第一，制度创新。特别是产权制度、专利制度、公共政策等制度的变革创新促进了企业家创新。威廉·鲍莫尔（2004）认为制度大大增强了企业家创新激励，在不断演进的政策和法治的保证下，企业家生产性创新精神得以成长起来。张维迎（2010）认为制度和企业家创新精神是一种双向决定关系，即制度不仅决定企业家创新水平，企业家的活动对制度创新也发挥着作用。第二，区域文化。美国128公路地区在20世纪60年代达到鼎盛时期，到了80年代却日渐衰退。相反，硅谷却能持续保持创新活力。安纳利·萨克森宁（1999）认为导致这两个地区发展的差距越来越大的因素之一是地区文化的差异，硅谷"自己动手"的创造性文化，敢于冒险、追求梦想、改造世界的信念，是128公路地区所缺乏的。第三，产业生态。丰富的产业生态是企业家创新的推动器和加速器，包括产业政策、产业配套以及产业本身的发展。阿伦·拉奥和皮埃罗·斯加鲁菲（2014）提出产业引发创新的观点，即一种产业引发另一种产业，从而激励企业家持续创新。第四，知识外溢。创新精神在一个知识和信息丰富的环境中才能得以弘扬。如硅谷的教育、研究机构和产业公司体系共同构筑着这一环境，孕育着创新和创意的各种知识，斯坦福大学、加州大学伯克利分校等与产业界的交流和互动对于硅谷创新的重要性已得到普遍认同。第五，政府规制。政府通过制定某种竞争政策对阻碍创新的行为进行规制，为企业家创新创造空间。如美国1890年的《谢尔曼反托拉斯法》、1980年的《拜杜法案》等，催生了很多小企业和企业的创新活动。第六，企业家创新精神与企业家个人的经历、性格、知识积累也有关系。彼得·德鲁克（2010）认为企业家创新来源于意外的经历（意外的成功或者失败，意外的事件）、认知和情绪上的变化、新知识的聚合。

总体来看，影响企业家创新的核心因素是制度，包括法律规则、产权制度及对企业家创新有利的公共政策等正式制度，也包括行为准则、信息模式、信任关系和社交模式等非正式制度。

二　影响深圳企业家创新的七大因素

40多年来，创新是深圳经济增长的动力，创新型企业是深圳市场经济的主体，创新精神是深圳企业家精神的特质。影响和推动深圳企业家创新的主要因素有七个。

（一）思想解放和观念变革，是深圳企业家创新精神形成的原动力

20 世纪 80 年代初，中国的改革开放政策是从解放思想、观念变革开始的。解放思想的本质就是人的解放，"贫穷不是社会主义"使中国人从封闭禁锢的思想中走出来，为人们摆脱贫困、追求财富提供了动力。这也是深圳企业家创新精神形成的原动力。深圳经济特区建立后，逐渐成为一代企业家摆脱贫困、追逐梦想的"应许之地"。20 世纪 80 年代初期和中期，深圳吸引了一大批企业家，他们都在不同程度上经历过贫困，导致他们对于追求财富、改善生活有着强烈的愿望。

深圳经济特区建立之后，思想解放首先表现为财富观念的变化。20 世纪 80 年代蛇口工业区提出"时间就是金钱，效率就是生命"的新观念，在全国首创合同用工制度、超额提成的劳动报酬制度以及招投标的市场竞争制度等，形成优胜劣汰、多劳多得的社会风气。1992 年邓小平"南方谈话"激发了企业家创新的热情和勇气，给企业家创造了更多的机会。创新，不仅关系到企业的存续，也是企业家获取高额利润回报、快速提升财富和声望的方式。

（二）产权制度改革为深圳企业家创新提供了激励

20 世纪八九十年代，深圳从计划经济向市场经济转轨，率先对产权制度进行改革，推行股权激励制度，有产者有恒心，长期投入获得收益回报制度的确立，激励了企业家创新。1987 年深圳出台《关于鼓励科技人员兴办民间科技企业的暂行规定》，在全国率先提出科技人员可以知识产权、专利、实物等作为财产权利入股创立科技企业，开创我国民营经济所有制改革的先河，为民营科技企业提供了"准生证"。1992 年深圳被全国人大授予经济特区立法权后，在全国率先制定了《深圳经济特区有限责任公司条例》等一系列法规，支持企业建立现代企业制度。1997 年深圳出台《深圳市国有企业内部员工持股试点暂行规定》，为国有企业的股权激

励制度提供了制度保障。

20 世纪 90 年代深圳率先实行国有企业股份制改造和产权重组，为企业家创新提供了机会。如中兴通讯的所有制改革，为侯为贵这样的企业家提供了创新的平台。1993 年中兴半导体公司产权重组，侯为贵与其他一批技术骨干出来创立了民营企业中兴维先通讯公司，并与航天部 691 厂等共同成立中兴通讯，确立"国有控股，授权（民营）经营"管理制度，即中兴维先通讯公司具有人、财、物经营权及灵活的决策权和利益回报。在这一制度的激励下，侯为贵率领中兴通讯仅用 5 年左右的时间就研制了具有自主知识产权的 60 多种通信产品，并于 1997 年在深交所上市。2019 年中兴通讯拥有全球专利申请量 7.4 万件，授权专利数量超过 3.4 万件，营业收入达 907 亿元，利润超过 50 亿元，成为全球电信市场的主导通信设备供应商之一。

知识产权保护制度对于激励企业家创新也起着非常关键的作用。知识产权为企业家创新构筑竞争壁垒，帮助企业家获得高额市场回报，激励企业家加大创新投入力度。深圳 1984 年就已出台《深圳经济特区技术引进暂行规定》实施知识产权保护，比我国《专利法》的实施提早一年。20 世纪 90 年代中期出台《深圳经济特区无形资产评估管理办法》《深圳经济特区技术成果入股管理办法》《深圳经济特区企业技术秘密保护条例》等，这些制度和举措在全国领先，并与国际规则接轨，能够有效应对"高新技术"产业化中遇到的专利、技术、分红、商业秘密等问题。我国加入 WTO 后，深圳围绕知识产权保护立法、专利保护、申请、运营、转化和市场监管等构建了全面的知识产权体系。

深圳实行最严格的知识产权保护制度，在今天科技迭代加快、科技竞争日趋激烈的全球环境中显得愈加重要。深圳一批新兴的创新型企业家，起初通过创新获得基础性的核心专利，通过核心技术再进一步延伸获取商业化所需的其他外围专利，迅速占据市场的制高点，合法地创造财富。如汪滔在 2006 年创立大疆创新时就在飞行系统和云平台这两个核心技术领域获得相关专利，在 2013 年全球无人机市场出现爆发式增长时，大疆创新基本完成了无人机外围技术专利的全球布局，2014 年其专利申请量爆发式增长，达到 2013 年的 7 倍，这对大疆创新短时间内占领全球七成民用无人机市场起到了关键作用。一批创新企业的专利创造、布局与运营，其背后就是深圳完善的知识产权保护制度和环境，以及政府知识产权部门的公共服务。

（三）移民文化和人才流动，为深圳企业家创新提供了丰富的人力资本

移民的文化，多元的人口，人才和劳动力的流动，为深圳企业家创新提供了三次"人口红利"，使深圳的创新实现了从依靠劳动力的模仿式创新向依靠知识积累的科技创新转型。同时，深圳的移民文化也促进了知识的流动和碰撞，为企业家创新提供了良好的氛围和环境。深圳是一个新兴移民城市，城市文化具有流动性、开放性、包容性、创新性等特点，这种文化加速了人才的汇聚、知识的碰撞和创新文化的传递。外地移民带来了不同的思想、资源、技术，形成技术创新领域的类似物理现象的"链式反应"，与经济学上的边际收益递减相反，创新产生的规模效益递增效应，又推动深圳企业家创新。

第一次人口红利是农民工红利，大量农民工进入深圳为企业家创新提供了劳动力支撑。第二次人口红利是大中专毕业生和工程师红利，技能型产业工人和专业工程师是创新的重要力量，正如硅谷的成功离不开企业家与工程师的协作一样。这一时期，深圳完善的劳动市场制度（合同管理制度、社会保障制度、户籍制度、人才促进制度等）和高技术人才配套政策起到促进作用。相比发达国家的城市，深圳具有专业知识和技能的工程师不仅充足，而且成本更低，为企业家实施集成创新提供了基础性力量。比如华为，20 世纪 90 年代中期开始从内地各大院校以及深圳人才大市场大举招聘毕业生，到 2019 年华为从事研究与开发的人员约 9.6 万名，约占公司总人数的 49%。第三次是留学生以及现在正拥抱的科学家红利，深圳推出各项优惠和支持措施，从海外揽才，鼓励和吸引留学生来深圳创业，为高新技术产业提供人才支撑。深圳每年都从海外招聘电子、网络、生物、医药、财经等领域的高科技人才和管理人才，包括留学人员、海外大公司高级人才和大学实验室与研究机构的研究人员，吸引诺贝尔奖获得者及其团队来深圳建立实验室，这些国际化人才有助于深圳企业家开展与国际接轨的前沿性创新活动。

（四）金融市场为深圳企业家创新创业提供了金融支持

深圳多层次的资本市场和多元化的风险投资，为企业家在创业早期提供了金融支持，分散了创新风险。深圳从 20 世纪 90 年代开始建立并形成包括深交所主板、创业板、中小板、代办股份转让系统等在内的多层次的资本市场；集聚了高新投、创新投、深担保、松禾资本以及前海基金等为代表的 VC/PE 机构。2019 年深圳拥有 VC/PE 机构超过 5 万家，注册资本超 3 万亿元，机构数量和管理资本均占全国的 1/3，是我国内地创投机构最活跃的地区之一。除了资本市场和风险投资，政府资金的引导和支持也很重要，特别是对于那些资金需求不大的创新项目以及规模较小的初创型企业而言。深圳市政府也通过各种资金形式支持企业创新创业。深圳 30 多年来持续扩大科技三项经费规模，陆续设立了科技研发资金、软件产业发展资金、留学人员创业资金、产业技术进步资金、民营及中小企业发展资金等财政性专项资金；设立创投/风投引导基金；帮助企业家申请国家的科技型中小企业技术创新基金等。同时，加大金融政策供给力度，以制度保障金融支持企业创新，形成了良好的金融生态体系。比如 1998 年出台政策面向全球吸引风险投资机构；2000 年制定国内第一部关于创业投资的规章《深圳市创业资本投资高新技术产业暂行规定》；2003 年在创业投资处于低潮的时候颁布《深圳经济特区创业投资条例》；2012 年制定《深圳市促进科技和金融结合试点工作三年行动计划》及《关于促进科技和金融结合的若干措施》等。

随着 VC/PE 行业的发展，企业家创新特别是那些具有产业化运用前景的领先型发明创新，比较容易获得大规模、多元化的风险投资，在这方面，深圳无疑是"沃土"。如在电子设计自动化（EDA）领域，美国企业长期处于垄断地位，几乎覆盖了芯片设计所有环节。2009 年创立的华大九天，掌握了多项 EDA 核心技术，积累了行业领先优势，具有解决 EDA "卡脖子"问题、实现国产替代的潜力，但公司的研发投入占营业收入的将近一半，资金压力较大。2017~2019 年，深创投三年三轮向华大九天投资数千万元，使华大九天实现了团队规模和研发投入的快速增长，促进了公司的发展。深圳活跃的 VC/PE 不仅为创新企业提供融资，还起到明显的引领和带动作用，加速企业家技术创新、产业化以及创新公司治理等。

（五）自由公平的竞争环境为深圳企业家提供了创新的空间

企业家创新需要自由公平的竞争环境。深圳政府放松管制，减少对企业的行政干预，把创新的空间让予企业家。深圳从 20 世纪 90 年代开始推行依法行政，法治化程度走在全国的前列：1997 年在全国率先进行行政审批制度改革转变政府职能；2013 年推进商事登记制度改革，现已实现了"三十证合一"，开办企业"零成本"；2018 年出台《深圳市关于加大营商环境改革力度的若干措施》等。这些制度营造了优良的营商环境，降低了创业创新成本，提升了创新效率。

自由公平的竞争环境使深圳各种类型的企业，包括生产型企业和非生产型企业出现集聚效应。这两种类型的企业在不同的时期出现角色转型，比如万科，从贸易、制造业转向房地产；平安从金融集团转型为金融科技集团；富士康从单纯加工制造向工业互联和高科技领域拓展。深圳很多企业是"种植型"，在深圳长大，总部在深圳，市场在全球，比如华为、迈瑞、比亚迪；也有一部分"移植型"的企业，发源在别的地方，发展和长大却在深圳，比如华大基因、顺丰；还有已经发展起来的企业，把功能性总部放到深圳，不仅有跨国公司总部，也有国内企业总部，比如微软、阿里巴巴、小米、字节跳动等。

（六）产业生态为企业家创新提供了配套能力

开放的产业生态、丰富的产业链以及研发机构的相互支撑，为企业家创新提供了良好的产业配套能力。深圳经济特区选择了引领性和融合性非常强的电子信息业作为基础工业，在此基础上发展形成计算机、通信、微电子、光机电一体化及新一代信息技术等高新技术产业以及相关的集群，形成了完整的电子信息产业链和产业生态，具有强大而快捷的配套优势。2004年，深圳拥有计算机上下游相关企业3000多家，生产除芯片外的几乎所有的计算机零组件，这样的硬件配套能力除了能高效服务计算机行业，还推动深圳形成消费电子、通信设备、存储、手机、软件、智能装备等重要生产基地。被称为中国电子第一街的华强北以其电子硬件配套优势闻名全球，继而成为电子信息市场的风向标，而其生产成本可能只相当于硅谷的1%~5%。深圳这种电子信息产业集聚，产业链配套，一方面为企业家创新组合提供了条件，另一方面促进了市场竞争，倒逼企业家创新。此外，丰富的产业生态使企业家在创新过程中最大限度地共享劳动力、技术、知识、信息和部分配套市场，激发浪潮式的技术创新。

（七）协同创新体系为企业家提供机会和平台

不同层次、不同结构、不同维度的知识、人才、技术和资源等的协同，大型企业与初创企业的协同，大学、研发机构和产业界的协同，企业外部与内部的协同，它们共同构成一个完善的协同创新体系。具备协同创新体系的区域容易成为企业家创新的"栖息地",结果是区域至少会产生两种优势,一是速度,包括创新的速度、进入市场的速度等;二是知识分享和进步,形成创新推动创新。

大学、研究机构与产业界的协同。深圳陆续建立了虚拟大学园、深港产学研基地,与清华大学、哈尔滨工业大学等高等学府合作创办研究生院及基础研究实验室,建立中科院深圳先进技术研究院、光启高等理工研究院、鹏城实验室、深圳湾实验室,国家基因库、国家超算中心、未来网络实验室,以及诺贝尔科学家实验室等一批新型科研机构——这些高层次的创新平台与产业和企业界形成双向协同,为企业家创新提供了非常丰富的创新资源,推动了深圳高新技术产业的发展。比如中科院深圳先进技术研究院,它构建了"科研、教育、产业、资本"四位一体的微创新体系,既开展集成技术、人工智能、脑科学、合成生物学、材料学等领域的基础研究与共性关键技术研发,又推进科研成果和技术的转移转化,布局建设企业育成中心。截至 2019 年,中科院深圳先进技术研究院累计与华为、中兴通讯、创维集团、腾讯等知名企业签订工业委托开发及成果转化合同700 多个,合作开展产学研项目申报超过 800 个;支撑溢出创新机构 9 个,与比亚迪、深信服等 46 家企业联合招收博士后、共建联合实验室;牵头组建深圳机器人、北斗、海洋产业联盟;在深圳、上海布局企业育成中心,育成企业总计 968 家,参股公司 263 家。中科院深圳先进技术研究院与企业家创新的这种协同和促进,不亚于硅谷的斯坦福大学。

产业之间的协同,特别是头部企业和产业之间的协同。这种协同既有保护市场的需要,又可能使企业获得占据该产业领域价值的机会,使企业家创新以更快的速度进入市场,成果转化率高,产业化快,有助于减少失败,同时也能正向激发企业家精神。富士康、华为等"链主型企业"创新的背后,是大量不同细分领域的中小企业的创新活动与它们的互动。王来春创立发展立讯精密就得益于其与富士康的协同。王来春从富士康出来后创办立讯精密，进行连接器的生产制造。但立讯精密并没有完全脱离富士康，而是在其支持下与其形成紧密协同，通过富士康的零部件组装将自己的产品应用于国际知名品牌。2004~2019 年的十多年间立讯精密对富士康的销售额占其总销售额的比例维持在 50% 左右。立讯精密还在深圳、昆山、苏州、烟台以及台湾地区建立工厂或者公司，配合服务当地富士康的生产布局。此外，立讯精密的生产管理制度、企业文化理念也都仿照富士康，受富士康影响较大。

企业家创新与市场的协同。消费电子企业与消费者最接近，它们要时刻与市场和消费者保持同步，预测消费趋势，以最快的速度研发新产品，占领市场先机。创维集团之所以能在竞争白热化的家电行业保持领先地位，主要是因为其能敏锐洞察消费者的需求变化，与市场紧密协同，快速推动产品迭代，倡导新的消费观念。1998 年创维集团在国内率先推出多媒体电视，2004~2019 年陆续推出平板液晶电视、高清电视、健康电视、3D 电视、云电视、OLED 电视、智能电视等，引导和满足市场需求，经营业绩从 2004 年的不到 100 亿元持续增长到 2019 年的 372 亿元。

企业内部的协同。在企业转型变革时期，企业家与员工的内部协同创新，更能促进形成一致的目标和内部利益共同体，激发员工的积极性，为企业家的创新造就内部动力。2002 年顺丰摒弃传统的加盟商模式，不再依靠外部的第三方加盟商，而是首开快递行业直营+计件工资制，在企业内部通过设计精细化的多劳多得计提工资制度，研发智慧物流、终端收派智能化等大数据技术，使收派员与顺丰之间在共享企业品牌、制度、技术、平台的基础上，形成超越雇佣关系而接近于合伙制的协同，这种制度保证了一线员工的高收入，提升了他们的积极性和服务质量。这一时期，顺丰进入了航空速递领域，计件工资制催生了大量能动性强的年轻派送员，正好契合了顺丰的新业务需求。可见，协同创新并非只发生在外部，对于服务创新型企业而言，内部协同也十分关键。

三　总结

深圳经济特区 40 多年的发展历史，是七大因素促进企业家创新的历史，而制度创新对企业家创新起着关键的作用。

首先，解放思想是企业家创新的动力源泉。在各种生产要素市场中，"思想"是重要的生产要素，解放思想就是解放"生产力"。"思想市场"也是重要的要素市场，需要继续培育和发展。那些充满创新精神的民营企业家，他们在改革开放和思想观念变革带来的原动力驱动下，为了摆脱贫困、创造财富，敢冒风险，打破既有的均衡，利用各种资源和条件进行"颠覆性破坏"，甚至在失败之后仍然不折不挠，持续推动创新。华为、比亚迪、腾讯等企业在多年竞争激烈的市场丛林中走出了一条成功之路，可以说，没有任正非、王传福、马化腾他们那种企业家创新精神，就不会有世界一流企业的存在。在当前百年未有之大变局下的全球经济不确定时期，仍需要坚持解放思想，以开放拥抱世界，更要注重激发企业家创新精神。

其次，制度创新重于技术创新。技术是创新的基础力量，而制度是创新的决定性因素，一个好的制度或者一套相对完善且适宜的制度体系，能激励企业家持续创新；一个不好的制度或者与创新规律相悖的制度，可能会摧毁企业家创新精神，甚至对整体区域的创新造成巨大打击。相较于西方企业家的时间和精力主要花在应对市场的不确定性和商业创新上，中国企业家仍然要把很多的时间花在应对政策的不确定性上。深圳 40 多年的经验表明，制度创新就是政府要给企业家放权，要给企业家让渡资源，给企业家更大的"空间"，这样的制度创新在一定时期比技术创新更重要。一句话，政府要做好公共服务，给企业家稳定的政策预期。

再次，企业家创新精神需要良好的市场环境、法治环境以及政府的改革。深圳激发企业家创新，在不同发展阶段有不同的表现。如特区成立初期，政府主要发展商品市场并进行要素市场改革，着力改善城市基础设施，由市场引导创新。在深圳高新技术快速发展时期，政府进一步放松管制，简政放权，降低交易成本，同时提升产业配套水平，有重点地扶持战略性产业，营造积极的国际交流氛围，鼓励和帮助企业开拓国际市场。在加快自主创新过程中，深圳在自主创新示范区建设、中小企业发展、技术转移、知识产权保护、人才工作等方面加强立法，完善法治环境，为企业家创新创造公平环境，提振他们的信心。总之，企业家创新精神对一个城市的经济发展能起多大作用，一定程度上取决于政府改革的力度。

最后，企业家创新精神需要教育和科技的发展，只有科学家、工程师和企业家之间形成互动，才能实现从模仿创新走向颠覆性创新。深圳经济特区早期有的企业从技术引进吸收起步而仅仅停留在模仿创新阶段；有的只是代工收取加工费，缺乏具有自主知识产权的核心技术；有的吝于培养和引进高端人才，长期依靠企业家一人的能力维持发展，它们最后都退出历史舞台，或者由生产性企业转型为非生产性企业，靠资源租售、政府许可及财政扶持生存。同时，也有许多企业家注重积累人才优势，以各种激励引进工程师甚至科学家，也有许多创新型企业家本身就是工程师或科学家，他们最后都在前沿创新领域形成了竞争优势。这也是深圳多年来大力发展研究型大学、实验室、新型研究机构来培养工程师、引进科学家的原因所在。

参考文献

〔美〕威廉·鲍莫尔、乔尔·莫克、戴维·兰德斯：《历史上的企业家精神——从古代美索不达米亚到现代》，姜井勇译，中信出版社，2016。

〔美〕菲利普·阿吉翁、彼特·霍依特：《内生增长理论》，陶然等译，北京大学出版社，2004。

〔波〕格泽戈尔兹·科勒德克：《向市场和企业家精神的转变——系统因素与政策选

择》，《经济社会体制比较》2000 年第 5 期。

〔美〕威廉·鲍莫尔：《资本主义的增长奇迹》，彭敬等译，中信出版社，2004。

〔美〕彼得·里森、彼得·波特克：《两类企业家精神和经济发展》，《比较》2011 年第 4 期。

〔美〕安纳利·萨克森宁：《地区优势——硅谷和 128 公路地区的文化与竞争》，曹蓬等译，上海远东出版社，1999。

〔美〕阿伦·拉奥、皮埃罗·斯加鲁菲：《硅谷百年史》，闫景立、侯爱华译，人民邮电出版社，2014。

〔美〕李锺文、威廉·米勒等主编《创新之源——硅谷的企业家精神与新技术革命》，陈禹等译，人民邮电出版社，2017。

〔美〕彼得·德鲁克：《创新与企业家精神》，蔡文燕译，机械工业出版社，2010。

吴敬琏：《企业家精神的本质和核心就是创新精神》，《商业观察》2018 年第 3 期。

张维迎、王勇：《企业家精神与中国经济》，中信出版集团，2019。

张维迎：《企业家精神与中国企业家成长》，《经济界》2010 年第 2 期。

（本文原载于《开放导报》2020 年第 4 期，收录时有所修订）

科创金融发展的底层逻辑及对策研究

刘国宏*

摘　要： 当前，加快中国科创金融发展具有重要的时代价值和现实意义。科创金融服务的目标对象就是科技创新及其产业化发展，相对于其他金融发展形态，科创金融更加需要遵循风险与收益相匹配原则，重视解决信息不对称问题，构建连贯的系列性制度安排，并把投贷联动作为其良性发展的核心支撑。基于科创金融发展的底层逻辑，促进科创金融发展要有服务体系、有内生动力、有信用支持、有模式创新、有配套制度，深圳应补短板、优资本、抓重点、搭平台，坚持优先股权投资发展和市场导向的政策投放。

关键词： 科创金融；投贷联动；知识产权；金融信用

一　时代背景及研究现状

科技创新及其产业化发展是一个长期而复杂的系统工程。发达国家"二战"后的电气化革命、互联网革命以及当前正在深度演化的智能化革命，背后就是风险投资、高收益债券市场、股票市场、双层股权结构等金融模式与制度的持续变革创新，这种变革创新极大降低了怀揣梦想的人们的创新创业门槛，带来了持续至今并蔓延至全球的大规模财富创造活动，

---

* 刘国宏，综合开发研究院（中国·深圳）副研究员。

有力促进了全球科技与经济发展。改革开放四十多年来，我国把握全球化发展的重大历史机遇，融入全球科技创新与产业合作的时代潮流中，一些科技领域开始由"跟跑"转向"并跑"甚至"领跑"的发展阶段。当前，欧美等一些国家加强对我国科技创新和产业化发展的战略遏制，我们更加需要用好金融力量，扩大信用规模，调动社会资源，给国内科技企业发展提供全生命周期、全生态体系、全应用场景的有力支持。

对此，我国"十四五"规划和2035年远景目标纲要明确提出要"完善金融支持创新体系"。国务院以设立科创金融改革创新试验区方式，支持探索中国特色科创金融发展道路，推动"科技-产业-金融"良性循环。2021年批准济南建设全国首个科创金融改革创新试验区，2022年又划定上海、南京、杭州、合肥、嘉兴"长三角五市"建设科创金融改革创新试验区。当前，深圳、广州、成都等一批城市正积极申请建设新一批科创金融改革创新试验区。然而，国内科创金融发展以及科创金融改革创新试验区建设尚存在行政命令取代经济引导、形式主义大于实质价值、政策越位与缺位并存等问题与现象，深度研究科创金融发展的底层逻辑，知其然并知其所以然，对落实金融服务实体经济战略导向、助力国家实施创新驱动发展战略、实现高水平科技自立自强和经济高质量发展，具有重要时代价值和现实意义。

关于金融与创新的关系，特别是金融与科技创新的关系，国际已有众多有启示意义的研究。其中，King & Levine（1993）旗帜鲜明地提出金融不仅为创新活动筹集资金、分散风险，而且通过评估创业者与项目预期收益，为最有前途的创业者和项目提供资金；由于金融的评估和分类降低了投资成本，刺激了经济发展，因此金融对经济增长发挥了主动和核心作用，而非被动和辅助作用。Berger等（2001）实证检验了大型银行、外资银行相对于小型银行、内资银行，更难对信息不透明的小公司提供关系贷款（Relationship Lending），而银行的财务危机对小公司的影响似乎并不比对大公司的影响更大，但会使一些小公司从多家银行分散借款，从而带来额外成本并会破坏长期关系贷款所带来的一些好处。Carlota Perez（2007）提出了"技术-经济"范式概念及"技术-经济"变迁的爆发、狂热、协同、成熟四个基本阶段，重点探讨了不同阶段技术创新与金融资本的互动关系。她认为在技术革命发展中金融资本始终扮演重要的角色。这些研究无疑反映了与创业者、企业家的创新试错精神相匹配的，就是投资人、金融家的冒险进取资本，发展科创金融主观上是人们追逐财富创造和保值增值的原始冲动，客观上则支持了与高收益相匹配的高风险的科技创新活动，进而解放和发展了社会生产力，推动了经济社会的可持续发展。

国内关于科创金融也有一些开创性的研究。其中，房汉廷（2010）从理论、实践和政策三个维度，诠释了科技金融发展中存在的问题，明确科技金融是科技创新活动与金融创新活动的深度融合，是由科技创新活动引发的一系列金融创新行为。龙云安、李泽明（2012）论述了科技与金融结合的利润机制、竞争机制、市场机制，并以案例验证分析了科技金融发展滞后的现状以及相关机制的不足。姚永玲、王翰阳（2015）验证了科技创新与金融资本依托市场机制形成共赢关系，而以信贷为主体的金融体系则与科技创新没有同步性。张明喜等人（2018）认为经过30多年的发展，国内已逐渐形成了包括科技支行、科技保险、风险投资、多层次资本市场等在内的多渠道、全方位、多视角的科技金融体系。中国光大集团课题组（2023）综合评述了科创金融改革试验区市场化推进、生态化建设、制度化探索等改革措施，并提出了政策建议。这些研究表明，国内对科创金融的认识在不断提升，但对科创金融内在运作机理的探讨还不够，对当前完善科创金融体系、优化科创金融政策等操作实践的研究支持仍有不足和缺陷。

二 发展科创金融的底层逻辑

（一）科创金融服务的目标对象是科技创新及其产业化发展

美国普林斯顿大学教授司托克斯（1999）强调科学与技术、基础与应用的动态关系，认为科技创新有"求知"和"实用"两个目的，并依据求知目的、实用目的两个维度，把科创分为四个象限，分别是：波尔象限，代表单纯由求知欲引导而较少考虑应用目标的基础研究；巴斯德象限，代表既寻求拓展知识又考虑应用目标的基础研究；皮特森象限，强调研究者开展技能训练和对已有经验进行分析与整合，使其能够尽快胜任新领域内的工作；爱迪生象限，纯粹由实用目标引导而较少追求科学解释的研究。

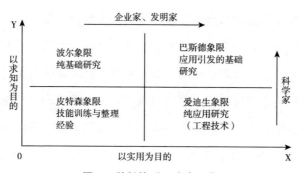

图1 科创的"四个象限"

金融服务活动必然会涉及资金需求方和资金提供方，金融机构作为服务中介，在向资金需求方供给资金时，必须保障资金提供方的收益和安全。正是这个原因，金融服务科创发展必然会围绕"实用"目的而展开，这也就是 King 等人的研究结论，即金融不仅为科创发展筹措资金、分散风险，更重要的还要评估企业、定价项目，督促被服务企业完善治理和规范经营，进而实现金融优化资源配置的功能，把真正有希望、有前景的科技创新和产业化发展的项目、企业筛选出来并使其成长起来。

因此，发展科创金融首先必须明确其服务的目标对象就是科技创新及其产业化发展，仅就科技创新谈科创金融并不符合金融发展的自身逻辑。例如仅谈波尔象限的创新而没有创新成果及时的应用价值实现，必然会带来科创金融的死账坏账风险，科创金融服务就难以持续。当然，科创金融发展也不会仅停留在爱迪生象限，其追求更加丰厚的财富增值的原始冲动，必然会在商业可持续的前提下不断向有基础研究支撑的巴斯德象限乃至波尔象限延伸演化。

（二）发展科创金融必须遵循风险与收益相匹配原则

事实上，科创金融发展既是由科技创新及其产业化发展的金融需求所引致的，也是金融机构、金融资本确保资金保值增值和追逐更大财富创造的结果。

从金融需求方看，推动科技创新及其产业化的核心主体就是科创型企业。党的二十大报告也明确提出强化企业科技创新主体地位，发挥科技型骨干企业引领支撑作用，营造有利于科技型中小微企业成长的良好环境，推动创新链产业链资金链人才链深度融合。而科创型企业最大特点就是高风险、高成长，有形资产少、无形资产多，也可以说，其所从事的风险事业的高风险与高成长是相匹配的。

从金融供给方看，传统金融信贷模式以获取固定利息为主，没有获取企业高成长收益的制度安排。因此，传统金融供给重点关注的是确保本息安全，企业成长与否对其而言并不是十分重要，也可以说，其相对保守的经营风格与其相对稳健的固息收益也是相匹配的。

从这个逻辑就可知道，发展科创金融绝不是让传统金融机构挂个科创事业部、科技支行等牌子去服务科创企业发展，而是要去探索获得科创企业高成长收益的金融供给制度安排，以高成长收益覆盖和匹配其所承担的高风险。

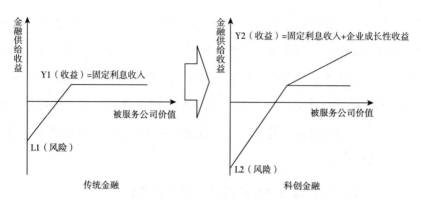

图 2　传统金融与科创金融的本质区别

（三）发展科创金融要更加重视解决信息不对称问题

相对于成熟企业、成熟行业而言，金融机构对科创企业、科创行业的知识产权等核心资产以及科技产业非线性发展态势等缺乏深刻的认知。同时，科创企业作为融资主体又对不同金融机构、不同金融产品的风险偏好、风险控制缺乏必要了解，一些方式的融资不足和一些方式的过度融资同时存在。

为消弭科创与金融之间严重的信息不对称问题，一些地方建设知识产权、科技成果交易平台等，支持知识产权鉴定、评估等机构发展，试图形成科创资产的价格和价值信息。然而，知识产权、科技成果往往很难标准化，不同需求者对其价值也很难形成共识，相关鉴定、评估机构和交易平台往往不能胜任价格发现与交易撮合重任。假设金融机构按照评估机构的评估意见，接受知识产权和科技成果抵押融资，如果发生坏账，对金融机构而言，知识产权和科技成果抵押物是难以有效处置变现的。

正因如此，解决科创与金融之间严重的信息不对称问题，确实需要金融机构设立科技支行等专营机构，配备科技与产业人才，深化对知识产权等科创核心资产的了解，并争取获取知识产权期权化、资本化收益。但更需要的是，政府要针对知识产权和科技成果的非标特征，鼓励专利运营公司、知识产权运营基金等专业市场主体发展，依靠活跃的市场主体来活跃市场交易，释放价格信号，进而撬动科创金融发展。

此外，伴随着数据时代的到来和演化，便捷积累科创企业信用、知识产权交易等信息成为可能，一些地方政府搭建对接科创企业与金融机构的在线平台，叠加实施科创金融相关政策，获取和供给科创企业及金融服务信息，对解决科创金融信息不对称问题同样发挥了积极作用。

（四）发展科创金融需构建连贯的一系列制度安排

科技创新和产业化发展在不同阶段、不同领域的科创收益特性、风险特征往往不同，决定了科创金融并不是几种手段、几个模式，而是在科技创新和产业化全生命周期的系列制度安排。例如，在科技创新和产业化初期阶段，科创金融需要支持有想法、有知识的人创新创业，给予其种子资金、天使投资等资本资金支持；到了中后期阶段，科创金融则需要不断放大信用支持的力度，加大股权资金、信贷资金、发债资金投放，持续激励创新创业团队发展；到了成熟阶段，科创金融还要提供稳定发展、并购重组等方面的金融服务，保障科创企业稳健经营和价值兑现。

不同于一般意义上的金融服务，科创金融制度安排的最大特点就是事业承诺、阶段兑现、估值研判、持续激励。创新创业者设立初创企业，作出事业发展的承诺，金融供给者给予相应的支持；发展到一定阶段后，视承诺兑现与否，金融供给者给予其新的估值，并依据新的估值研判是否给予其更大金融支持。而每一次承诺兑现和估值研判，往往都会带来不同特征金融供给者的接续轮换以及上一轮金融服务的价值兑现。对初创企业特别是对表现优异的初创企业而言，每一次价值重估都是一次估值上涨，都会带来团队持股价值的增长，持续激励团队更加努力实现创业的初衷和梦想。

如果用一套规则筛选创新创业项目，就会带来劣币驱逐良币的逆向选择风险。如果创新创业者编个故事就可融得一大笔资金，那么资金挪用或卷款跑路的道德风险就会增加。而基于阶段性承诺兑现的价值重估可以较好规避以上这些问题。在实践中，一些地方政府以分担风险、大胆容错为由，取消了资金使用的收益回报要求，大量实施各类低息或免息政策，不仅导致了初创企业的过度融资，更是破坏了科创金融防范道德风险和逆向选择的内在机制，留下社会套取无息低息资金的腐败空间。

（五）广义上的投贷联动是科创金融发展的核心支撑

传统银行信贷的特点是"低风险、超稳定、大体量"，授信依据是当期现金流和抵押物，其追求的是确保单一被服务企业"能够存活下去"，否则就会造成银行利息和本金的损失。而风投创投的特点是"高风险、高成长、高收益"，投资依据是未来现金流和项目发展前景，其下注的是所有被投资赛道和项目的"整体成功概率"。可以说，风投创投的特点与科创企业的特点是完美匹配的。

当然，科创企业发展同样需要大量债务资金支持，特别是国内当前金融体系以银行为主体，风投创投等方式提供的权益资本相对较少，难以满足科技创新及其产业化发展的庞大资金需求。虽说信贷、发债等传统金融与科创企业不能完美匹配，但其可以提供规模资金支持，又不稀释创始股东权益，仍是金融支持科创发展的主力军。发展科创金融的关键不是强行要求传统金融机构加大科创信贷投放或金融服务供给，而是要把风投创投的前瞻进取和传统信贷的审慎稳健结合起来，以投贷联动可持续地服务科技创新及其产业化发展。在充分竞争的市场中，传统金融机构出于前瞻性争夺客户、抢占市场的目的，自然也会把传统金融服务的触角伸向初创期、成长期的科创企业。

三 发展科创金融的对策建议

（一）构建全生命周期科创金融服务体系

在科技创新及其产业化发展的早期阶段，以实用为主要目的而开展的金融支持科创发展活动必然对以求知为主要目的的科学发现和基础研究支持不足。对此让市场自行解决并不现实，公共科研资助是必不可少的。具有应用前景的初创科创项目由于缺乏市场验证、收入支撑和信用积累，从金融机构所获得的支持力度相对偏弱，这就要发展匹配其高风险与高收益特征的风投创投，特别是以个人投资者为主体的天使投资。个人投资者往往具有行业经验和专业背景，其投资不仅体现为给予资金支持，更体现为一种股权纽带下的知识与经验传递。当前，国内主要以设立天使引导基金或天使母基金等方式，引导市场化风投创投管理人进入，未来还要从免税、奖励、宣传等领域对个人天使投资行为给予更大力度的支持。

在科技创新及其产业化发展的中后期阶段，国内 VC/PE 发展已相对成熟，科技支行等金融专营机构开始设立，投资与贷款、担保、发债等多种方式的投贷联动已有大量探索，政府创投引导、风险补偿、银企对接等政策密集出台。但政策性资金、国企性资本日益成为风投创投、融资担保等科创金融的主要资金资本来源，不仅降低了科创金融的社会信用杠杆作用，而且附加的各种资金使用限制严重影响了科创金融客观公正地评估企业、定价项目的市场化运作空间。当前亟须深化税收、监管等制度改革，引导社会长期资本、耐心资本投入风投创投等科创金融领域。

在科技创新及其产业化发展的成熟阶段，并购重组异常频繁。一定程度的规模经济有利于科创企业提升盈利能力，增加研发投入，实现可持续发展。但国内科创金融对并购重组的专业服务严重不足，导致了众多"忽悠式""跟风式"跨界并购重组现象。当前国内仍处于新旧动能转换的关键时期，旧动能产业领域需要整合重生，新动能产业领域也需要整合加速，发展科创金融的一个重要任务就是推动专业的并购基金、投行服务加快发展，用好金融力量提升产业集中度，消化低效产能同时扩大高效产能，支持科创企业做强做优做大。

（二）释放金融服务科创发展的内生动力

首先，支持科创金融供给竞合。国内金融机构存在利润高、规模大的问题，但其产生原因绝不是简单的道德问题，也难以依靠强制管控就予以彻底解决，究其根本还在于金融机构之间缺乏有效竞争，仍有可以"躺赚躺赢"的空间。对此，发展科创金融的着力点应放在调动金融机构积极性、主动性上，要继续投放科技保险、科技支行等科创金融牌照，鼓励各类金融机构科创金融服务供给的多元竞合。这会比强行要求金融机构加大对中小微科创企业支持力度效率高、效果好。

其次，强化科创金融自主定价。利息和回报是资金资本的价格信号，一味地压低科创信贷、债券的利息，干预风投创投的投资回报，必然会造成价格信号不能体现资金资本以及科创项目的稀缺程度的问题，不能激励金融供给背后的评估、定价、对接资源等专业服务，更不能引导资金、资本、资源的优化配置。发展科创金融要支持资金资本价格在法律许可范围内自由定价，用价格信号引导和激励金融供给投向靠谱、有前景的科创领域。

金融服务竞争以及价格信号引导必然会影响传统金融服务领域的盈利空间，倒逼金融机构关注和开拓科创领域的新蓝海、新空间，同时也使其必须以客户为中心延伸服务内容，创新服务模式，提高服务效率，增强客户黏性和满意度。

（三）支持科创信息向金融信用转化应用

首先，加强知识产权保护。解决科创与金融信息不对称问题需要活跃的市场交易和交易信息的积累，而信息转化为信用则需要法律法规的保障，特别是要加强对知识产权的保护。综观全球，知识产权的锚定价格就是对知识产权侵权行为的判罚金额，当对知识产权侵权行为的判罚金额小于知识产权生产成本时，知识产权侵权行为就是经济的和有利可图的，此时就不可能有知识产权正常的交易流转，知识产权也就不能成为信用的保障。因此，要切实加强知识产权保护，尤其是当前中国面临欧美发达国家科技发展的"围追堵截"，要高水平实现科技自立自强，必须提高对知识产权侵权行为的惩罚性判罚额度，这意味着知识产权的交易价格将得以提升。大幅扩大国内知识产权的总体战略价值，无疑会极大地夯实中国科技创新及其产业化发展的金融信用基础。

其次，鼓励"金政企"线上平台建设。推广对接科创企业与金融机构的在线服务平台模式，采用电子化申报与审批方式，以科创金融管理和企业数据归集为支撑，叠加首贷续贷补贴、贴息贴保资助、风险补偿代偿、上市路演对接等科创金融政策，联动企业融资需求和金融服务供给，利用数字技术和政策工具把广大中小微科创企业信息转化为金融信用。

（四）支持各类投贷联动模式创新发展

首先，支持商业银行设立境内投资子公司。当前，国内投贷联动存在两个关键的制度制约：一是按照国家银行法规定，商业银行在境内不得向非银行金融机构和企业投资，国家另有规定的除外。二是根据商业银行资本管理办法，商业银行对企业股权投资风险权重为400%~1250%，而一般企业贷款风险权重为100%，风险资产大幅占用银行资本金，无疑降低了银行对科创企业股权投资的动力。投贷联动是科创金融发展的核心支撑，国家应支持更多城市推广复制北京、上海等地允许商业银行设立境内投资子公司的试点经验，鼓励国内商业银行与境外投资子公司以优先认股权等方式有序开展投贷联动业务。

其次，鼓励多种方式的投贷联动创新。鼓励政府性融资担保机构、国有小额贷款公司等地方金融组织，探索发展担保、委贷、投资、发债等多元联动模式，支持地方金融组织代管地方政府用于贴息贴保、专项奖励的各类中小企业发展扶持资金。以政策性担保、贴息贴保政策等方式对接中小科创企业金融需求，筛选发现优质资产，再以委贷、投资、发债等方式进一步服务中小科创企业发展，拓展地方金融组织的盈利空间，推动政策性科创金融服务的商业可持续与客群广覆盖。

（五）完善健全科创金融发展配套制度

首先，完善科研资助制度。按照科技创新的"四个象限"，波尔象限以求知为目的的纯基础研究必然是需要公共科研资助的，特别是国家的公共科研资助；而巴斯德象限的应用基础研究，一定程度上也需公共科研资助，如果此领域的发展可满足地方经济发展的实际需求，地方政府的公共科研资助也是可以介入的。而对于皮特森和爱迪生象限的创新而言，赋予其公共科研资助不仅会浪费科研资金，而且还会干扰市场自身的优胜劣汰机制，应让市场筛选哪些才是创造高应用价值的专利成果，要避免政府大额补贴诱发大量"形象工程"的专利。所以在科创金融服务科技创新及其产业化发展的全生命周期中，需要在基础研究领域和应用基础研究领域增加中央和地方政府的公共科研资助，同时也应要求各地政府取消对各种专利的补贴和奖励。

其次，健全投资引导制度。各级地方政府大量设立投资引导基金，往往要求合作的子基金管理人按照引导基金额度的一定比例返投当地，同时规定引导基金不追求投资回报，投资收益全部或部分返还让利等。这些做法无疑涉嫌"以邻为壑"，也违背了创投基金运营的规律。取消引导基金的投资回报约束，相当于消灭了引导基金管理人的自我激励功能，使其对选择子基金管理人、监管子基金运作、实现可持续的滚动投资等，均失去内生动力，同时为相关政府部门竞相插手引导基金运作提供了机会。对此，急需统筹规范全国各地投资引导的规章制度，维护全国统一大市场建设，发挥市场配置资源的决定性作用。

最后，优化科创金融政策。各级政府科创金融政策实施不应超越市场去对科创发展进行评估和评价，而是要用有限的财政投入调动金融机构积极性，发挥金融家和投资人作用，激活社会资本，撬动金融资源，实现更大力度的引导和放大，更好服务实体经济发展。对此，各级政府需要大幅降低对科技创新及其产业化发展的直接财政补贴和奖励，要更多采用首贷续贷补贴、贴息贴保资助、风险补偿代偿等方式，加大科创金融政策投放力度。

四　对深圳发展科创金融的启示

（一）补齐并购整合类金融服务的短板

深圳在国内较早针对高新技术产业发展，培育了担保增信、风投创投等科创金融发展模式，而且采取政府引导和市场化运作模式，推动形成了深创投、高新投等一批具有全国影响力的科创金融机构。针对科创企业初创阶段融资难、后期成长阶段管理能力跟不上成长步伐的问题，近年来深圳又在全国率先设立天使母基金、民营企业纾困基金，形成了较为完备的科创金融服务体系。但从科创企业全生命周期看，在企业发展成熟期，兼并重组、产业整合对保持业务持续增长，促进产业链、供应链高质量发展非常重要，深圳尚需要增强并购整合类科创金融服务发展和引导支持，研究设立并购母基金，集聚发展各类并购基金、产业基金，并支持银行、券商等金融机构创新供给并购重组金融服务。

（二）促进长线资金和耐心资本集聚

当前，深圳不管是信贷、债券等债权类金融服务，还是风投创投等股权类金融服务，均偏好于小额融资和短期融资，但深圳正在全力推进的

"20+8"战略性新兴产业集群和未来产业发展，以及众多核心技术和关键领域已呈现重资产投入、长周期运作特征，长线资金、耐心资本供给存在严重不足。深圳尚需要推动更多政策性、开发性金融投向硬科技赛道，同时吸引国内外主权财富基金管理人、捐赠基金管理人、家族财富管理办公室等耐心资本管理机构集聚，大力发展融资与融物相结合的融资租赁、服务于稳链强链补链的商业保理等金融服务。特别要争取风投创投与投资期限制挂钩的差异化税率政策，使投资期限越长税率越低，引导更多社会资金转为支持科创企业发展的长线资金、耐心资本。

（三）大力发展各类知识产权运营机构

深圳已建有中国（南方）知识产权运营中心、深交所科技成果与知识产权交易中心等专门知识产权交易平台，但真正具有价格发现能力的可有效推动专利许可、转让、作价入股以及构建专利池等的知识产权专营机构相对不足。深圳当务之急应在知识产权产业政策上加大力度，引导专门从事专利许可运营的公司、专门围绕知识产权投资的基金等知识产权专营企业或组织发展，牵引广大科创企业重视并积极参与涉及知识产权的流转交易，繁荣知识产权市场，带动更大范围知识产权创造与投融资活动。

（四）支持市区"金政企"线上平台建设

深圳已设有市级的创业创新金融服务平台，但金企撮合功能与政策投放功能并未能充分叠加，金融机构和科创企业上线并不活跃，使平台难以有效解决科创金融信息不对称问题；南山区的南山科技金融在线平台功能齐备、数据丰富，效果已经彰显，但其并未企业化运作，辐射覆盖面仍限于南山区。因此，深圳需要支持市级平台加快拓展政策投放、数据导入等功能，鼓励各区借鉴南山区经验，以数字化联通企业融资需求和机构金融供给，重点面向"20+8"产业集群企业及时精准地提供科创金融服务。

（五）重视和支持各类风投创投机构发展

深圳风投创投机构得益于市委市政府的前瞻性政策导向和支持，在全国发展早、发展好。深圳培育了深创投、达晨创投、同创伟业、东方富海、松禾资本、前海母基金等一批具有影响力的本土创投机构。以深创投为例，其成立伊始便明确了"政府引导、市场化运作、按经济规律办事、向国际惯例靠拢"的经营导向，建立了项目跟投、收益分享、民主决策等激励约束机制，且不对管理资金做任何投资区域限制，保障了深创投在20余年的时间内崛起成为国内首屈一指的深圳本土创投机构。未来要继续激励 VC、PE、CVC、FOF 等各类风投创投机构在深发展，特别是借助前海深港现代服务业合作区和河套深港科创合作区，吸引全球风投创投机构和资金集聚，以风投创投的更大发展带动更大范围投贷联动，更好服务科技创新及其产业化发展。

（六）坚持市场导向的科创金融政策投放

市场化是深圳发展科创金融最大的优势，从市场中成长起来的科创企业和金融机构更具竞争力和生命力。近年来在科技创新及其产业化发展的起点，深圳市政府已加大基础研发、原始创新投入力度；在科创金融政策领域，深圳也更多采用了杠杆性措施加大政策投放力度。但在投资引导基金、天使母基金等领域的机制设计上市场化引导和市场化放大还不够。未来深圳需要更加突出市场化、培育市场化，各类引导基金以及政策性母基金、产业基金需要按保本微利可持续原则，优化管理制度和激励约束机制。放大倍数、行业领域、成长阶段等方面的政策条件是必要的，但应取消反投比例、招商引资等特殊要求，只有这样科创金融才能发展得更好，才能孵化、培育和吸引更多的创新创业和高科技企业在深发展。

参考文献

房汉廷：《关于科技金融理论、实践与政策的思考》，《中国科技论坛》2010 年第11 期。

龙云安、李泽明：《科技与金融结合机制突破的研究》，《科学管理研究》2012 年第
　1 期。

〔美〕佩蕾丝：《技术革命与金融资本——泡沫与黄金时代的动力学》，田方萌等译，
　中国人民大学出版社，2007。

姚永玲、王翰阳：《科技创新与金融资本融合关系研究——基于北京市的实证分析》，
　《中国科技论坛》2015 年第 9 期。

张明喜、魏世杰、朱欣乐：《科技金融：从概念到理论体系构建》，《中国软科学》
　2018 年第 4 期。

中国光大集团课题组：《加快推进科创金融改革试验区建设》，《中国金融》2023 年第
　4 期。

Allen N. Berger, Leora F. Klapper, Gregory F. Udell, "The Ability of Banks to Lend to Informational
　Opaque Small Business", *Journal of Banking and Finance*, No. 25, 2001.

〔美〕D. E. 司托克斯：《基础科学与技术创新：巴斯德象限》，周春彦、谷春立译，
　科学出版社，1999。

King R. G., Levine R., "Finance, Entrepreneurship and Growth Theory and Evidence",
　Journal of Monetary Economics, Vol. 32, No. 3, 1993.

（本文原载于《特区实践与理论》2023 年第 6 期）

资源"集聚"与"辐射"视角下国际创新中心的成长机制研究

——以粤港澳大湾区为例

张玉梅　吴先明　高厚宾[*]

摘　要： 对于国际创新中心成长机制这一话题，本文以粤港澳大湾区为例，从资源"集聚"与"辐射"视角进行探索。基于 2008~2020 年全球专利数据库中的引文数据，本文提出多代际技术溢出测算方法，用以区分国际湾区知识溢出的直接与间接效应。研究发现，粤港澳大湾区能够将纽约、旧金山、东京湾区的技术资源引入并带动"周边"地区的技术进步，发挥资源"集聚"与"辐射"功能。在资源"集聚"过程中，从后向引文第 1~3 代，粤港澳大湾区从纽约、旧金山湾区"集聚"的资源呈线性减少趋势，从东京湾区"集聚"的资源呈现倒"U"形变化轨迹。在资源"辐射"过程中，有调节的中介效应模型显示，吸收能力是影响粤港澳大湾区资源"辐射"功能的中介变量，且技术相似性对中介作用有正向调节作用。粤港澳大湾区"辐射"功能的产生得益于国际湾区的间接而非直接知识溢出，其"周边"地区对前沿技术的追赶存在最优距离。本文将国际湾区的知识溢出作为粤港澳大湾区建设国际创新中心、实现技术追赶的重要内容，拓展了新兴经济体后发国家技术追赶理论的分析视角，为促

---

[*] 张玉梅，深圳大学中国海外利益研究院副研究员；吴先明，经济学博士，武汉大学经济与管理学院教授，博士生导师；高厚宾，管理学博士，河南师范大学商学院副教授。

进粤港澳大湾区技术创新能力建设提供了参考。

　　关键词：粤港澳大湾区；国际湾区；多代际技术溢出；资源"集聚"；资源"辐射"

引言

　　随着中国经济步入新常态，中国经济增长的动力逐步由要素投资驱动向创新驱动转变。党的二十大报告提出，加快实施创新驱动发展战略。同时还强调，坚持面向世界科技前沿、面向经济主战场、面向国家重大需求、面向人民生命健康，加快实现高水平科技自立自强。作为中国重点打造的三大国际科技创新中心之一，粤港澳大湾区将肩负起强化国家战略科技力量的历史使命，成为创新型国家建设的战略性高地。世界知识产权组织发布的 2021 年全球创新指数报告显示，粤港澳大湾区"深圳-香港-广州"科技集群在全球科技集群 100 强中蝉联第二，仅次于东京湾区的"东京-横滨"科技集群。粤港澳大湾区国际科技创新中心的建设，有利于实现党的二十大报告提出的"以国家战略需求为导向，集聚力量进行原创性引领性科技攻关，坚决打赢关键核心技术攻坚战"[①] 目标；有利于拉动中国制造业从全球价值链中低端向高端跃迁，引领世界产业分布新格局；有利于优势互补、协同发展打造世界级城市群，形成全球市场广泛影响力；有利于吸引和对接国际市场上的创新要素流，实现与国际市场的互联互通，在新发展格局中发挥重要作用。成为国际创新中心的关键在于拥有全球资源配置能力，即能"集聚"国际创新资源并将其"辐射"至全国乃至全球。例如，世界三大湾区——旧金山、纽约和东京湾区（简称"国际湾区"），它们在全球技术创新市场上具有关键地位，影响了全球绝大部

---

① 习近平：《高举中国特色社会主义伟大旗帜 为全面建设社会主义现代化国家而团结奋斗——在中国共产党第二十次全国代表大会上的报告》，人民出版社，2022，第 35 页。

分技术要素流动。作为中国创新活力最强的区域之一,以及全球市场上后发国家对外开放程度最高的区域之一,粤港澳大湾区对创新要素的"集聚"与"辐射"作用有待深入探究。

专利引文是衡量技术要素流动的可视化工具,直观地说明了技术的来源与去向。2000~2021年,国际市场上经直接与间接形式流入粤港澳大湾区的专利引文多达235.98万条。其中,223.42万条专利引文源自纽约、旧金山和东京湾区,追踪发现进入粤港澳大湾区内的国际专利又被"周边"地区专利进一步引用。这在一定程度上表明,粤港澳大湾区既能"集聚"国际市场上的技术资源,尤其是源自纽约、旧金山和东京湾区的技术资源,又能"辐射"技术资源。本文以专利引文为分析工具,以资源的"集聚"与"辐射"为分析视角,以粤港澳大湾区对标国际湾区,结合专利引文的流动性特征,向前追溯技术来源,向后追踪技术去向。与此相对应,本文从"粤港澳大湾区发挥资源'集聚'功能了吗""粤港澳大湾区发挥资源'辐射'功能了吗"两条实证路线出发,系统地分析了粤港澳大湾区成为国际创新中心的基本路径。

具体地,资源"集聚"与"辐射"过程体现了粤港澳大湾区对国际技术溢出的吸引与利用情况。本文的国际技术溢出是指国际湾区对粤港澳大湾区产生的非自愿技术扩散行为。依据进口标的物属性的不同,国际技术溢出可以分为物化与非物化两种类型(陈南旭和王林涛,2022)。其中,知识通过有形商品流转而产生的溢出被称为"物化型技术溢出"(Embodied Spillovers)。国际技术贸易(如许可证)、对外直接投资(FDI)是物化型技术溢出的主要形式,也是国内外学者研究的重点,这种形式的技术溢出被视作促进东道国技术进步的重要因素。知识通过非实物流转而产生的溢出被称为"非物化型技术溢出"(Disembodied Spillovers)(Keller,2002)。国际专利申请是非物化型技术溢出的主要形式(高凌云和王永中,2008)。但知识产权保护制度的不完善与统计数据的难以获取,导致学术界对非物化型技术溢出的研究十分有限（陈昭和杨艳美，2015）。近年来，对非物化型技术溢出的研究逐渐得到重视。出现这一趋势的可能原因有：①相关制度的完善与统计技术的成熟。湛柏明和裴婷（2019）对全球33个代表性国家和地区的统计数据研究发现，非物化型技术溢出对一国的技术进步同样是重要的。这种重要性在高凌云和王永中（2008）、Krammer（2014）等研究中也得到了证实。②技术溢出内涵的转变。物化型技术溢出更多指向的是研发支出，例如，Keller（2001）在对七国集团技术外溢的研究中发现，后发国家全要素生产率的提升得益于发达经济体的研发支出。但以研发支出为主的国际技术溢出无法区分技术流动所产生的发明效益（Hu and Jaffe，2003），这种发明效益是一种很难测度的溢出效应。林青和陈湛匀（2008）认为，应该从知识成果的角度对这部分溢出效应进行观察，国际技术溢出效应的研究应从研发支出转移至知识溢出，以国际专利申请为主要形式的非物化型技术溢出是知识溢出的重要来源（Griliches，1979）。制度与基础设施环境的完善、技术溢出内涵的转变促使研究焦点转向非物化型技术溢出。因此，本文将非物化型技术溢出作为关注点是与当前研究趋势相符的。

专利引起的技术溢出主要体现在专利引用过程中，专利引用是测度技术溢出的代理指标（潘素昆和杨慧燕，2013）。本文在物化型技术溢出研究的基础上，将研究重点转移至非物化型技术溢出，国际技术溢出的来源变得多样化。现有研究将物化型技术溢出与研发支出直接挂钩，但并未对其产生的原因进行深入讨论。本文不仅关注国际技术溢出对一国技术进步产生的影响，即在资源"辐射"功能的讨论中，粤港澳大湾区"周边"地区如何利用国际技术溢出实现技术进步；更将研究链条前移，对国际技术溢出产生的原因进行进一步分析，即在资源"集聚"功能的讨论中，粤港澳大湾区如何吸引国际技术溢出进入湾区内。

本文根据粤港澳大湾区的经验性事实，剖析了粤港澳大湾区的资源

"集聚"与"辐射"功能。在知识溢出背景下，在与国际湾区对比分析的视角下，探究粤港澳大湾区获取和利用国际湾区知识溢出的现状，可以从侧面揭示新兴经济体后发国家中典型区域对国际前沿技术的追赶过程。与将战略型资产跨境并购、研发国际化等作为追赶形式的传统追赶理论不同，本文将国际湾区的知识溢出作为粤港澳大湾区建设国际创新中心、实现技术追赶的重要内容，这将有利于拓展新兴经济体后发国家技术追赶研究的范围，丰富技术追赶研究的理论视角。在实证分析中，本文提出了多代际技术溢出测算方法，并借此区分了国际湾区知识溢出的直接和间接效应。在逻辑结构上，首先，本文分析了粤港澳大湾区的专利国际化是否影响国际湾区的知识溢出，以此验证粤港澳大湾区的资源"集聚"功能；其次，在国际湾区知识溢出流入粤港澳大湾区的基础上，进一步验证流入的知识溢出是否弥合了其"周边"与国际湾区的技术距离；最后，对国际湾区知识溢出弥合技术距离的作用机制进行验证，从而形成了一个较为完整的分析框架。

本文可能的边际贡献主要有：①对国际技术溢出的测度提出了创新方法。结合 Jaffe and Trajtenberg（2002）的做法，本文设计了一个兼顾国际技术溢出直接与间接形式的多代际技术溢出测算方法，其核心是对国际技术溢出间接部分的测度。国际技术的间接溢出对后发国家是重要的，后发国家对前沿技术的追赶存在最优技术距离，后发国家技术进步更多受益于间接而非直接的技术溢出。对国际技术溢出间接部分的忽略将会偏离后发国家技术追赶的现实情况，本文提出的多代际技术溢出测算方法揭示了后发国家典型区域对国际前沿技术追赶的现状。②对粤港澳大湾区资源"集聚"功能的讨论强调了源自纽约、旧金山和东京湾区的技术资源，尝试借助湾区视角对粤港澳大湾区的技术发展进行量化分析，以资源视角对标国际湾区的成长路径，为粤港澳大湾区发展成为国际创新中心提供了基本路径和具有实践性的启示。

余文结构安排如下：第一部分为理论分析，结合资源基础观与知识基础观的主要观点提出理论假说；第二部分介绍了研究设计、样本选取与变量测度，提出了多代际技术溢出测算方法；第三部分采用网络可视化方法分析了粤港澳大湾区资源"集聚"与"辐射"网络特征事实；第四部分为模型设定与实证检验；第五部分是研究结论与政策启示。

一 理论分析

（一）理论基础

1. 资源基础观与国际技术溢出

通常，发达经济体跨国企业作为行业技术发展的先驱会依赖有价值、更稀有、难以模仿替代的内部资源在全球市场建立竞争优势（Barney，1991），使自己免受竞争对手和新进入者所带来的威胁。粤港澳大湾区分布着大量新兴经济体的跨国企业，这些跨国企业与发达经济体的跨国企业不同，它们被视为全球市场中的后发者。独特的制度与行业特征使其存在"薄弱"的资源基础，自然资源与廉价劳动力是这类公司的主要资源类型，这也造成了新兴经济体跨国企业在全球价值链低端徘徊的局面。品牌、技术、管理诀窍等异质性战略资源是发达经济体跨国企业在全球市场建立竞争优势的关键，也是新兴经济体跨国企业所面临的资源瓶颈（Luo and Tung，2007）。新兴经济体跨国企业要实现向全球价值链高端跃迁，抢占高附加值生产节点的追赶目标，一个重要的途径就是从外部获取这些异质性战略资源，其中的一个关键来源是国际技术溢出（Fernández 等，2022）。Hu（2009）对东亚和发达国家的专利引文数据研究发现，东亚和发达国家之间的技术差距的弥合受益于国际技术溢出，国际贸易、外国直接投资、技术许可等是产生这种国际技术溢出的渠道。粤港澳大湾区"集聚"的国际湾区资源是获取技术溢出的体现，也是资源基础观中能够建立竞争优势的异质性战略资源。粤港澳大湾区"集聚"国际湾区资源的过程与资源基础观的逻辑高度契合。

2. 知识基础观与国际技术溢出

资源基础观认为,异质性战略资源是建立竞争优势的关键。在新兴经济体技术追赶的背景下,这种异质性战略资源表现出明显的知识属性,因此,对国际技术溢出中知识溢出部分的关注是必须且重要的。原因在于:①新兴经济体对发达经济体知识溢出的寻求,是其在海外市场扩张的重要行为特征;②随着知识的重要性日益凸显,知识成为一种公共产品,在使用过程中出现了非竞争性和非排他性的特征,这导致发明者的部分原始想法必然会溢出到其他技术领域、部门、公司,产生知识溢出效应(Noailly and Shestalova,2016)。基于此,本文从资源基础观的理论角度,将知识基础观叠加到本文的理论框架中,对粤港澳大湾区与国际湾区技术溢出中的知识溢出部分进行讨论。知识基础观的核心在于强调知识在企业生存中产生的作用,认为知识是企业建立竞争优势的关键。有学者进一步将知识区分为静态的知识资本与动态的知识流动(寇宗来和刘学悦,2020),其中,动态的知识流动是产生知识溢出的重要形式(Haunschild,2002)。这种动态的知识流动对于新兴经济体国家而言非常重要。当新兴经济体国家与发达经济体国家不可避免地在国际市场上展开竞争时,新兴经济体国家更容易暴露出知识资产匮乏的弊端,因而补充知识资产的需求也更加强烈。发达经济体国家动态知识流动产生的溢出效应不仅是新兴经济体国家补充自身知识资产的重要来源(Child and Rodrigues,2005),也是提升其创新能力的关键手段(Mancusi,2008)。这恰好与粤港澳大湾区在国际市场上"集聚"资源的行为逻辑相符,因此,将知识基础观作为本文的另一个理论视角是适宜的。

知识溢出作为技术溢出的重要部分引起了学术界的关注,知识溢出的出现并非一个新现象。Griliches(1979)最先将溢出效应区分为租金溢出与知识溢出两部分,并认为研发人员的流动、逆向工程以及包括专利文件的科学技术文献是产生知识溢出的重要形式，这也为知识溢出的测度提供了理论启示。专利被认为是由不同公司、行业所积累的一种特殊知识，专利引文的概念建立在技术累积的观点上，按照这种观点，每个发明人都能从过去的发明人工作中获益，进而为未来的发明人奠定知识基础。专利引文因而被不断地用于识别技术、行业和国家之间产生的"知识流"（Verspagen，1997），成为研究知识溢出的核心指标。基于此，本文将专利引文作为知识溢出的测度工具，以此讨论国际湾区与粤港澳大湾区之间的知识流动情况。

（二）研究假说

1. 粤港澳大湾区的资源"集聚"功能——专利国际化与国际技术溢出

如前文所述，本文研究焦点为国际湾区对粤港澳大湾区的技术溢出，具体是指技术溢出中的知识溢出部分。专利引文是知识溢出的代理指标（Jaffe 等，1993）。在知识溢出背景下，粤港澳大湾区的资源"集聚"功能体现为其能够将国际湾区的知识溢出引入。其中，国际湾区是知识溢出的来源地，粤港澳大湾区是知识溢出的目的地。专利引文携带的知识从国际湾区流向粤港澳大湾区，产生的引文类型为后向引文，粤港澳大湾区专利是施引专利。进一步将粤港澳大湾区资源"集聚"功能的讨论转换为粤港澳大湾区专利与国际湾区专利如何建立后向引文关联。本文将粤港澳大湾区专利进入国际市场的程度作为其与国际湾区专利建立引文关联的影响因素，原因包括两个方面：①在知识交流层面，粤港澳大湾区专利进入国际市场的行为释放了积极信号，这预示着粤港澳大湾区与国际湾区专利发明人之间的知识交流更及时、便捷。粤港澳大湾区专利发明人更容易从国际湾区专利发明人的研究成果中学习，而不用完全补偿其学习价值（Jaffe 等，1993），更容易获取国际湾区的知识溢出（Mancusi，2008）。同时，粤港澳大湾区专利进入国际市场也加深了其与国际湾区专利发明人的交流。粤港澳大湾区与国际湾区存在明显的制度壁垒，粤港澳大湾区专利进入国际市场经营的行为有效规避了知识创造与传播过程中可能遭遇的政治风险，这促进了专利发明人之间交流程度的加深，国际湾区产生知识溢出的可能性增加。②在知识势差层面，粤港澳大湾区是内嵌在新兴经济体后发国家中的典型区域，是国际投资市场上的特殊行动者、模仿者，具有不同于发达经济体国家的资源和能力，面临知识资源匮乏的瓶颈。当粤港澳大湾区专利与国际湾区专利在国际市场上展开竞争时，粤港澳大湾区知识资源匮乏的弊端会表现得更加明显。为了在全球市场建立竞争优势，粤港澳大湾区专利发明人需要在国际市场上广泛搜索先进技术，以便更好地利用来自世界各地的知识。在这个过程中，粤港澳大湾区专利与国际湾区专利之间的知识势差，为知识流动提供了动力（杜静和魏江，2004），是产生知识溢出的诱因。知识势差越大，产生知识溢出的可能性越大。综上，本文提出假设 H1：若粤港澳大湾区专利的国际化程度对国际湾区的知识溢出产生积极影响，则粤港澳大湾区具备资源"集聚"功能。

2. 粤港澳大湾区的资源"辐射"功能——国际技术溢出与技术距离

粤港澳大湾区"周边"地区能否利用流入湾区内的国际湾区知识溢出实现技术进步，弥合其与国际湾区的技术距离，是决定粤港澳大湾区能否发挥资源"辐射"功能从而成为国际创新中心的另一个基本问题。在这一过程中，国际湾区依然是知识溢出的来源地，粤港澳大湾区"周边"地区是知识溢出的目的地。与资源"集聚"过程不同的是，此处的国际湾区知识溢出经由粤港澳大湾区专利传输至粤港澳大湾区"周边"地区，粤港澳大湾区专利被国际湾区专利"赋能"。专利引文携带的知识从粤港澳大湾区流向粤港澳大湾区"周边"地区，产生的引文类型为前向引文，粤港澳大湾区专利是被引专利。进一步将粤港澳大湾区资源"辐射"功能的讨论转换为粤港澳大湾区"集聚"的国际湾区知识溢出是否能弥合粤港澳大湾区"周边"地区与国际湾区的技术距离。知识溢出对技术距离的弥合作用可以从两个方面论证：①粤港澳大湾区是内嵌于后发国家中的典型区域，是国际市场上的后发者（Luo and Tung，2007），表现出明显的技术劣势，在全球价值链中处于低端位置，无法依靠自身能力创造出建立竞争优势的全部知识。而高质量的知识资源通常散落在全球市场的各个"角落"，粤港澳大湾区为了打破自身在全球价值链低端徘徊的局面，需要获取外部知识进行技术追赶，而知识溢出是一种重要的外部知识来源（Fernández 等，2022），可以弥合后发者与国际先进水平之间的技术距离。②知识溢出对技术距离的弥合作用还可以从技术机理层面得到解释。本文采用专利引文作为知识溢出的测度工具，粤港澳大湾区与国际湾区专利引文关联的创建更易于在距离更小的"专利对"中实现，从这一层面看，知识溢出有效弥合了粤港澳大湾区与国际湾区的技术距离。综上，本文提出假设 H2：若粤港澳大湾区"周边"地区能够利用流入湾区内的国际湾区知识溢出实现技术进步，弥合技术距离，则粤港澳大湾区具备资源"辐射"功能。

3. 吸收能力的中介效应

粤港澳大湾区"集聚"国际湾区知识溢出的目的是"辐射"带动"周边"地区技术发展，弥合技术距离。一个不可否认的事实是粤港澳大湾区"周边"地区与国际湾区间还存在显著的技术距离，但这也为粤港澳大湾区"周边"技术的发展提供了机遇，例如，国际湾区的知识溢出为粤港澳大湾区"周边"地区技术发展提供了"学习窗口"，利用好这个"学习窗口"是比自身研发更为理性的发展路径（陈昭和欧阳秋珍，2009）。但粤港澳大湾区"周边"地区利用国际湾区知识溢出的一个制约因素是吸收能力，吸收能力薄弱是后发国家面临的共性问题。吸收能力是企业识别、吸收和应用外部知识的能力，可以帮助企业更好地消化内外部资源

（Cohen and Levinthal，1990），吸收能力的增强也增加了来自发达国家的技术溢出（郑江淮等，2022）。如前文所述，知识溢出是一种能够建立竞争优势的外部知识来源，具备较强的路径依赖特征。只有吸收能力足够强的企业才能够整合外部知识来源，弥合技术距离。国际知识溢出的利用取决于后发企业理解和吸收外部知识的能力（Mancusi，2008），知识溢出经由吸收能力得到加强，吸收能力是影响粤港澳大湾区"周边"地区利用国际湾区知识溢出的重要条件。鉴于此，本文将吸收能力作为知识溢出与技术距离的中介变量，并提出假设 H2a：粤港澳大湾区"周边"地区的吸收能力越强，则其越能够利用流入湾区内的国际湾区知识溢出，实现技术进步，弥合技术距离，此时粤港澳大湾区的资源"辐射"功能越明显。

4. 技术相似性对吸收能力的调节效应

本文将吸收能力作为粤港澳大湾区"周边"地区利用国际湾区知识溢出的中介变量，粤港澳大湾区"周边"地区通过吸收能力利用国际湾区知识溢出，弥合了技术距离，其吸收能力的强弱决定了其能够利用国际湾区知识溢出的程度。国际湾区知识溢出的吸收和利用过程还受到技术相似性的调节，这种调节原理表现为：粤港澳大湾区"周边"地区利用国际湾区知识溢出的过程是一个技术追赶过程，当粤港澳大湾区"周边"地区对国际湾区先进技术的追赶发生在同一个技术领域时，这意味着二者具有相似的技术结构、业务范围，表现为资源的相似性，并且相似性越高，粤港澳大湾区"周边"地区越能够消化、吸收国际湾区通过专利引文传递的知识溢出（Palich 等，2000）。鉴于此，本文采用吸收能力作为中介变量，将粤港澳大湾区"周边"地区与国际湾区资源的相似性作为吸收能力的调节变量，建立一个有调节的中介效应模型，对粤港澳大湾区资源"辐射"功能的作用机制进一步展开讨论，并提出假设 H2b：粤港澳大湾区"周边"地区与国际湾区资源越相似，则其吸收能力越强，越能够利用流入湾区内的国际湾区知识溢出，实现技术进步，弥合技术距离，此时粤港澳大湾区的资源"辐射"功能越明显。

二　研究设计、样本选取与变量测度

（一）研究设计

本文从资源"集聚"与"辐射"的角度系统分析粤港澳大湾区成为国际创新中心的基本路径，对应设计了"粤港澳大湾区发挥资源'集聚'功能了吗""粤港澳大湾区发挥资源'辐射'功能了吗"两条实证路线。以粤港澳大湾区专利为焦点专利，分别向前追溯与向后追踪建立后向引文与前向引文。其中，在后向引文中，粤港澳大湾区资源"集聚"过程体现为资源从国际湾区流入粤港澳大湾区，粤港澳大湾区专利是施引专利；在前向引文中，粤港澳大湾区资源"辐射"过程体现为流入湾区内的国际湾区资源进一步流向其"周边"地区，粤港澳大湾区专利是被引专利。

（二）样本选取

本文样本包括两个部分：①粤港澳大湾区资源"集聚"功能讨论涉及的后向引文；②粤港澳大湾区资源"辐射"功能讨论涉及的前向引文。其中，后向引文由粤港澳大湾区与国际湾区公司"专利对"创建；前向引文由粤港澳大湾区与其"周边"地区公司"专利对"创建。粤港澳大湾区与国际湾区公司是指经营业务所在地位于粤港澳大湾区、旧金山、纽约和东京湾区城市群中的上市公司与财富500强榜单中的非上市公司。在筛选出的公司样本的基础上，进一步以公司名称为关键词进行模糊检索，在欧洲专利局倒溯检索出符合条件的专利样本，完成"城市-公司-专利"的样本检索流程①。需要说明的是，本文在公司样本搜集过程中剔除了来自金融、房地产等行业的公司以及公用事业单位。此外，本文观测区间均为

---

① 粤港澳大湾区与国际湾区"城市-公司-专利"分布参见《中国工业经济》2022年第11期原文附件。

2008～2020 年，引文窗口为覆盖 70% 引文关联的时间间隔。

（三）变量测度

1. 资源"集聚"功能实证的解释变量：专利国际化

本文的分析工具是专利，一项专利的保护权限在本土之外被延展，这意味着专利权人经营业务的国际化。优先申请专利是发明人为保护一项新发明而提出的原始申请，其通常是在发明人国家提交的（Tahmooresnejad and Beaudry，2018）。简单专利家族规模能够统计一项优先申请所衍生的优先权专利数目，基于此，本文采用简单专利家族规模（简单专利家族正向引文数目）作为测度专利国际化的代理指标。

2. 资源"集聚"功能实证的被解释变量

后向多代际技术溢出。本文采用专利引文测度技术溢出，并认为对技术溢出的测度应是完整的，提出了多代际技术溢出测算方法。对应地，多代际技术溢出包括专利直接与间接引文。兼顾专利直接与间接引文的做法能够评估发明的重要性，识别"知识谱系"（Martinelli and Nomaler，2014），是对现有仅关注直接引文做法的补充。参考 Jaffe and Trajtenberg（2002）测度专利重要性的做法，本文设计了一个兼顾专利直接与间接引文的多代际技术溢出算法[①]。该算法认为，对技术溢出的测度应兼顾专利直接与间接引文。

3. 资源"辐射"功能实证的解释变量

前向多代际技术溢出。虽与后向多代际技术溢出测度原理一致，但在前向多代际技术溢出算法中粤港澳大湾区专利由施引专利转变为被引专利，引文传播方向相反。

4. 资源"辐射"功能实证的被解释变量：技术距离

技术距离是对"引文对"技术空间距离的测度，是决定不同地区之间

---

① 多代际技术溢出算法具体参见《中国工业经济》2022 年第 11 期原文正文。

贫富差距的关键因素（邵朝对和苏丹妮，2019）。

5. 资源"辐射"机制的中介变量：吸收能力

本文采用自我引用率作为吸收能力的测度指标。自我引用水平越低，表明专利权人在自身之外获取的知识越多，吸收能力越强（Verhoeven等，2016）。

6. 资源"辐射"机制中介的调节变量：技术相似性

技术相似性的测度对象为"引文对"，利用"引文对"的4位数IPC代码重叠程度来测度（Leydesdorff等，2012）。

三 粤港澳大湾区资源"集聚"与"辐射"网络特征事实

（一）粤港澳大湾区资源"集聚"网络特征事实

在实证展开前有必要对粤港澳大湾区与国际湾区的引文网络特征形成认知，以便于为后续的实证分析挖掘更多空间。本文将分别从"湾区-城市-行业-公司"层面对粤港澳大湾区资源"集聚"网络进行可视化和描述性分析。

1. 粤港澳大湾区资源"集聚"网络结构可视化分析

从湾区层面的纵向比较看，纽约与旧金山湾区是粤港澳大湾区"集聚"资源的主要来源地；横向比较，从后向引文第1~3代看，粤港澳大湾区对旧金山、纽约湾区的引文数量逐渐增加，间接引文在引文总量中占比最高；粤港澳大湾区对东京湾区的引文数量逐渐减少，直接引文在引文总量中占比最高。

进一步将观测单元由湾区下移至城市①。以纽约湾区为例，从后向引文第1~3代看，能够与粤港澳大湾区建立引文关联的纽约湾区大城市数量逐渐增加，这说明仅部分粤港澳大湾区城市能够接触到纽约湾区的直接

---

① "湾区-城市-行业-公司"层面资源"集聚"网络的可视化分析参见《中国工业经济》2022年第11期原文附件。

技术资源。同湾区层面分析结果一致,城市层面资源"集聚"网络的可视化分析也强调了间接引文网络的重要性。

将观测单元下移至技术领域。从后向引文第1~3代看,数字通信与电脑技术领域的引文数量增加,这表明二者的知识外溢是活跃的,间接引文是其实现资源交流的主要方式,是粤港澳大湾区资源"集聚"网络搭建的核心领域。综合上述分析,各技术领域在资源网络中的表现也从侧面说明了对间接引文的测算是必要的。

公司是粤港澳大湾区资源"集聚"网络结构分析的最后一个单元。从后向引文第1~3代看,粤港澳大湾区资源"集聚"网络密度增加,网络参与个体逐渐增多,非头部公司在间接引文网络中较活跃,反映了创新主体的多元化,这对粤港澳大湾区国际创新平台的搭建而言是重要的,也从侧面反映了间接引文测算的必要性。

2. 粤港澳大湾区资源"集聚"网络数据描述性分析

结果显示[①],后向第1~2代引文网络中节点、边占比最高的均为旧金山湾区,第3代引文网络中节点、边占比最高的为纽约湾区。

综合粤港澳大湾区资源"集聚"网络的可视化与描述性分析结果,可以看出,除东京湾区外,后向第2~3代间接引文是资源"集聚"网络形成的重要组成部分,反映了粤港澳大湾区与纽约、旧金山湾区的资源交流是通过间接路径实现的。对间接引文网络的忽略将使粤港澳大湾区资源"集聚"网络规模被"截断",进而导致实证结果有偏,这再次凸显了多代际技术溢出算法的重要性。

(二)粤港澳大湾区资源"辐射"网络特征事实

在粤港澳大湾区资源"辐射"网络中,粤港澳大湾区专利发生了角色

---

① 粤港澳大湾区与国际湾区引文网络数据描述表参见《中国工业经济》2022年第11期原文正文。

转换，从资源"集聚"网络中的施引专利转变为"辐射"网络中的被引专利。与粤港澳大湾区资源"集聚"网络分析思路保持一致，根据前向引文第 1~3 代数据，对不同代际引文背景下的网络资源"辐射"程度进行测算，结果显示，粤港澳大湾区资源"辐射"网络的规模远小于"集聚"网络（如 $Size_{集聚-旧金山第2代} = 2.07 > Size_{辐射-第2代} =$ 第 2 代传播边/第 2 代传播节点 $= 177727/159876 = 1.11$；$Size_{集聚-旧金山第3代} = 4.41 > Size_{辐射-第3代} =$ 第 3 代传播边/第 3 代传播节点 $= 180854/152809 = 1.18$）。这预示着粤港澳大湾区的资源"集聚"能力可能优于"辐射"能力，粤港澳大湾区现阶段具备较强的全球资源策源能力。此外，粤港澳大湾区资源"集聚"能力的优异性还可以从两种网络施引节点的对比中发现①。

四　模型设定与实证检验

（一）模型设定

1. 资源"集聚"功能实证的主效应模型

本文构建的资源"集聚"功能实证的主效应模型如式（1）所示：

$$bmulc_i = \alpha_0 + \beta_1 inter_i + \beta_2 scope_i + \beta_3 grant\_lag_i + \beta_4 tct_i + \beta_5 applicants_i + \beta_6 inventors_i +$$

$$\beta_7 ind_i + \beta_8 claims_i + \beta_9 fam\_citation_i + \beta_{10} grant_i + \varphi_i + \lambda_{t1} + \lambda_{t2} + \lambda_{t3} + \gamma_{ins} + \varepsilon_i \quad （1）$$

其中，被解释变量 $bmulc_i$ 为后向多代际引文；解释变量 $inter_i$ 为专利国际化；$scope_i$、$grant\_lag_i$、tct_i、$applicants_i$、$inventors_i$、ind_i、$claims_i$、$fam\_citation_i$、$grant_i$ 依次为技术特征控制变量专利范围、授予滞后、技术生命周期、申请人个数、发明人个数、行业特征、权利要求数目、简单专利家族正向引文数目、授予状态；φ_i 为专利类型；λ_{t1} 为专利"日历"效应（申请年份）；λ_{t2} 为施引年份；λ_{t3} 为引文窗口；γ_{ins} 为施引行业；ε_i 为随机误差项。

---

① 资源"集聚"与"辐射"网络施引节点对比图参见《中国工业经济》2022 年第 11 期原文附件。

2. 资源"辐射"功能实证的主效应模型

本文构建的资源"辐射"功能实证的主效应模型如式（2）所示：

$$techdis_i = a_0 + \beta_1 fmulcit_i + \beta_2 scope_i + \beta_3 grant\_lag_i + \beta_4 tct_i + \beta_5 applicants_i + \beta_6 inventors_i +$$
$$\beta_7 ind_i + \beta_8 claims_i + \beta_9 fam\_citation_i + \varphi_i + \lambda_{t1} + \lambda_{t2} + \lambda_{t3} + \gamma_{ins} + \varepsilon_i \qquad (2)$$

其中，被解释变量 $techdis_i$ 为技术距离；解释变量 $fmulcit_i$ 为前向多代际引文。

3. 资源"辐射"功能实证的中介效应模型

本文中介效应的检验方法为 Edward and Lambert（2007）提出的偏差校正非参数百分位 Bootstrap 法。偏差校正非参数百分位 Bootstrap 法中介效应检验模型设定如式（3）、式（4）所示：

$$absorb_i = \alpha_0 + \beta_1 fmulcit_i + \beta_2 scope_i + \beta_3 grant\_lag_i + \beta_4 tct_i + \beta_5 applicants_i + \beta_6 inventors_i +$$
$$\beta_7 ind_i + \beta_8 grant_i + \varphi_i + \lambda_{t1} + \lambda_{t2} + \lambda_{t3} + \gamma_{ins} + \varepsilon_i \qquad (3)$$

$$techdis_i = \alpha_0 + \beta_1 fmulcit_i + \beta_2 absorb_i + \beta_3 scope_i + \beta_4 grant\_lag_i + \beta_5 tct_i + \beta_6 applicants_i +$$
$$\beta_7 inventors_i + \beta_8 ind_i + \beta_9 claims_i + \varphi_i + \lambda_{t1} + \lambda_{t2} + \lambda_{t3} + \gamma_{ins} + \varepsilon_i \qquad (4)$$

其中，中介变量 $absorb_i$ 为吸收能力，其余变量与上文一致。

4. 资源"辐射"功能实证的有调节的中介效应模型

因循中介效应检验思路，Edward and Lambert（2007）将调节变量对中介效应的作用路径区分为5种：直接效应（路径③）、间接效应（路径①+②）、总效应（路径①+②+③）、第一阶段（路径①）、第二阶段（路径②）。这种检验方法被称为"中介效应差异法"，该方法认为调节效应和中介效应是同时发生的，二者不应该被孤立地看待，调节变量对中介变量的作用应该考虑中介效应产生的所有"路径"①。

---

① "中介效应差异法"全部路径调节示意图参见《中国工业经济》2022年第11期原文正文。

（二）粤港澳大湾区资源"集聚"功能的验证

1. 资源"集聚"功能的主效应分析

结果显示[①]，*inter* 的系数均在 1% 的水平上显著为正，专利国际化对后向多代际技术溢出产生积极影响，表明粤港澳大湾区能够将国际湾区的资源引入从而发挥资源"集聚"功能，假设 H1 得到验证。

2. 资源"集聚"功能的异质性分析[②]

资源"集聚"功能的异质性包括两个方面：①考虑不同代际引文背景，分析粤港澳大湾区资源"集聚"功能。结果显示，从后向引文第 1~3 代看，粤港澳大湾区从国际湾区"集聚"的资源线性减少，"集聚"的资源主要是直接知识溢出。②在上述基础上，进一步考虑国际湾区区位。结果显示，粤港澳大湾区从不同国际湾区"集聚"资源的程度表现出差异性，体现为：从后向引文第 1~3 代看，粤港澳大湾区从纽约、旧金山湾区"集聚"的资源逐渐减少，但从东京湾区"集聚"的资源呈倒"U"形变化趋势，这与粤港澳大湾区从国际湾区"集聚"资源的整体趋势不一致。呈现这种倒"U"形变化趋势的关键在于拐点的出现，即在间接引文传播过程中，在一定区间内东京湾区对粤港澳大湾区产生的知识外溢是增加的，抵消了专利引用过程中部分知识外溢的递减效应。造成这种现象的原因可能有：湾区产业布局的错位。尽管随着产业布局变迁，东京湾区已经完成了从工业经济向服务经济和创新经济的过渡，但其制造业仍在全球产业链上游占据重要位置，由此形成了以数字通信与视听技术等服务业为主、制造业为辅的混合知识溢出结构。相比之下，粤港澳大湾区的产业发展仍处于由制造业向服务业转型的过程中，半导体、光学等制造业的技术发展仍对外部知识溢出存在巨大需求。因此，东京湾区与粤港澳大湾区产业布局的错位，能够使其制造业的知识外

---

① 粤港澳大湾区资源"集聚"功能回归结果参见《中国工业经济》2022 年第 11 期原文正文。
② 资源"集聚"功能的异质性分析结果参见《中国工业经济》2022 年第 11 期原文附件。

溢在一定区间内抵消数字通信、视听技术等服务业部分知识外溢的递减效应，诱发知识外溢呈倒"U"形变化。非物化型知识溢出的增加。本文所界定的非物化型知识溢出与专利发明相关，非物化型知识溢出的产生也可能受到物化型知识溢出的影响。这体现为：中国对日本的对外贸易依存度仅次于美国，且中国与日本之间存在的贸易壁垒相对更少，致使两国之间的技术交流更加频繁，这促进了专利发明活动的产生，增加了两大湾区通过专利引用传输非物化型知识溢出的概率，进而在一定区间内抵消了数字通信、视听技术等服务业部分知识外溢的递减效应。

（三）粤港澳大湾区资源"辐射"功能的验证

1. 资源"辐射"功能的主效应分析

粤港澳大湾区获取国际湾区知识外溢的一个重要目的是带动"周边"地区发展，弥合技术距离，表现为资源"辐射"功能。结果显示[①]，$fmulcit$ 的系数均在1%的水平上显著为负，前向多代际技术溢出对技术距离产生消极影响，说明粤港澳大湾区能够发挥资源"辐射"功能，假设 H2 得到验证。

2. 资源"辐射"功能产生的机制分析：中介效应

结合前文，粤港澳大湾区具备资源"辐射"功能，但对资源"辐射"功能产生的内部机制仍有待探讨。本文将吸收能力作为粤港澳大湾区资源"辐射"功能产生的一个中介机制，采用 Edward and Lambert（2007）提出的偏差校正非参数百分位 Bootstrap 法检验中介效应。结果显示[②]，吸收能力是影响粤港澳大湾区资源"辐射"功能产生的中介因素，假设 H2a 得到验证。

---

① 粤港澳大湾区资源"辐射"功能回归结果参见《中国工业经济》2022年第11期原文正文。
② 粤港澳大湾区资源"辐射"功能的中介效应分析参见《中国工业经济》2022年第11期原文正文。

3. 资源"辐射"功能产生的机制分析：有调节的中介效应

本文将技术相似性作为吸收能力的一个调节变量来讨论粤港澳大湾区资源"辐射"功能的内部作用机制，采用 Edward and Lambert（2007）提出的"中介效应差异法"对有调节的中介效应进行分析。结果显示①，吸收能力中介效应差异的95%置信区间不包含 0，说明被调节的中介效应存在，假设 H2b 得到验证。粤港澳大湾区资源"辐射"功能的产生机制得到了进一步的讨论。

4. 资源"辐射"功能的异质性分析

资源"辐射"功能的异质性包括两个方面：①与粤港澳大湾区资源"集聚"功能的异质性分析思路一致，同样考虑不同代际引文背景，分析粤港澳大湾区资源"辐射"功能②。结果显示，从前向引文第 1~3 代看，前向多代际技术溢出对技术距离的弥合程度增加，说明粤港澳大湾区"周边"地区的技术进步主要获益于国际湾区的间接知识外溢。综合考量不同代际引文背景下粤港澳大湾区资源"集聚"与"辐射"估计结果，能够对这个现象作出解释。如前文所述，粤港澳大湾区资源"集聚"过程的主导资源是直接引文；而资源"辐射"过程的主导资源是间接引文。主导资源获取与利用情况的不一致，反映了资源使用效率不高、吸收能力薄弱的现实问题。作为后发国家中的典型区域，粤港澳大湾区与国际湾区存在明显的资源差距，在获取国际湾区的直接知识溢出后，粤港澳大湾区薄弱的吸收能力将妨碍直接知识溢出的利用，这导致国际湾区的间接知识溢出成为粤港澳大湾区"周边"地区技术进步的主要来源。②进一步对国际湾区知识溢出的去向及辐射范围展开讨论。结果显示，国际湾区知识溢出对中国市场上的外国专利技术进步影响较大，可能的原因是：随着外商直接投

---

① 粤港澳大湾区资源"辐射"功能有调节的中介效应分析参见《中国工业经济》2022 年第 11 期原文正文。

② 资源"辐射"功能的异质性回归结果参见《中国工业经济》2022 年第 11 期原文附件。

资的大规模涌入，大批经营分支机构、子公司在中国市场设立，这些经营分支机构、子公司多以中外合资的形式出现，所申请的专利属于共同申请专利，专利所有权隶属于中外企业双方，双方对专利中蕴藏的先进技术享有直接使用权。这种专利更容易接近国际湾区前沿技术，并可通过知识溢出弥合技术距离①。

五　研究结论与政策启示

（一）研究结论

本文从资源"集聚"与"辐射"的角度系统探讨了粤港澳大湾区成为国际创新中心的成长机制。基于2008~2020年全球专利数据库中的引文数据，本文提出了多代际技术溢出测算方法，凸显了间接技术溢出的重要性。以粤港澳大湾区专利为焦点专利，向前与国际湾区专利建立后向引文，用以测量粤港澳大湾区对国际技术溢出中知识溢出的获取，反映资源的"集聚"过程；向后与"周边"地区专利建立前向引文，测量粤港澳大湾区对国际技术溢出中知识溢出的利用，反映资源的"辐射"过程。围绕国际知识溢出的获取与利用，本文分别构建计量模型并进行实证分析。主要结论包括：①粤港澳大湾区在成为国际创新中心的过程中兼具资源"集聚"与"辐射"的功能；吸收能力是粤港澳大湾区资源"辐射"功能得以产生的中介机制，吸收能力的中介作用被技术相似性调节而得以强化。②在资源"集聚"过程中，从后向引文第1~3代看，粤港澳大湾区从国际湾区"集聚"的资源呈线性减少趋势，"集聚"的资源主要为直接知识溢出。对知识溢出的湾区来源的分析表明，粤港澳大湾区从纽约、旧金山湾区"集聚"的资源变化趋势与国际湾区整体变化趋势保持一致，但从东京湾区"集聚"资源的变化趋势却呈倒"U"形，这种差异可以从湾

---

① 稳健性分析回归结果参见《中国工业经济》2022年第11期原文附件。

区产业布局与非物化型知识溢出角度解释。③在资源"辐射"过程中，从前向引文第1~3代看，粤港澳大湾区"周边"地区的技术进步主要受益于国际湾区的间接而非直接知识溢出，粤港澳大湾区"周边"地区对前沿技术的追赶存在最优距离；进一步分析表明，这种间接知识溢出对中国市场上的国外专利技术进步影响最大。④粤港澳大湾区资源"集聚"与"辐射"网络的可视化分析结果强调了间接引文网络的重要性，实证检验结果证实间接引文网络是国际湾区产生知识溢出的重要形式。

（二）政策启示

本文的研究结论对政策制定具有一定的指导意义。粤港澳大湾区作为中国经济发展的重要增长极，打造国际创新中心，助力中国实现科技发展自立自强既是其使命所在，也是其必经之路。基于上述研究发现，本文提出如下政策建议：①强化"集聚"功能，打造全球要素"集聚"中心。粤港澳大湾区作为对外开放的前沿阵地，应深度践行"深入推进改革创新，坚定不移扩大开放，着力破解深层次体制机制障碍"，打造适合国际生产要素跨境流动的整体制度环境，增强对国际湾区前沿生产要素的持续吸引力。针对性措施包括：优化现有经贸体系，积极构筑多边合作关系。例如，以《区域全面经济伙伴关系协定》（RCEP）正式生效为契机，率先与RCEP成员国在贸易和投资领域进行规则对接。2021年，日本正式加入RCEP，中日两国经贸合作更加紧密，加之粤港澳大湾区与东京湾区产业发展路径相仿，中日两国经贸规则的对接，将极大促进东京湾区对粤港澳大湾区的知识外溢。持续优化营商环境。在贸易保护主义、单边主义抬头的当下，粤港澳大湾区在引进全球先进资源的过程中面临着前所未有的挑战。政府应秉持兼容并蓄、互利共赢的开放态度，拓宽国际合作渠道，实施更加开放、更为包容的国际科技合作战略，加大对外商投资权益和知识产权的保护力度，有序放宽境外投资领域和范围，提升对国际资本、人员、信息、技术等生产要素的吸引力,尤其是吸引来自国际湾区的前沿技术资源,最终实现中国在关键核心技术领域的成功破局。②深化"辐射"机制,打造世界级经济增长新引擎。吸收能力是粤港澳大湾区资源"辐射"功能发挥作用的中介机制,与其"周边"地区利用国际知识溢出的过程紧密相关。当前存在的突出问题是粤港澳大湾区"周边"地区吸收能力薄弱,对国际湾区知识溢出利用低效。政府应加强基础设施配套,积极营造优质的创新生态环境,着重培育科研吸收、转化能力。可行性措施包括:在基础设施配套层面,建设综合性科学中心,定时召开前沿成果发布与研讨会;构建高价值专利培育体系,形成政府强有力的保障体系和知识产权评估体系;打造以粤港澳大湾区为主导的创新平台,为吸收能力的培育提供坚实支撑。在创新环境营造层面,出台贷款贴息、研发费用加计扣除等企业创新补贴政策,引导企业参与到国际知识溢出的吸收、转化过程中;营造良好的人才发展环境,完善科技成果转化收益分配机制,调动科研人员吸收、转化国际知识溢出的积极性。③弥补后发劣势,加快创新追赶。通过扩充粤港澳大湾区与国际湾区间接引文网络规模,激活各类创新主体活力,建立广泛的创新基础,深度嵌入全球价值链和创新链,与前沿技术的"弯道超车"形成合力,拉动粤港澳大湾区从全球价值链中低端向高端跃迁。

参考文献

包国宪、关斌:《财政压力会降低地方政府环境治理效率吗——一个被调节的中介模型》,《中国人口·资源与环境》2019年第4期。

陈南旭、王林涛:《中国制造业生产效率提升进程中技术溢出与自主创新的交互贡献》,《数量经济技术经济研究》2022年第5期。

陈昭、欧阳秋珍:《技术溢出的主渠道:外商直接投资还是进口?——一个文献综述与评论》,《经济评论》2009年第5期。

陈昭、杨艳美：《技术冲击与我国经济波动——基于技术溢出视角的研究》，《财经理论研究》2015 年第 1 期。

杜静、魏江：《知识存量的增长机理分析》，《科学学与科学技术管理》2004 年第 1 期。

高凌云、王永中：《R&D 溢出渠道、异质性反应与生产率：基于 178 个国家面板数据的经验研究》，《世界经济》2008 年第 2 期。

寇宗来、刘学悦：《中国企业的专利行为：特征事实以及来自创新政策的影响》，《经济研究》2020 年第 3 期。

林青、陈湛匀：《中国技术寻求型跨国投资战略：理论与实证研究——基于主要 10 个国家 FDI 反向溢出效应模型的测度》，《财经研究》2008 年第 6 期。

潘素昆、杨慧燕：《技术获取型对外直接投资逆向技术溢出效应研究综述》，《工业技术经济》2013 年第 2 期。

屈卫群：《国内图书情报学文献中的自引研究》，《情报理论与实践》1997 年第 6 期。

邵朝对、苏丹妮：《国内价值链与技术差距——来自中国省际的经验证据》，《中国工业经济》2019 年第 6 期。

湛柏明、裴婷：《中间品进口贸易的技术溢出效应研究》，《国际商务》（对外经济贸易大学学报）2019 年第 2 期。

郑江淮、陈喆、康乐乐：《国家间技术互补变迁及其对发明人才跨国流动的影响——一个国际技术发现假说与检验》，《中国工业经济》2022 年第 4 期。

Barney J. B, "Firm Resources and Sustained Competitive Advantage", *Advances in Strategic Management*, Vol. 17, No. 1, 1991.

Baron R. M., D. A. Kenny, "The Moderator-mediator Variable Distinction in Social Psychological Research: Conceptual, Strategic and Statistical Considerations", *Journal of Personality and Social Psychology*, Vol. 51, No. 6, 1986.

Child J., S. B. Rodrigues, "The Interalization of Chinese Firms: A Case for Theoretical Extension", *Management and Organization Review*, Vol. 1, No. 3, 2005.

Cohen W. M., D. A. Levinthal, "Absorptive Capacity: A New Perspective on Learning and Innovation", *Administrative Science Quarterly*, No. 35, 1990.

Edwards J. R., L. S. Lambert, "Methods for Integrating Moderation and Mediation: A General Analytical Framework Using Moderated Path Analysis", *Psychological Methods*, Vol. 12, No. 1, 2007.

Fernández A. M., E. Ferrándiz, J. Medina, "The Diffusion of Energy Technologies, Evidence from Renewable, Fossil, and Nuclear Energy Patents", *Technological Forecasting and Social Change*, No. 178, 2022.

Griliches Z. , "Issues in Assessing the Contribution of Research and Development to Productivity Growth", *Bell Journal of Economics*, Vol. 10, No. 1, 1979.

Haunschild B. , "Network Learning: The Effects of Partners' Heterogeneity of Experience on Corporate Acquisitions", *Administrative Science Quarterly*, Vol. 47, No. 1, 2002.

Hu A. G. Z. , A. B. Jaffe, "Patent Citations and International Knowledge Flow: The Cases of Korea and Taiwan", *International Journal of Industrial Organization*, Vol. 21, No. 6, 2003.

Hu A. G. Z. , "The Regionalization of Knowledge Flows in East Asia: Evidence from Patent Citations Data", *World Development*, Vol. 37, No. 9, 2009.

Jaffe A. B. , M. Trajtenberg, *Patents, Citations, and Innovations: A Window on the Knowledge Economy*, London: MIT Press, 2002.

Jaffe A. B. , M. Trajtenberg, and R. Henderson, "Geographic Localization of Knowledge Spillovers as Evidenced by Patent Citations", *Quarterly Journal of Economics*, Vol. 108, No. 3, 1993.

Keller W. , "The Geography and Channels of Diffusion at the World's Technology Frontier", NBER Working Paper, 2001.

Keller W. , "Trade and the Transmission of Technology", *Journal of Economic Growth*, Vol. 7, No. 1, 2002.

Krammer S. , "Asseing the Relative Importance of Multiple Channels for Embodied and Disembodied TechnologicalSpillovers", *Technological Forecasting and Social Change*, Vol. 81, No. 1, 2014.

Leydesdorff L. , D. Kushnir, and I. Rafols, "Interactive Overlay Maps for U. S. Patent(USPTO) Data Based on InteralPatent Classification(IPC)", *Scientometrics*, Vol. 98, No. 3, 2012.

Luo Y. , R. L. Tung, "International Expansion of Emerging Market Enterprises: A Springboard Perspective", *Journal of International Business Studies*, Vol. 38, No. 4, 2007.

Mancusi M. L. , "International Spillovers and Absorptive Capacity: A Cross – country Cross-sector Analysis Based on Patents and Citations", *Journal of International Economics*, Vol. 76, No. 2, 2008.

Martinelli A. , Ö. Nomaler, "Measuring Knowledge Persistence: A Genetic Approach to Patent Citation Networks", *Journal of Evolutionary Economics*, Vol. 24, No. 3, 2014.

Noailly J. , V. Shestalova, "Knowledge Spillovers from Renewable Energy Technologies, Lessons from Patent Citations", *Environmental Innovation and Societal Transitions*, No. 22, 2016.

Palich L. E. , L. B. Cardinal, and C. C. Miller, "Curvilinearity in the Diversification-performance Linkage: An Examination of Over Three Decades of Research", *Strategic Management Journal*, No. 2, 2000.

Tahmooresnejad L., C. Beaudry, "Capturing the Economic Value of Triadic Patents", *Scientometrics*, Vol. 118, No. 1, 2018.

Verhoeven D., J. Bakker, R. Veugelers, "Measuring Technological Novelty with Patent-based Indicators", *Research Policy*, Vol. 45, No. 3, 2016.

Verspagen B., "Estimating International Technology Spillovers Using Technology Flow Matrices", *Weltwirtschaftliches Archiv*, No. 133, 1997.

（本文原载于《中国工业经济》2022年第11期，收录时有所修订）

改革开放篇

为什么中国需要高水平的"第三次开放"

郑永年 *

摘　要： 2022 年中国共产党提出了五位一体的中国式现代化的定义，即中国式现代化是人口规模巨大的现代化，是全体人民共同富裕的现代化，是物质文明和精神文明相协调的现代化，是人与自然和谐共生的现代化，是走和平发展道路的现代化。这个定义是最全面、最综合、全方位的定义，也是最高标准的现代化定义。这个高标准的现代化定义并不是说我们已经实现了这个现代化，而是代表着我们要努力实现的目标。如何通过高质量、高水平的开放来实现高标准的中国式现代化？大家都意识到了开放很重要，可是做起来真的并不容易。这方面，世界各国有很多历史经验可供借鉴。

关键词： 中国式现代化；第三次开放；全国统一大市场

一　美国的经验与三大开放系统

美国为什么强大？大家会说因为美国有民主、自由，但我个人觉得，促使美国强大的一个更重要的原因是其保持高水平的开放。美国有三大开放系统，即开放的教育系统、开放的企业系统和开放的金融系统。

＊ 郑永年，香港中文大学（深圳）教授，前海国际事务研究院院长。

（一）开放的教育系统

美国自近代以来一直讲究对等开放，即"你向我开放以后我才向你开放"，但美国的教育一开始一直是单边开放的。美国在"二战"期间吸引了大量欧洲的科学家，在美苏冷战期间又吸引了大量苏联东欧的科学家去美国，中国改革开放后美国也从中国吸引了大量的人才。这些年来，我们一直说"东升西降"，但是大家也要意识到，虽然美国面临着严峻的国内治理危机，但它的科技和经济一直在发展。

美国自成立以后经历了多次危机，包括内战、一战、二战、越战、冷战，然而每一次危机之后，美国的技术就会取得显著进步。要意识到这是因为美国是世界人才的高地，世界各国的优质人才很多去了美国。

冷战期间，美国是用世界各国的人才，包括苏联的人才，和苏联展开竞争。今天我们也面临类似的情况，美国用全世界的人才，包括中国的人才和中国展开竞争，对此我们应当有充分的认识。改革开放以后，中国向美国输送了几百万的人才，虽然有一部分回到了中国，但是也有一部分还是留在了美国。现在美国一些重要的经济区域中，外国人口占据的比重很大。纽约湾区和旧金山湾区有大约40%的人口是外国人，硅谷的外国人比例更是达到了60%以上，美国人只占少数。硅谷三分之二的独角兽企业是一代、二代移民所有而不是美国人所有。今天很多技术可以说是"美国制造"的，但并不是"美国人制造"的，是世界人才制造的。

开放的教育系统，使得世界各国的人才都在帮助美国发展。

（二）开放的企业系统

美国的企业是开放的。中国的企业生产采用的是"土豆"模式，企业之间的关系有不少是"土豆"与"土豆"之间互不关联的关系。相比较而言，美国企业之间则大多是互相开放的关系。美国的企业是以何种方式进入中国和世界各地的？就是依靠开放的企业制度，主要表现为把产业链和供应链延伸到世界各地。正如开放的人才系统促使大量的科技人才流向美国，开放的企业系统也促使大量的企业家流向美国。今天的美国有多少企业家不是美国人？

（三）开放的金融系统

无论是大学和科研机构的基础科研，还是企业的应用技术，都需要金融支持。金融体系中最重要的就是美国发明的风投体系。现在很多人还是把风投与金融投机联系在一起，但无论从哪个时期来看，至少"二战"之后，风投是最伟大的金融发明。从基础科研向应用技术转化需要巨额的金融投入，风险巨大，但一旦成功回报也大。政府不可能拿着纳税人的钱去做这么高风险的投资，传统的银行也不可能拿着存款人的存款去做这么高风险的投资，所以美国发明了风投，集中民间闲散资本去做高风险、高回报的投资，同时把风险分散给社会。

要意识到，如果没有一个强大的金融系统，一个经济体很难成为世界经济强国。近代以来，真正意义上的一流的经济强国其实有两个，即19世纪的英国和20世纪以来的美国，这两个国家都有强大的开放的金融系统。日本、德国、法国这些没有强大的金融系统只有实体经济的国家只能算二流的经济强国。

没有强大的金融系统，就不会成为一流的经济强国。用现在的网络语言来说，就是如果只有实体经济而没有金融经济，这个经济体就是会被"割韭菜"的经济体。例如，生产一个杯子是实体经济，但是这个杯子的价格不是实体经济本身决定的，而是掌控金融的经济体决定的，也可以说是美国决定的。

二　不开放的后果

典型案例是苏联。苏联曾两次和世界脱钩。第一次是1917年十月革命之后，苏联选择了和西方国家脱钩。脱钩之后的革命是成功的，但建设遇到了很大的问题。"二战"期间苏联和美国友好，但是，1945年以后东西方阵营形成，以美国为首的西方集团大力围堵苏联，苏联开放受阻。

不开放产生了很多致命性后果。从技术进步的角度来说，主要有两个结果。

一是使得苏联失去了思想市场，苏联的好的思想逐渐枯竭。在冷战期间苏联有很多好的思想提出时间甚至比美国还早，比如芯片。一些好的战略思想也是苏联提出来的，美国则是反应性的。苏联的不开放使其没有了思想的市场，没有了思想争论，因此经常犯方向性错误。

二是使得苏联失去了商品市场。科研投入需要花费巨额的人财物，只有通过市场获得回报才能实现可持续的科研发展，但是苏联的不开放使其只有少数几个国家的市场。另外，苏联非常强调军事，实行计划经济，而计划经济不可能有开放。

苏联失败的经验我们需要吸取，但中国本身的开放经验更为重要。近代以来，我们已经经历了两次开放，而现在要开始进行第三次开放。

第一次开放是两次鸦片战争失败之后的被迫开放。鸦片战争是英国人用中国人发明的火药打开了中国的大门，这值得我们进行深刻反思。火药是中国人发明的，但中国的火药一直停留在应用层面。火药传到西方之后，成为一门学科即火药学，或者至少是化学的重要组成部分。英国思想家培根说，是火药帮助欧洲国家"炸掉了城堡"，促使欧洲从封建体制转型为资本主义社会。

第二次开放是邓小平领导下的主动开放，加入国际社会，与国际接轨。我们今天看到的中国的这一切，就是第二次主动开放的结果。

三　第三次开放与全国统一大市场

现在我们为什么要提出第三次开放？从开放的角度来说，我们面临的是百年未有之大变局。鸦片战争的时候，西方强迫我们开放，我们不得不开放；后来我们主动开放，美国和西方国家也接受我们开放。但是现在开放的条件很不一样了。如今美国等一些西方国家想要遏制中国，"卡脖子"，搞脱钩。在这样的情况下，我们应该怎么应对？我认为，中国需要高水平开放。我们所说的"第三次开放"就是高水平开放。

（一）什么是高水平开放

党的二十大报告提出，稳步扩大规则、规制、管理、标准等制度型开放。这个制度型开放的定义便是高水平开放的定义。

高水平开放不仅仅要适用于对外开放，更需要首先适用于对内开放。中国对内开放的程度远远不够。很多年来，尽管我们的对外政策越来越开放，但一旦执行便困难重重，其中一个原因就是对内开放程度不足。我们可以把内部开放理解成为外部开放基础，内部开放动力越足，外部开放动力就越足。

20 世纪 90 年代初，世界银行的一份报告指出，中国各个省份之间的贸易额远低于各个省份与其他国家和经济体之间的贸易额。比如，广东和福建两个相邻省份之间，在 20 世纪 90 年代贸易额较低，但广东和福建两个省份与东南亚国家和地区之间的贸易额较大。也就是说中国的对外开放程度远远高于对内开放程度。

（二）为什么要建立全国统一大市场

我们国家为什么直到近年才提出要建立全国统一大市场？这些年我们一直在强调内循环，但区域之间生产要素被有效分割，很难流动起来。其实我国的东西部地区都有各自的优势，东部地区在制造业、资本、开放、管理经验、企业家精神等方面有比较优势，西部地区在能源、土地、劳动力成本方面有比较优势。如果这些要素流动起来，那么必将大大提高劳动生产力。这些生产要素为什么流动不起来呢？原因很简单，因为规则、规制、标准不统一。

《粤港澳大湾区发展规划纲要》出台之后，各城市一直在努力进行融合式发展。但现实是，不仅 11 个城市没有融合起来，内地 9 个城市也还没有统一的规则、规制和标准。各个城市在招商的土地标准、税收返还等方面甚至还存在恶性竞争，造成所谓的经济"内卷"。

很显然，要阻止"内卷"，各个城市之间必须互相开放，在拥有统一的规则、规制和标准的条件下，在劳动分工的基础之上，让作为经济主体的企业自主决定投资方向和领域。

（三）中国的企业之间要充分开放

除了国内区域之间、省市之间的开放不充分，中国的企业之间的开放也不充分。有些国有企业不向民营企业开放，有些国有企业之间也不互相开放，有些民营企业之间也不互相开放。

对新能源汽车产业的研究发现，无论是民营企业还是国有企业，如果和特斯拉比较，中国企业的产业链和供应链都相对较短，基本上什么都是自己生产的；而特斯拉的产业链和供应链拉得很长，在很多国家有其供应链和产业链分布。所以说中国企业基本上是相对独立的"土豆"，尽管加总起来量很大，但是大而不强。美国的企业之间相互开放，所以加总起来又大又强，因为只有企业互相开放才能聚力制定规则和标准。

所以，如果想把内循环做起来，国内的规则规制一定要统一，只有这样才能保障区域、省份、城市之间的互相开放。内部开放是最核心的。如果国内的开放做不到，对外的高水平开放也很难做到。

四 单边开放何以重要

在今天严峻的国际形势下，如果要对外实行第三次开放，就必须实行单边开放，即使你不向我开放，我也向你开放。我们现在像美国一样，习惯于对等开放。但是，鉴于客观环境的变化，今天的中国更应该学习践行单边开放的英国，而非学习践行对等开放的美国。今天即使美国等西方一些国家对我国进行遏制，我国也应该坚持向它们开放，向它们的要素开放，向它们的技术开放，向它们的市场开放。

（一）单边开放可以克制反华力量的政治和行政逻辑

美国今天遏制中国、与中国脱钩是其国内冷战派的逻辑。这样做不符合资本逻辑，因为资本是要走出去的；不符合科技逻辑，因为科学技术需要向外延伸；更不符合市场逻辑，因为中国拥有当今世界上最大规模的市场。如果中国践行单边开放，那么美国等一些西方国家的行政当局就很难遏制作为市场主体的资本和企业。简单地说，单边开放可以利用资本逻辑、科技逻辑和市场逻辑来克制西方反华力量的政治和行政逻辑。

（二）单边开放可以拉动区域经济发展

对其他的周边国家（如东南亚国家），中国更需要践行单边开放。应当看到，开放是一个好的国际公共品。美国的开放就为很多国家提供了公共品。中国对于东南亚国家的吸引力在哪里？就在于单边开放。在东盟十国中，除了新加坡，中国相对而言属于较发达的经济体。如果和东南亚经济体进行对等的谈判，将是很不对称的谈判，很多方面的合作会很难达成和推进。目前中国想要拉动区域经济发展，所能做的就是单边开放。

（三）单边开放可实现供应链、产业链延伸

单边开放怎么做？供应链、产业链的延伸是一种方式。中国企业的产业链、供应链一定要延伸到东南亚国家。中国卖整产品的时代已经过去了，也不合时宜了。20世纪80年代前，各个经济体都是卖整产品的，而在80年代以后，伴随全球化的发展，发达国家的企业逐渐选择了向外延伸产业链、供应链。

以新能源汽车为例，我们能否将部分零部件生产延伸到东南亚国家

呢？产业链和供应链的国际延伸产生的是一种共赢经济。产业链一旦延伸，承接部分零部件生产的东道国有了就业、税收，它们就会欢迎中国的企业走出去，同时中国的企业也可以充分利用当地具有比较优势的生产要素，例如劳动力和资源。

（本文原载于《经营管理者》2023 年第 10 期）

我国市场经济体制的建立和完善

袁晓江[*]

摘　要： 提出有计划的商品经济，确立非公有制经济的地位，建立社会主义市场经济体制，是我国改革开放以来经济体制改革的重点。2018 年是中国改革开放 40 周年，经济体制改革一直是 40 年来改革的主题和主线，而经济体制改革的重点是突破计划经济体制，建立市场经济体制。本文将回顾 1978~2018 年我国市场经济体制的建立过程，以及成功经验、存在的问题和发展的趋势，为市场经济再出发扫清思想、体制和机制障碍。

关键词： 市场经济体制；非公有制经济；经济体制改革

一　提出有计划的商品经济

1978 年党的十一届三中全会提出以经济建设为中心，为商品经济提供了思想、理论和制度保障。

（一）计划经济的功与过

我国为什么要实行计划经济？首先必须了解党的指导思想。党的指导思想首先是马克思列宁主义。"马克思是全世界无产阶级和劳动人民的革命导师，是马克思主义的主要创始人，是马克思主义政党的缔造者和国际

---

　*　袁晓江，深圳市委党校原校委委员，二级教授、研究员。

共产主义的开创者，是近代以来最伟大的思想家。"① 马克思是德国人，为了研究资本主义，他到了英国，用 40 多年的时间完成宏篇巨作《资本论》。英国当时为最发达的资本主义国家，英国最早完成工业革命，最早建立资产阶级政权。马克思通过对英国的分析发现了人类社会发展的规律，也发现了经济发展的规律，即要从私有制向公有制转变，而公有制的主要内涵是计划经济和按劳分配。

马克思对人类社会发展规律的判断非常正确，但是，我们忽视了一个很重要的问题，即我国没有经历过资本主义。不是我们不愿经历资本主义，而是帝国主义列强不让我们经历，帝国主义列强的侵略改变了我国的发展进程。中华民族从来都不屈服于外来压迫，中国共产党带领中国人民推翻帝国主义，建立社会主义新中国。新中国成立初期，我们动员全国的力量，迅速恢复生产，建立国民经济体系。这期间，计划经济起到了极为重要的作用。但是，计划经济的弊端也越来越明显，国民经济日益复杂，计划很难实现全覆盖，计划经济还造成平均主义、"大锅饭"、出工不出力等问题。

（二）对商品经济的探索

计划经济依靠行政命令，因此，当时我国的生产经营单位更像军事组织，工厂并不是独立的经营主体，而是相当于行政部门。只有采用这样的管理方式，计划指令才会畅通无阻，得到有效执行。但是，这种忽视经济规律、忽视个人利益的经营方式，很难调动积极性。

改革开放初期，计划经济体制开始松动。在农村，以分田到户为主要形式的联产承包责任制迅速推开；在城市，租赁制、承包制成为生产经营的重要方式。我国长期以来，生产方式以"集体"为主，即集体出工、集体出力，个人单干往往会受到限制和批判，被称为个人主义。农村和城市

---

① 习近平:《在纪念马克思诞辰 200 周年大会上的讲话》，人民出版社，2018。

的改革，个体起着重要作用，或以单个人为主，或以几个人为主。以个体为主体的生产方式和经营方式的大量出现，为商品经济奠定了基础。

1984 年党的十二届三中全会通过《中共中央关于经济体制改革的决定》。如果说党的十一届三中全会的召开代表着改革的起步，那么党的十二届三中全会的召开则代表着改革的全面推进。会议分析计划经济的主要弊端是：政企职责不分、条块分割，国家对企业统得过多过死，忽视商品生产、价值规律和市场的作用，分配中平均主义严重。会议认为，改革计划体制，首先要突破把计划经济同商品经济对立起来的传统观念，明确认识社会主义计划经济必须自觉依据和运用价值规律，是在公有制基础上的有计划的商品经济。商品经济的充分发展，是社会经济发展不可逾越的阶段，是实现我国经济现代化的必要条件。这是我国第一次提出"有计划的商品经济"，大大突破传统的计划经济体制。[①]

1987 年党的十三大报告第一次提出"社会主义的初级阶段"论断，为有计划的商品经济提供了理论依据。会议认为：我国正处在社会主义的初级阶段。不承认中国人民可以不经过资本主义充分发展阶段而走上社会主义道路，是革命发展问题上的机械论。我们的社会主义脱胎于半殖民地半封建社会，生产力水平远远落后于发达的资本主义国家，这就决定了我们必须经历一个很长的初级阶段，去实现别的许多国家在资本主义条件下实现的工业化和生产的商品化、社会化、现代化。[②]

（三）有突破有遗憾

《中共中央关于经济体制改革的决定》的出台是一个标志性事件，也是一个转折点，标志着计划经济不再是唯一的经济形式，过去长期否认的商品经济，成为社会的主流。"有计划的商品经济"的提出是一个重大突

---

① 《中共中央关于经济体制改革的决定》，1984 年 10 月 20 日。
② 《沿着有中国特色的社会主义道路前进》，1987 年 10 月 25 日。

破，比单纯的计划经济大大进步了。但是，此时我们对商品经济的认识还有很大的局限性，希望在计划的体制内搞商品经济。党的十二大提出"计划经济为主、市场调节为辅"；党的十二届三中全会提出"有计划的商品经济"；党的十三大提出社会主义有计划的商品经济的体制应该是计划与市场内在统一的体制；党的十三届四中全会后，提出建立适应有计划商品经济发展的计划经济与市场调节相结合的经济体制和运行机制。

实际上，计划经济和商品经济是两种独立的经济形式，很难兼容。商品经济主要由市场调节，"看不见的手"发挥重要作用。如果由计划控制商品经济，就不是真正意义上的商品经济。我国之前长期实行计划经济，对商品经济并不熟悉，出现这样的认识局限，是可以理解的。当时，市场经济被贴着资本主义的标签，属于禁区，所以只能迈出一小步。但是，这一小步是突破性的，必将通向市场经济。

二 确立非公有制经济的地位

计划经济不需要太多竞争，所以生产经营主体单一，主要是以公有制为主的国营经济和集体经济。市场经济是自由竞争经济，只有出现众多市场主体，才会形成市场经济。因此，非公有制经济的大量产生，推动形成了市场经济。

（一）非公有制经济从非法到合法

传统理论认为，非公有制经济产生剥削，应该受到限制直至消除。新中国成立初期，我国用五年时间进行社会主义改造，主要是引导个体农民、个体工商户走集体化道路，对私营企业进行公私合营，最终国有化。经历"文化大革命"后，我国个体经济、私营经济基本消失，出现长达20多年的断层。当前的个体经济和私营经济，都是改革开放以来出现的。

年广久，安徽芜湖人，从小在当地乞讨摆小摊，后跟师傅学炒瓜子。

其瓜子个大、味香、价廉，他的生意非常好，但从不涨价，同行称他傻子。年广久从中得到启发，将自己的品牌称为"傻子瓜子"。1983 年年广久的生意越来越大，从小作坊发展到雇工 100 多人的工厂。当地公安部门逮捕他，并取缔他的工厂。

情况被反映到邓小平同志那里，他曾三次提到"傻子瓜子"，在《邓小平文选（第三卷）》中有两处关于傻子瓜子的论述。由于这种"待遇"，"傻子瓜子"号称中国第一商贩。1984 年邓小平同志在中央顾问委员会第三次全体会议上说："前些时候那个雇工问题，相当震动呀，大家担心得不得了，我的意见是放两年再看。那个能影响到我们的大局吗？如果你一动，群众就说政策变了，人心就不安了。你解决一个'傻子瓜子'，会牵动人心不安，没有益处。让'傻子瓜子'经营一段，怕什么？伤害了社会主义吗？"① 邓小平同志一锤定音，"傻子瓜子"得以继续经营，更重要的是，中国雇工经营的私营经济得以生存和发展，直至合法化。

1988 年国务院颁发《中华人民共和国私营企业暂行条例》，从法规、政策上确立私营企业的合法地位。第二条规定，私营企业是指企业资产属于私人所有、雇工八人以上的营利性的经济组织。

（二）非公有制经济从配角到主角

非公有制经济合法化后，仍不是社会主义经济的主体。为了防止其"私有"的性质扩大，将其严格限制在一定范围内。1988 年宪法修正增加了非公有制经济的条款，规定："国家允许私营经济在法律规定的范围内存在和发展。私营经济是社会主义公有制经济的补充。国家保护私营经济的合法的权利和利益，对私营经济实行引导、监督和管理。"

随着非公有制经济的高速发展，其在国民经济和社会发展中的地位和作用越来越重要，我们对非公有制经济的认识也有了新的变化。党的十五

① 邓小平：《邓小平文选（第三卷）》，人民出版社，1993。

大报告提出，公有制为主体，多种所有制共同发展，是我国社会主义初级阶段的一项基本制度。非公有制经济是我国社会主义市场经济的重要组成部分。党的十六大指出：必须毫不动摇地巩固和发展公有制经济。必须毫不动摇地鼓励、支持和引导非公有制经济发展。个体、私营等各种形式的非公有制经济是社会主义市场经济的重要组成部分。2003 年 10 月《中共中央关于完善社会主义市场经济体制若干问题的决定》指出：个体、私营等非公有制经济是促进我国社会生产力发展的重要力量。2004 年 3 月我国宪法修正后规定：私营经济等非公有制经济，是社会主义市场经济的重要组成部分。2005 年国务院颁发《关于鼓励支持和引导个体私营等非公有制经济发展的若干意见》，全方位放开非公有制经济的发展。

党的十八届三中全会进一步提出非公有制经济的核心是"产权保护"。指出，公有制为主体、多种所有制经济共同发展的基本经济制度，是中国特色社会主义制度的重要支柱，也是社会主义市场经济体制的根基。公有制经济和非公有制经济都是社会主义市场经济的重要组成部分，都是我国经济社会发展的重要基础。产权是所有制的核心。公有制经济财产权不可侵犯，非公有制经济财产权同样不可侵犯。

2016 年 3 月 4 日，习近平总书记看望参加全国政协十二届四次会议的民建、工商联委员，并参加联组会，听取委员们意见和建议。他说：必须毫不动摇巩固和发展公有制经济，毫不动摇鼓励、支持和引导非公有制经济发展。非公有制经济在我国经济社会发展中的地位和作用没有变，我们鼓励、支持、引导非公有制经济发展的方针政策没有变，我们致力于为非公有制经济发展营造良好环境和提供更多机会的方针政策没有变。要健全以公平为核心原则的产权保护制度，加强对各种所有制经济组织和自然人财产权的保护。[①]

---

① 《毫不动摇坚持我国基本经济制度 推动各种所有制经济健康发展 俞正声参加看望和讨论》，《人民日报》2016 年 3 月 5 日。

党的十九大指出，保护人民人身权、财产权、人格权。激发和保护企业家精神，鼓励更多社会主体投身创新创业。

（三）仍有问题有待解决

非公有制经济的合法地位已确立，合法经营已受保护，但仍有理论问题没有得到彻底解决。从非公有制经济的发展进程可以看出，制约非公有制经济的三大问题都基本得到解决。一是理论问题，确定非公有制经济是社会主义的统一体，而不是对立面。二是法律问题，确定私人财产权不受侵犯。三是经营问题，确定非公有制经济未禁即入，几乎所有领域都可以进入。

但是，目前还有一个问题没有完全解决，那就是非公有制经济人士的社会地位。按照目前的法律和政策表述，我国工人、农民、知识分子是社会主义的"劳动者"，而非公有制经济人士是社会主义的"建设者"。劳动者是社会主义的主人，是社会的主体，是社会进步的主要力量。他们没有雇佣劳动关系，是劳动的贡献者。建设者还不能完全被看成社会主义的主人，他们只是对社会主义有重要贡献的群体。他们存在雇佣劳动关系，存在非劳动收入。

三 建立社会主义市场经济体制

"有计划的商品经济"不能完全满足市场经济体制的要求，一些地方开始直接推行市场经济。深圳是我国改革开放的前沿，1980年建立经济特区后，深圳大力发展市场经济，最终建立市场经济体制。

（一）市场经济的实践

深圳经济特区以经济体制改革为主线，同时配合进行行政体制和社会体制改革。

一是建立市场价格机制。我国计划经济体制的一个重要特征是政府定价，基本不反映市场需要。深圳经济特区建立初期的一项重要改革，是建立市场价格机制。深圳经济特区建立后，外来人口急剧增加，计划分配粮食遇到困难，农副产品的供应也严重不足。由此，自由市场价格飞涨，居民日常生活开支大大增加。1982 年深圳市政府提出"以调为主，调放结合，分步理顺价格体系与价格体制"的物价改革方针。到 1984 年初，除粮、油、肉等九种商品外，其他商品价格基本放开。长期以来使用的票证被取消，居民可以自由购买商品。

二是土地制度改革。土地是重要的生产要素，是财富的源泉。但是，在计划经济时期，应该流转的生产要素土地被固定化，土地被无偿占用，当时国家规定土地不能转让。深圳将土地所有权和使用权分开，规定土地使用权可以转让，分为三种转让形式，即公开拍卖、招标和协议。1987年深圳敲响了我国土地使用权拍卖的第一槌。1988 年 4 月 12 日，七届全国人大一次会议通过的《中华人民共和国宪法修正案》对原有条款"任何组织或者个人不得侵占、买卖、出租或者以其他形式非法转让土地"修正为"任何组织或者个人不得侵占、买卖或者以其他形式非法转让土地。土地的使用权可以依照法律的规定转让"。

三是建立证券市场。证券市场的建立是改革的必然结果。市场经济要求企业是独立的市场主体，对价格、汇率、利率等高度敏感。深圳一方面通过政府机构改革，撤销直接管理企业和具体经济活动的政府部门；另一方面对企业进行股份制改革，将企业作为独立经济单位推向市场。企业股份化后，股票必然流动，建立证券市场势在必行。1987 年，深圳发展银行进行股份制改造后发行股票，成为新中国第一家股份制银行，随后，深圳特区证券公司、深圳市国投证券部和中行证券部相继开业，为股票交易做准备。随着股票交易量的扩大，深圳急需更大、更正规、更专业的交易机构。1990 年 12 月 1 日，深圳证券交易所试营业；1991 年 5 月 15 日，我国第一个股票市场管理条例《深圳市股票发行和交易管理暂行办法》出台；1991 年 7 月 3 日，经国务院批复，深圳证券交易所正式开业。深圳建立证券交易所，使资本这个重要的生产要素流动起来，资本方面的理论问题也逐一得到解决。

（二）市场经济体制的确立

1992 年邓小平同志南方谈话明确指出，特区姓社不姓资，这实际是充分肯定经济特区建立市场经济体制的做法。在南方谈话中，有很大的篇幅讲计划与市场的关系。邓小平同志说："计划多一点还是市场多一点，不是社会主义与资本主义的本质区别。计划经济不等于社会主义，资本主义也有计划；市场经济不等于资本主义，社会主义也有市场。计划和市场都是经济手段。"邓小平同志还说，"社会主义要赢得与资本主义相比较的优势，就必须大胆吸收和借鉴人类社会创造的一切文明成果"。[1]

根据邓小平同志南方谈话，1992 年 6 月 9 日，江泽民同志在中共中央党校省部级干部进修班上的讲话中，第一次提出建立社会主义市场经济体制。他说："历史经验说明，商品经济的充分发展是实现社会经济高度发达不可逾越的阶段。充分发展的商品经济必然离不开充分发育的完善的市场机制。那种认为市场作用多了，就会走上资本主义道路的担心，是没有根据的，也是不正确的。"他接着说："不要以为搞点市场经济就是资本主义道路，没有那么回事。"江泽民同志还回顾了我国经济体制的变化历程，并提出关于经济体制问题有三种提法：一是建立计划与市场相结合的社会主义商品经济体制，二是建立社会主义有计划的市场经济体制，三是建立社会主义的市场经济体制。江泽民同志说："我个人的看法，比较倾向于使用'社会主义市场经济体制'这个提法。"[2]

1992 年 10 月党的十四大报告指出，我国经济体制改革确定什么样的

---

① 邓小平：《邓小平文选（第三卷）》，人民出版社，1993。
② 江泽民：《江泽民文选（第一卷）》，人民出版社，2006。

目标模式，是关系整个社会主义现代化建设全局的一个重大问题。这个问题的核心，是正确认识和处理计划与市场的关系。传统的观念认为，市场经济是资本主义特有的东西，计划经济才是社会主义经济的基本特征。党的十一届三中全会以来，随着改革的深入，我们逐步摆脱这种观念，形成新的认识，对推动改革和发展起了重要作用。实践的发展和认识深化，要求我们明确提出，我国经济体制改革的目标是建立社会主义市场经济体制，以利于进一步解放和发展生产力。

这是我们党在理论和实践上的一次重大突破，党的十四大之后，深圳加快完善市场经济体制。

（三）防止市场经济的异化

任何制度都不是完美无缺的，市场经济体制也不例外。市场经济体制建立在人的利益基础上，市场主体都会关注自身的利益，因此会产生激烈的竞争，有竞争就有活力。但是，市场经济也会过度刺激市场主体，使其作出违反法律、违背道德的行为。如欺行霸市、假冒伪劣、囤积居奇、尔虞我诈等。

市场经济是法治经济，市场经济也是道德经济。为了防止经济的异化，要制定严格的法律，让市场经济运行在正确的轨道上；要形成市场经济的道德行为，避免见利忘义、忘恩负义。

四　明确政府与市场的关系

从 20 世纪 90 年代开始，我国市场经济体制逐步建立起来，但是由于我国长期实行计划经济，其巨大的惯性仍然存在，我国的市场经济体制并不完善，一个突出问题是市场这只"看不见的手"的作用很有限。

（一）市场在资源配置中起决定性作用

2013 年 11 月，党的十八届三中全会审议通过了《中共中央关于全面

深化改革若干重大问题的决定》。提出全面深化改革的总目标是，"完善和
发展中国特色社会主义制度，推进国家治理体系和治理能力现代化。必须
更加注重改革的系统性、整体性、协同性"，"经济体制改革是全面深化改
革的重点，核心问题是处理好政府和市场的关系，使市场在资源配置中起
决定性作用和更好发挥政府作用。市场决定资源配置是市场经济的一般规
律，健全社会主义市场经济体制必须遵循这条规律，着力解决市场体系不
完善、政府干预过多和监管不到位问题"。[①]

这是我国第一次提出"市场在资源配置中起决定性作用"，之前的表
述是"基础性作用"。这意味着我国市场经济已经向纵深发展，市场不是
发挥一般性作用，而是发挥决定性作用。这也意味着政府将从市场竞争中
退出，主要关注市场秩序的维护。

（二）政府主要职责是维护市场秩序

政府"有形的手"与市场"无形的手"如何配合，没有统一的模式，
也没有一成不变的做法。总体来说，市场负责自由竞争，政府负责竞争的
秩序。

一是保障企业快速进入市场。降低门槛，提高效率，让所有愿意创业
的企业快速顺利进入市场。深圳市率先在全国进行商事登记制度改革，成
效显著。先后推出"先证后照""多证合一"等一系列改革。近年来推出
"30证合一"，全面实行"一套材料、一表登记、一窗受理"。深圳的商事
主体数量居全国大中城市第一位，新登记商事主体数量占广东省的近1/3。

二是保障企业快速退出市场。有进有退、有生有死，是市场经济的常
态，也是市场经济生机活力的源泉。企业退出市场，主要有注销、破产和
吊销营业执照等方式。如果经营关系比较简单，以注销方式退出市场较为
便利。但是，如果企业经营关系复杂，注销就很难办理。按照《公司法》

---

① 《中共中央关于全面深化改革若干重大问题的决定》，人民出版社，2013。

要求，即使所有流程都不耽误，注销也需要半年。如果采取破产方式，企业退出市场需要 1~2 年。香港企业退出机制较为完善，香港登记注册的企业有 11 万多家，每年新增 1 万多家，退出 1 万多家。目前各地企业"快进"问题已经解决，但"快退"问题较多，关注不够、措施不够。政府应重点研究解决企业退出市场问题，采取更加简便的方式，加速企业退出。

三是保障监督企业遵纪守法。商事登记制度改革，让企业能够快速进入市场，主要基于一个理念，即对企业的信赖，但并不是所有企业都值得依赖。市场经济建立在信用基础上，要把监管的重点从事前移到事中和事后，特别是对运行异常的企业要严管。目前信用体系建设还不够完善，政府职能分散、信息采集不全面，信息共享不够、信息运用不到位。人无信不立、业无信不兴、国无信不强。发达国家和地区信用体系建设有近一百年的历史，一般有三种模式：一是完全由政府主导，二是政府主导、企业参与，三是完全市场化。政府应重点研究解决信用体系建设问题，采取政府主导、企业参与模式，构建统一信息平台，真正做到"让失信者寸步难行，让守信者一路畅行"。

（三）建设良好的营商环境

世界银行《营商环境报告》是目前全球影响力最大、最权威的营商环境报告之一。世界银行从 2003 年开始对全球 100 多个经济体的营商环境进行排序，2018 年评估的经济体达到 190 个。评估指标主要有开办企业、办理施工许可证、电力供应、登记财产、获得信贷、保护中小投资者、纳税、跨境贸易、执行合同和办理破产等。"保护中小投资者"主要有信息披露程度、公司透明度指数、董事责任程度、股东权利指数、诉讼便利度、所有权和管理控制指数 6 个子指标。2018 年，在全球 190 个经济体的营商环境排名中，新西兰和新加坡分别名列第一和第二位，我国名列第78

位。世界银行《营商环境报告》对投资导向，以及各国和地区改善营商环境，起到重要作用。

营商环境反映了综合竞争力。深圳经济特区建立至今已经初步建立起市场经济体制，2018年2月《深圳市关于加大营商环境改革力度的若干措施》印发，提出建设世界一流营商环境。市委六届九次全会要求2020年基本建成现代化国际化创新型城市，高质量全面建成小康社会；2035年，建成可持续发展的全球创新之都，实现社会主义现代化；21世纪中叶，建成代表社会主义现代化强国的国家经济特区，成为竞争力影响力卓著的创新引领型全球城市。只有建设世界一流营商环境，才能顺利达到我们的目标。在营商环境方面，要做到内资与外资一视同仁。建立外商投资负面清单制度，清单之外投资备案制度，对外商企业设立采取备案管理，与港澳地区开展双向人民币融资等。

我国市场经济体制的建立，既借鉴了西方发达国家的做法，也充分考虑了我国的实际情况。如我国从计划经济到市场经济需要有较长时间的过渡期，不能操之过急；我国市场经济体制建立的时间较短，政府的作用仍然需要强有力；我国各地情况千差万别，而且发展程度相差较大，因此不能套用一个模式。改革开放，推动了市场经济的大发展，市场经济体制日趋成熟，未来要进一步完善市场经济的体制、机制及各种制度，为中华民族伟大复兴奠定坚实的经济基础。

（本文原载于《理论研究》2018年第5期）

深圳优化营商环境的实践经验和理论启示：制度逻辑与制度融贯性的视角

曾宪聚　严江兵　周　南[*]

　　摘　要：优化营商环境是构建新型生产关系的重要内容，有助于促进资金、技术、人才等各类发展要素的快速集聚，为因地制宜加快发展新质生产力积累独特的竞争优势。深圳改革开放的实践经验表明，注重政府逻辑、市场逻辑和社会逻辑的协同作用并保持制度融贯性是深圳营商环境得以不断优化的制度性原因。政府逻辑的引导性作用体现为，通过顶层设计和政策制定，为企业提供稳定、公平、透明的营商环境；市场逻辑的基础性作用体现为，通过市场机制激发企业活力和创新能力，推动资源的有效配置；社会逻辑的支撑性作用体现为，通过职能让渡，充分发挥社会组织和中介机构在规范市场秩序、提供公共服务等方面的作用。而这三者的逻辑共生应当以保持制度融贯性为前提。在多重制度逻辑相互嵌套的中国情境中，制度融贯性是确保营商环境持续优化的重要条件，通过保持政策的连续性、稳定性和动态适应性，能够为企业提供可预期的营商环境，降低制度性交易成本，增强企业家的信心和投资意愿。因此，建设市场化、法治化、国际化一流营商环境需要协调发挥政府逻辑的引导性作用、市场逻辑的基础性作用、社会逻辑的支撑性作用，同时需要保持制度融

---

　　[*] 曾宪聚，教授，深圳大学社会科学部主任、新质生产力研究院执行院长；严江兵，深圳大学管理学院硕士研究生；周南，深圳大学管理学院教授。

贯性，持续提升制度质量，从而为新质生产力的加快形成和高质量发展提供坚实的制度保障。

关键词：营商环境；制度融贯性；制度逻辑；高质量发展

引言

在全面深化改革、进一步推进新时代中国特色社会主义事业进程中，中国还面临着一系列挑战，经济社会发展质量急需提升。党的十九大明确指出，中国的发展已经进入新时代，经济也由高速增长阶段转向高质量发展阶段。在高质量发展背景下，营商环境对于企业创新创业、经济社会发展的重要性日益凸显。《中共中央　国务院加快建设全国统一大市场的意见》要求加快营造稳定公平透明可预期的营商环境。因此，如何优化营商环境以推动高质量发展成为具有重大理论价值和实践意义的研究课题。

环境是企业采取战略行为和获取成果的重要影响因素之一，市场经济下，企业的各种经营活动都是在一定的外部环境中展开的。营商环境则是指影响企业建立和运营活动的所有外部环境，包括政府政策、行业管制、基础设施等各个方面。研究表明，营商环境的改善具有降低企业成本、保障企业家将时间精力更多配置在经营活动领域等积极作用。而且，营商环境对宏观经济发展也会产生重大影响，优化营商环境有助于增加创业活动、促进生产性投资，同时有助于推动产业集群发展，提升企业自主创新能力。

根据亚布力中国企业家论坛第十八届年会发布的"亚布力论坛·新华中国营商环境指数"，深圳位居榜首。由于营商环境的不断优化，深圳的企业呈现出强大的市场活力和创新活力。数据显示，2017 年深圳上市公司共实现营业收入 31901.36 亿元，净利润 3463.36 亿元，同比分别增长14%、25%；在企业研发方面，深圳上市公司共投入 474.23 亿元，占全国上市公司总研发支出的约 10%。在优化营商环境的过程中，深圳有很多方面的探索创新值得系统梳理和借鉴推广。本文将从制度逻辑和制度融贯性的视角，初步总结深圳经验，以期在此基础上为其他省市优化营商环境提供经验参考与理论启示。

一 深圳高质量发展过程中营商环境优化的制度融贯性

制度通常是指为社会生活提供稳定性的规制性、规范性和文化-认知性要素，以及相关的活动与资源。一般来说，营商环境是反映一个地方经济发展和社会治理的综合指标，包括基础设施、政府服务、文化传统、法治水平、产业配套等方面。由此可以看出，营商环境与制度的规制性、规范性和文化-认知性要素息息相关。因此，在优化营商环境的过程中，保持制度融贯性（institutional coherence）尤为重要。

在现有制度研究中，coherence 主要是指不同制度或制度结构要素的相互补充，即制度互补性（institutional complementarity）。在融贯的制度体系内，某一制度的效率（efficiency）会得益于其他制度的存在和运行。而本文认为，制度融贯性应该包括互补性和连续性两个方面：从横向来说，场域内的不同制度之间具有互补性，不同制度能够协同发挥作用并相互受益，具有统一的目标和价值取向；从纵向来说，在时间维度上，制度还应该具有一定的连续性。在一系列的制度设计、制度实施、制度改进的过程中，从整体来看，这些制度"必须体现某种明晰可见的价值倾向"。也就是说，制度融贯性要求不同的制度在同一时间，或者同一制度在不同时间不仅没有逻辑的矛盾，而且要具有统一的价值倾向和目标导向。

制度融贯性何以能够影响营商环境，进而推动经济社会的高质量发展？研究显示，制度之间的互补性对于经济发展和企业都有比较积极的影响。如果制度体系中存在明显的制度冲突，那么个体或者组织很容易陷入"做某事且不做某事""禁止做某事且允许做某事"的困境。在这种制度体系下，企业决策者难以形成稳定的制度预期，反而受到多重矛盾约束与相互冲突制度的影响和掣肘。而如果制度之间能够互补，这种矛盾将会被大大削减。同时，制度互补性意味着一种制度的存在能够提升另一种制度的效率。不同的制度有各自的功能与分工，如果能够相互协调，将会产生"1+1>2"的协同效应。需要注意的是，在区域或企业发展过程中，可能会遇到诸如生态保护与绩效要求之间的矛盾问题。在这种情况下，为了避免制度冲突，决策者需要重点考虑目标的优先序及与之对应的深层次制度安排。

制度连续性对营商环境的影响更加明显。现有关于制度连续性的研究主要集中在规制层面（regulation），即政治不确定性和政策不连续性。在中国，官员变更及其引起的政策不连续性是影响制度连续性的主要因素。研究表明，不同官员的个人特质具有明显区别，所以不同官员任期内的经济行为与决策也大多存在着明显的异质性。而由于官员的任期制和相对应的考核标准，地方官员往往只关心任期内的短期经济增长，忽略社会经济发展的长期影响。因此，官员更替往往伴随着已有政策的中断和新政策的推行，由此引发营商环境的不稳定性并成为经济发展的重大阻碍。同时，省市级主要官员的变更对地方投资增长率、地方财政效率、行业可持续增长等方面都具有显著影响。如果政府在打造营商环境的过程中，官员变更导致制度缺乏连续性和稳定性，"新官不理旧官账"的现象层出不穷，制度被迫中断甚至倒退转向，就会恶化营商环境，损害企业合法权益。为了应对主要官员更替可能带来的政策变化，企业可能会缩减投资支出与创新投入，而不敢采用基于稳定预期的长期投资策略。

深圳在优化营商环境的实践过程中，重视制度融贯性建设。从历史视角来看，深圳致力于从制度层面优化营商环境，从而有效减轻了企业负担，激发了企业活力，尽可能推动企业进行探索与创新，为高质量发展奠定了坚实的微观经济基础。

（一）战略顶层设计的制度连续性

深圳自从面临四个"难以为继"的发展难题①以来，就不断对未来发展模式进行思考和探索。通过不断对比自身与新加坡、香港等发达城市的差距，深圳瞄准了质量型增长道路。2010年10月，深圳市发布《关于加快转变经济发展方式的决定》，提出从"深圳速度"向"深圳质量"跨越。深圳市连续多年在《政府工作报告》中明确"深圳质量"的理念，不断深入阐述"深圳质量"的内涵和要求，提出"有质量的稳定增长，可持续的全面发展"。

2014年，深圳在《政府工作报告》中提出打造深圳标准、铸就深圳品牌，明确了深圳质量的方向和实现路径。同年10月，深圳市人大常委会发布《关于加强深圳经济特区标准建设若干问题的决定》，以立法形式确定"深圳标准"建设的总体目标、基本原则和主要内容；市政府同时推出了打造深圳标准构建质量发展新优势的指导意见及行动计划两个配套规范性文件。由此，在全国范围内，深圳最先完成了标准建设的顶层制度设计，提出在经济建设、政府服务、社会发展、生态文明、文化建设等领域构建标准体系，将"深圳标准"融入社会的方方面面。

从"深圳速度"到"深圳质量"再到"深圳标准"，这些都是深圳市在战略层面提出的宏观的制度发展理念，是关于深圳发展模式的顶层制度设计与探索。其目的始终是释放企业活力，进而提高经济和社会发展水平，具有高度的制度连续性。而在"深圳质量"和"深圳标准"理念的指导下，深圳市的一系列政策和举措使得营商环境得以改善。

（二）优化营商环境措施的制度互补性

营商环境包括影响企业经营活动的政治、经济、社会等各方面的因

---

① 四个"难以为继"是指深圳在发展过程中土地、空间有限难以为继，能源、水资源短缺难以为继，人口承载力难以为继，环境承载力难以为继。

素，这意味着营商环境的优化不能靠某一种制度单独发挥作用，而需要整个制度体系的协调。2018 年 1 月，深圳市发布《深圳市关于加大营商环境改革力度的若干措施》，计划从贸易投资、产业发展、人才发展、政府服务、绿色发展和法治建设六个方面，进一步对深圳营商环境改革进行系统谋划和设计。

这六个方面的改革措施互为依托，相辅相成。营造产业发展环境和人才发展环境，目的是解决企业内部运营中的成本（如租金、税费等）高昂问题以及人才缺失问题。营造良好的政务环境、法治环境以及贸易投资环境则有助于政府提供优质的企业外部服务，降低交易成本。绿色发展环境指的是城市环境，主要包括绿色低碳的生产生活方式、城市国际化程度、政商关系、居民素质等方面。城市环境并不局限于某一行业、某一领域，对于企业来说是更为宏观的环境。此六个方面层次分明，互为表里，相关措施对企业产生全方位的积极影响。

制度互补性在各政府部门以及区域之间的具体行动中也有体现。在知识产权保护领域，深圳出台了《深圳市关于新形势下进一步加强知识产权保护的工作方案》，从八个方面提出了 36 条具体措施，并积极推进《深圳经济特区知识产权保护条例》的制订。税收领域，2018 年 4 月 2 日，深圳市国税局、地税局共同发布了优化深圳税收营商环境 20 条措施，主要内容包括减税降负、简化办税流程、拓展网上办税等。引进外资领域，深圳市从外资准入、税收优惠、科技研发等多个方面提出 40 余条具体的政策措施，给予外资企业极大便利。2018 年 4 月 25 日，前海蛇口自贸片区正式发布《前海蛇口自贸片区及前海合作区着力打造最佳营商环境改革行动方案（2018—2020）》。这些优化营商环境的行动，是对深圳市总体规划措施的具体化，既体现了纵向级别上的互补，又体现了横向部门或区域之间的互补。

在更加具体的制度建设中，互补性同样存在。以知识产权保护为例，除了知识产权管理机构的不断调整，知识产权保护的司法制度也在不断改革。2017 年 12 月，深圳知识产权法庭在前海成立，专注于处理知识产权的相关纠纷。同时，深圳还加强知识产权保护相关行政管理队伍建设。这一系列举措都体现了深圳注重加强知识产权保护的制度互补性。整体来看，制度的互补性既体现在规划与实施之间，又存在于各执行部门、各区域之间。这些政策和改革措施相互协同，紧密配合，层层递进，对于优化深圳市整体营商环境具有不可替代的重要作用。

二 深圳高质量发展过程中营商环境优化的制度逻辑

在场域中往往并存着多种制度逻辑，它们各自的作用和影响只有在相互作用中才能被恰如其分地理解和认识。在转型期的中国，政府（国家）逻辑、市场逻辑和社会逻辑三大逻辑共同存在并相互影响。营商环境属于公共治理活动的产物，因此在优化营商环境过程中政府会起到重要作用。从理论上分析，"营商环境"是建立在企业这一市场主体之上的概念，与市场和社会同样息息相关。营商环境整体上受到政府逻辑、市场逻辑和社会逻辑这三大制度逻辑的系统影响和制约。

（一）优化营商环境中的政府逻辑

政府逻辑是指有关政府和政策决策过程的稳定制度安排，其影响主要体现在执政理念和政府行为上。政府在市场监管、产权保护、基础设施提供等方面的作用不容忽视，可以通过顶层战略、法律法规等措施来优化营商环境，"运用公权力实现对企业基本行为过程与行为路径的规范制约"。前文提到的《深圳市关于加大营商环境改革力度的若干措施》提出了 20 项改革措施，共 126 个政策点，目的就是切实解决企业运营成本、知识产权保护等方面的难题。

政府在提供公共物品和服务、弥补市场失灵等方面具有难以替代的作用。政府逻辑的积极影响应在于"有为政府"。深圳的实践经验表明，地方政府勇于担当，积极作为，围绕企业需求的问题导向，有效制定针对性政策和措施，与企业一起应对重大挑战、解决实际问题，能够更好地发挥政府逻辑对优化营商环境的引导作用。

（二）优化营商环境中的市场逻辑

在传统的计划经济制度逻辑之下，企业需要对各级政府的决策作出反应，其任务是完成政府的计划，如满足生产配额、确保就业率等。但是在市场逻辑下，企业是通过市场交换和竞争来争取经济效益的实体，有权作出自己的战略选择，并参与基于市场的公平交易。财产权和资本配置会受到高度重视和保护。因此，企业有更大的灵活性、有更大的动力去寻找市场机会，更有可能开展创新创业活动。

市场逻辑是指企业基于利益最大化目标开展协商、交易时所需要遵循的规则和机制。从深圳的实践来看，企业总体上已成长为真正的市场主体。"企业是资源配置的微观主体"这一市场经济理念意味着政府应该成为"有限政府"，不应直接干预经济活动，应将职能更多地转向公共服务，让市场能够在资源配置中起到决定性作用，让"经济人在合法从事经济活动时无后顾之忧"。这是深圳"大企业顶天立地，小企业铺天盖地"的重要原因。

在市场经济中，市场机制可以链接各种创新要素资源，企业作为市场主体和创新主体在创新中扮演着非常重要的角色。因此，良好的市场逻辑能够发挥能动效应和乘数效应，进一步提升优质企业数量和企业创新动力，进而推动市场发挥更大、更健康的资源配置主导作用。

（三）优化营商环境中的社会逻辑

社会逻辑指的是场域内人们在长期交往过程中形成的稳定运行的非正式制度安排，主要体现为社会公民和社会团体的逻辑。社会逻辑影响的是个人、群体或组织在社会交往中的行为方式，其核心任务是建设一个与国家和市场相对应的社会行动主体。

社会逻辑对营商环境的影响主要体现在社会组织方面。数据显示，截至2018年3月，深圳的社会组织已经达到12612个，其中包括5974个社会团体、6331个民办非企业单位、307个基金会。这些社会组织作为"第三方力量"，积极推动着深圳教育、文化、体育、卫生等社会事业以及公共慈善事业的发展。这对深圳正大力发展的战略性新兴产业具有一定的推动作用，有利于高科技产业生态的加速形成。

作为现代社会日益重要的自协调机制，社会中介组织所担负的因政府"放管服"改革而转移、让渡的社会管理和公共服务职能在数量上不断增多，在重要性上不断增强，对降低社会信任成本和企业间交易成本具有重要作用。20世纪90年代中期之后，深圳市政府开始大力倡导社会中介组织的发展，将众多服务功能移交给相关中介组织，使得社会中介组织迅速发展，对经济和企业的影响也越来越大，逐渐成为深圳营商环境的重要组成部分。

（四）优化营商环境中的共生逻辑

综合政府逻辑、市场逻辑和社会逻辑的分析，可以看出，尽管逻辑场域内的微观行为各异，但是总有某些非常重要的共同点，这源自制度逻辑的影响。制度逻辑就是"一些重复再现的动因，它们在不同的情形和次序排列组合中相互作用，从而导致相去甚远但又循迹可查的结果"。在多重制度逻辑嵌套的中国情境下，如果政府逻辑过于强势，"经济社会发展受到政府提供的法律和制度环境的绝对控制"，那么市场逻辑无法起到应有的作用，市场无法对资源的配置起到基础性作用，社会逻辑的作用也难以显现。

深圳的实践表明，政府逻辑、市场逻辑和社会逻辑能够保持整体上的协调协同，共同作用于营商环境。政府逻辑的影响在于政府通过不同的政策和举措打造服务型政府；市场逻辑使得产业协调、创新氛围浓厚、产学研体系健全，企业能够发挥市场主体作用，企业的创新创业条件得天独厚；社会逻辑所催生的社会中介组织，作为政府和市场之外的社会行动主体，有助于约束政府行为、规范市场秩序，进而对高质量营商环境形成有益补充。因此，优化营商环境需要不同制度逻辑之间的良性互动，协调发挥政府逻辑的引导性作用、市场逻辑的基础性作用、社会逻辑的支撑性作用。

三　进一步的讨论与建议

优化营商环境有助于"提高综合竞争力、巩固经济稳中向好"。营商环境的维护和优化是为了发挥市场机制重要作用、激发企业活力、推动企业创新创业。政府作为优化营商环境的主体，需要自我革命，敢于刀刃向内、动自己的"奶酪"。

第一，有效发挥政府与市场的各自作用。改革开放以后，制度逻辑的变化主要体现在两个维度：一是以市场逻辑而非政府逻辑来管理经济领域，这是国家向市场的放权；二是中央政府向地方政府的分权。限于篇幅和核心议题，本文仅探讨第一个维度。党的十八届三中全会把市场在资源配置中的"基础性作用"修改为"决定性作用"，这代表着国家对"市场"作用的认识进一步深化。但毋庸讳言，在转型期的中国，政府对市场的干预在一定范围内仍然存在，且程度较高。正因如此，市场在引导资源配置时仍然会受到政府逻辑的影响。由于市场本身特定制度逻辑的存在，政府在干预市场时便会削弱市场逻辑的运行基础。所以，地方政府在优化营商环境时，必须摆正政府的定位，努力做市场的服务者和监督者。政府要与市场充分协同，而不能反客为主，使市场受到掣肘。市场逻辑居于主导地位，有利于形成"水大鱼大"的良性循环。中国在经济发展和转型中需要"有为政府"与"有效市场"的有机结合，使"看得见的手"和"看不见的手"协同发挥作用。而"有效市场"在一定程度上意味着"有限政府"。深圳市政府在优化营商环境的过程中以"有限政府"助推"有为政府"和"有效市场"的配合协调，体现了自身"有限"且"有为"的科学定位。

第二，积极助推企业成为市场主体。由于历史和文化等种种因素影响，"官本位"思想仍然或直接或间接地存在，这导致部分地方政府将企业视为一种"工具"，而不是经济发展的"主体"。政府在对待企业的态度上存在差异，往往看重企业的所有制和规模，偏好于国有企业和大企业。部分政府部门的观念停留在"重审批、轻监管、弱服务"的阶段。政府必须调整自己的角色定位，做企业和人民的服务者，使企业成为市场的主体，这也是"放管服"改革的核心理念。在对待国企与民企、大企业与中小企业的态度上，政府部门应秉持"一视同仁"的开放观念，营造宽松的营商环境。

第三，积极发挥社会中介组织的作用。现代意义上的政府能力并不体现在干预市场和干预社会的范围与强度上，而是体现在政府具备完善的治理体系和现代化的治理能力上。党的十八届三中全会提出"创新社会治理体制"的要求，这说明不能再是政府"治理社会"，而是"社会治理"，不同的社会主体需要协调发挥作用。社会中介组织具备其他社会主体难以替代的独特功能。因此，政府应该厘清与社会的治理边界，积极拓展社会中介组织参与公共事务治理的渠道，不断提升社会中介组织的自主治理能力。

第四，有效保持制度融贯性。制度融贯性对于稳定企业预期、增强投资信心至关重要，政府一定要有"钉钉子精神"。中国始终坚持共产党的领导，这有利于纵向的政策连续性，为基本国策和重大制度的战略稳定性和延续性奠定了政治基础，使得制度融贯性成为可能。然而，在我国的政治实践中，由于官员的任期制和相应的考核标准，有可能出现政策制定或执行的中断甚至是转向，因此，在优化营商环境的过程中，地方政府必须防止因为领导换届而影响甚至冲击营商环境，要恪守"规则意识"和"契约精神"。同时，制度融贯性建设需要大力推动制度创新。制度融贯性为制度创新创造了条件和基础，制度创新则为制度融贯性提供了灵活性、适应性和弹性空间。地方政府需要在国家战略的指导下，围绕企业在整个运营周期内遇到的各种难题，有针对性地解决市场和企业的痛点问题，因时、因地、因业、因企制宜，增进制度的包容性，不断推动制度创新。

第五，持续提升制度质量。制度融贯性与制度质量的提升相辅相成。作为地区比较优势的重要影响因素，制度质量贯穿于制度的创立、执行和制度的改进全过程。制度的创立是否解决了企业当前的难题，制度执行是否到位，制度是否因缺乏适应性而成为企业发展的障碍，这些都影响着制度质量。如果地区制度质量较低，企业面临的风险会大大增加。而较高的制度质量则能够吸引人才流入，并有助于将企业家才能配置在生产性活动领域，同时抑制其在非生产性活动领域的错配。如果说营商环境评价的是企业生存与发展的制度环境，那么制度质量从根本上影响甚至决定了营商环境。因此，地区应该致力于推动政府、市场、社会三者协调治理，形成良性互动格局，并通过保持制度融贯性提高制度质量，进一步优化营商环境。

参考文献

曹春方：《政治权力转移与公司投资：中国的逻辑》，《管理世界》2013 年第 1 期。

董志强、魏下海、汤灿晴：《制度软环境与经济发展——基于 30 个大城市营商环境的经验研究》，《管理世界》2012 年第 4 期。

缑倩雯、蔡宁：《制度复杂性与企业环境战略选择：基于制度逻辑视角的解读》，《经济社会体制比较》2015 年第 1 期。

侯学勇：《融贯性的概念分析：与一致性相比较》，《法律方法》2009 年第 2 期。

姜巍：《"互利共赢"新开放观与广东开放型经济体制创新研究》，《经济体制改革》2018 年第 2 期。

雷磊：《融贯性与法律体系的建构——兼论当代中国法律体系的融贯化》，《法学家》2012 年第 2 期。

李晓敏：《制度质量与企业家才能配置——对鲍莫尔理论的再检验》，《江汉论坛》2016 年第 12 期。

李砚忠：《理解中国经济奇迹——基于政策连续性和制度弹性的视角》，《经济社会体制比较》2016 年第 2 期。

林峰：《公共产权的社会界定及其地方实践——以 S 镇村民的"采砂行为"为例》，《社会学评论》2017 年第 6 期。

林毅夫：《中国经验：经济发展和转型中有效市场与有为政府缺一不可》，《行政管理改革》2017 年第 10 期。

刘胜、顾乃华、陈秀英：《制度环境、政策不连续性与服务业可持续性增长——基于中国地方官员更替的视角》，《财贸经济》2016 年第 10 期。

娄成武、张国勇：《治理视阈下的营商环境：内在逻辑与构建思路》，《辽宁大学学报》（哲学社会科学版）2018 年第 2 期。

牟春雪、张存达、蔡小慎：《多重逻辑下城市基层治理制度变迁分析》，《学习与实践》2017 年第 12 期。

戚聿东、李颖：《新经济与规制改革》，《中国工业经济》2018 年第 3 期。

斯科特：《制度与组织——思想观念与物质利益》，姚伟、王黎芳译，中国人民大学出版社，2010。

孙丽燕：《企业营商环境的研究现状及政策建议》，《全球化》2016 年第 8 期。

谭海波、赵雪娇：《"回应式创新"：多重制度逻辑下的政府组织变迁——以广东省 J 市行政服务中心的创建过程为例》，《公共管理学报》2016 年第 4 期。

唐杰：《"新常态"增长的路径和支撑——深圳转型升级的经验》，《开放导报》2014 年第 6 期。

田国强：《林毅夫、张维迎之争的对与错》，《第一财经日报》2016 年 11 月 23 日。

王贤彬、徐现祥：《地方官员来源、去向、任期与经济增长——来自中国省长省委书记的证据》，《管理世界》2008 年第 3 期。

王贤彬、徐现祥、周靖祥：《晋升激励与投资周期——来自中国省级官员的证据》，《中国工业经济》2010 年第 12 期。

魏下海、董志强、张永璟：《营商制度环境为何如此重要？——来自民营企业家"内治外攘"的经验证据》，《经济科学》2015 年第 2 期。

吴晓波：《激荡十年，水大鱼大》，中信出版社，2017。

席酉民、张晓军：《社会治理视角下的和谐社会形成机制及策略》，《系统工程理论与
实践》2013 年第 12 期。

徐现祥、王贤彬、舒元：《地方官员与经济增长——来自中国省长、省委书记交流的
证据》，《经济研究》2007 年第 9 期。

徐业坤、钱先航、李维安：《政治不确定性、政治关联与民营企业投资——来自市委
书记更替的证据》，《管理世界》2013 年第 5 期。

许家云、李淑云、李平：《制度质量、制度距离与中国智力回流动机》，《科学学研究》
2013 年第 3 期。

杨海生、才国伟、李泽槟：《政策不连续性与财政效率损失——来自地方官员变更的
经验证据》，《管理世界》2015 年第 12 期。

杨世国、程全兵：《深圳："创新之城"是如何炼成的》，《人民日报》（海外版）2015
年 4 月 15 日。

叶托：《中国地方政府行为选择研究》，博士学位论文，浙江大学，2012。

张会清：《地区营商环境对企业出口贸易的影响》，《南方经济》2017 年第 10 期。

张紧跟：《治理社会还是社会治理？——珠江三角洲地方政府发展社会组织的内在逻
辑》，《天津行政学院学报》2015 年第 2 期。

张军、高远：《官员任期、异地交流与经济增长——来自省级经验的证据》，《经济研
究》2007 年第 11 期。

中国行政管理学会课题组：《加强规范我国社会中介机构和服务监管之研究》，《中国
行政管理》2015 年第 2 期。

钟坚龙、姚国海：《"强政府强市场"能否实现——浙江省企业投资项目不再审批试点
的案例探析》，《经济体制改革》2018 年第 3 期。

周黎安：《中国地方官员的晋升锦标赛模式研究》，《经济研究》2007 年第 7 期。

周雪光、艾云：《多重逻辑下的制度变迁：一个分析框架》，《中国社会科学》2010 年
第 4 期。

Baumol W. , " Entrepreneurship: Productive, Unproductive, and Destructive ", *Journal of Political Economy*, Vol. 85, No. 5, 1990.

Castrogiovanni G. J. , " Environmental Munificence: A Theoretical Assessment ", *Academy of Management Review*, Vol. 16, No. 3, 1991.

Greve H. , Zhang C. M. , " Institutional Logics and Power Sources: Merger and Acquisition Decisions ", *Academy of Management Journal*, Vol. 60, No. 2, 2017.

Grossman G. M. , Helpman E. , " Outsourcing in a Global Economy ", *Review of Economic Studies*, Vol. 72, No. 1, 2005.

Hall P. A. , Soskice D. , "An Introduction to Varieties of Capitalism", In Hall, P. A. and Soskice, D. (eds.), *Varieties of Capitalism: The Institutional Foundations of Comparative Advantage*, Oxford: Oxford University Press, 2001.

Lane Kenworthy, "Institutional Coherence and Macroeconomic Performance", *Socio-Economic Review*, Vol. 4, No. 1, 2006.

Levchenko A. A. , "Institutional Quality and International Trade", *Review of Economic Studies*, Vol. 74, No. 3, 2007.

Pál Czeglédi, "Economic Growth and Institutional Coherence", *New Perspectives on Political Economy*, Vol. 2, No. 2, 2006.

Ryan P. , "Internet Marketing Standards: Institutional Coherence Issues", *Internet Marketing and Advertising*, Vol. 1, No. 1, 2004.

Thornton P. H. , Ocasio W. , Lounsbury M. , *The Institutional Logics Perspective*, Oxford: Oxford University Press, 2012.

Thornton P. H. , *Markets from Culture: Institutional Logics and Organizational Decisions in Higher Education Publishing*, Stanford C. A. : Stanford University Press, 2004.

Tilly C. , "To Explain Political Processes", *American Journal of Sociology*, Vol. 100, No. 6, 1995.

World Bank, Doing Business in 2018: Reforming to Create Jobs, 2017.

（本文原载于《经济体制改革》2019 年第 2 期，收录时有所修订）

移民、移民文化与当代中国城市发展

刘志山[*]

摘　要：改革开放后，移民大量涌入城市，加快了城市化步伐，同时作为城市主体，移民创造了一种新型的移民文化，对当代中国城市的发展起到至关重要的作用。移民是指离开原来的居住地、迁移到新的地方、居住较长时间的人。现代化的移民是移民城市现代化道路的引领者，是旧传统、旧习俗、旧秩序的批判者、超越者，是新思想、新事物、新秩序的创造者。现代化的移民是移民城市现代化变革的承担者，总是在困难中憧憬美好未来，在痛苦中看到新的希望，以无所畏惧的勇气和百折不挠的意志推进移民城市的现代化变革。现代化的移民是移民城市现代化主体的塑造者，移民城市现代化的主体不可能引进和移植，只能培育和塑造。现代化的移民具有现代思维、世界胸怀和未来眼光，能够抓住当代世界的最新信息，敢于大胆、及时地引进各种新鲜的事物，同时把握世界现代化的最新趋势，成为当代中国城市现代化的关键要素。移民文化是指移民城市创造的观念文化，即移民的精神活动及其产品。移民文化源于移民改造自然、改造社会、创建现代化的移民城市的实践活动，富有鲜明的开放性、包容性、创新性等特质。它不仅内化为移民城市特有的文化品性，而且极大地促进了当代中国城市化的发展，为其提供了源源

---

[*] 刘志山，深圳大学移民文化研究所所长、教授。

283

不断的强大的精神动力。

关键词：移民；移民城市；移民文化；城市发展

为了生存和发展，人类不断迁移，于是出现了移民。移民的足迹遍布地球上每一个适合人类生存和生活的地方。世界各大洲的开发和建设，都离不开移民的付出。移民是城市化的中坚力量，移民的流动推动了城市的快速发展。改革开放极大地促进了中国移民的迁移和流动，出现了空前的移民潮。无论迁入还是迁出，无论国际流动还是国内流动，只有流动才能有活力。流水不腐，户枢不蠹。流动打破封闭与保守，带来开放与包容。移民思想观念在流动中不断碰撞与融合产生的新文化便是移民文化。移民文化因流动而生，无往而不利，具有与生俱来的开放性和包容性。它以开放的胸怀继承和发展了中西文化的优点，成为新时代中国文化"大剧院"里的一个精彩剧目；它以其创新的活力与魅力对人们的思想、观念和行为产生强大影响，成为当代中国城市化迅猛发展的精神动力。

一 移民与移民文化

离开原来的居住地、迁移到新的地方、居住了较长时间的人口，被称为移民。根据迁移的动因，我们可以对移民的种类进行划分：第一，主动移民和被动移民。主动移民是指出于自觉自愿、自主选择迁出原来的居住地、迁到新的地方的移民。他们是在没有外部力量强制的情况下，经过理性思考后采取的行动，完全是一种自主的生活选择。被动移民是指受外部的环境与力量所迫、不得不背井离乡、迁到新的地方的移民。他们的迁移行为是被动的、非自主的、盲目性的。历史上出现过的、以政府的命令强制推行的、被迫迁移的人口都属于被动移民。第二，生存移民和发展移民。生存移民是指迫于生存的需要不得不迁出原来的居住地、迁入新的地方的移民。他们之所以迁移是因为原来的居住地出现了自然灾害、战争动乱等情况，无法再居住和生活下去，虽然前途未卜，但不得已而为之。发展移民是指出于改善生活条件和工作环境的考虑，迁出原来的居住地、迁入新的地方的移民。他们迁移的动机和目的是获得更优的生活环境和更好的发展机会。第三，国内移民与国际移民。在国家内部各地区之间迁移的人口就是国内移民，如中国的省际移民和美国的州际移民等。在国家与国家之间迁移的人口则是国际移民，如从非洲迁入中国的移民等。第四，城市化移民和农业移民。在城市化过程中由农村迁往城市的人口就是城市化移民。这是所有发达国家历史上都有过的移民类型，也是许多发展中国家正在大规模出现的移民类型。因应国家和地区开发与建设的需要，向农业地区迁移的人口则是农业移民。农业移民主要包括援疆移民和水利移民等形式，比如因开发边疆地区和修建大型水利设施的需要而迁移的人口。[①]我国改革开放后的移民以主动的、发展性的、城市化移民为主。

以移民为主体的城市即移民城市，具体而言，在移民城市中，移民占城市人口的比例远远超过原住民，移民在城市发展中起着决定性和关键性的作用。移民城市的主要特征包括两方面：其一，客强主弱。这里所指的"客"是外来人口，"主"是原住民。客强主弱不仅体现在人数上，即外来人口远远超过原住民的人口，占城市总人口的一半以上，而且体现在文化上，即外来人口所带来的文化在城市中占据优势，而原住民的本土文化则在城市中处于劣势，甚至被外来文化同化。所有移民城市均不例外。如著名的移民城市国家——新加坡，2020 年人口总数为 569 万人，其中外来的华人占 74.3%，马来人（Malays）、印尼人及其他少数族群所占比例只有 25.7%。[②] 在中国，作为移民城市的香港、澳门、深圳、珠海均具有客强主弱的特征。其二，人口高度流动。由于移民的主观需要和社会环境的变化，移民城市的人口处于高度流动状态。一方面，移民城市的发展优势

---

① 张然：《移民文化与市场伦理》，《深圳大学学报》2001 年第 1 期。

② 数据来源于新加坡统计局官网。

和开放环境吸引了大量移民争先恐后来"淘金",从而使城市人口迅速增加。譬如深圳经济特区建立后,其以独特的地缘优势、崭新的制度环境、开放的文化氛围,在短短的 40 多年的时间中吸引了来自五湖四海、四面八方的大批移民,迅速发展成为人口上千万的超大城市。另一方面,如果移民城市出现社会动荡、经济萧条、治安恶化等严重问题,将极大地影响移民的迁入热情,动摇移民尤其是被动型移民的居留信心。

移民迁入城市,创造出新型的移民文化。移民文化是指移民的精神活动及其产品,是一种观念形态的文化,比如政治、道德、艺术、宗教、法律、哲学、教育等观念。在层次上,这种观念形态的文化可以分为两个层次:第一个层次是移民的社会心理,包括移民的情感、觉悟、意志、趣味、习惯、风尚、取向等要素,以及以价值观为核心的观念因素。其中,价值观是移民社会心理的核心内容,决定着情感、觉悟、意志、习惯、取向等其他要素。第二个层次是移民的社会意识,即在移民的社会心理的基础上,使各种思想观念条理化、理论化,形成系统的宗教哲学思想、政治法律理论、伦理道德学说等思想体系。[①] 当代中国新型的移民文化随着新兴移民城市的发展而产生,在城市化的过程中不断成长成熟,同时又对城市的快速发展起着重要作用。

二 移民:中国当代城市现代化的能动要素

移民是当代中国城市现代化的新生力量,也是移民文化的创造者和建构者。因此,中国当代城市的现代化发展离不开移民的智慧和贡献。因为社会是人的社会,人是社会的人。社会生活由人的交往活动组成。因此移民城市的现代化首先是移民的现代化。移民城市各领域向现代的全面而深刻的转变就是移民城市的现代化,包括政治、经济、文化、科技等的现代

[①] 刘志山:《移民文化及其伦理价值》,商务印书馆,2010。

化；移民的现代化则是移民的思想、观念、情感、意志、能力、习惯、风尚等向现代的普遍而深刻的转变。归根结底，移民城市的现代化必须建立在移民现代化的基础之上。一座依靠自然资源发展和富裕起来的城市，可以快速建造现代化的地铁、高铁、机场、码头、车站、高楼大厦、立交桥等，但如果市民仍然是传统的人，仍然是满脑子的传统观念，那么这座城市就没有真正实现现代化。只有移民才是移民城市的真正主体，是实现移民城市现代化的能动要素。换句话说，移民现代化是移民城市现代化的标志。

移民城市现代化取决于移民的现代化。因为移民从五湖四海、四面八方来到城市，思想观念纷繁复杂，其中有大量非现代的观念。而非现代观念是移民城市现代化的阻碍力量。因此，移民现代化，特别是移民思想的现代化，是移民城市现代化的关键。

（一）现代化的移民是移民城市现代化道路的引领者

现代化的移民善于运用新的思想理念审视社会中的一切现象，他们不仅是旧传统、旧习俗、旧秩序的批判者、超越者，还是城市现代化道路的探索者和新思想、新事物、新秩序的创造者。在城市现代化道路的探索中，他们既是积极的研究者，又是勇敢的践行者。他们以敢闯敢试的创新精神、行为方式与传统抱残守缺的思想观念、行为习惯相抗衡，冲击着人们的内心世界，打破了人们原有的心理平衡和思维定式，引起了心灵的震撼。但他们富有创新的理念和勇敢改革的行为，一时间难以得到多数人的理解，并且很可能危及某些人的既得利益，因而他们的行为和举措常常遭到不公正的对待。但是他们的这些新理念、新观点、新举措像春雷震动了人们冬眠中的心灵，像灯塔照亮了人们远航的方向，唤醒人们的觉悟，引导人们以他们为榜样，学习他们的思想，模仿他们的行为。可以看出，现代化移民是现代化思想的引领者和现代化道路的探索者。

在深圳改革开放初期，人们对现代化的移民探索者往往存在一种十分矛盾的社会心态：一方面非议他们，指责他们；另一方面又仰慕他们，模仿他们，把他们作为榜样和能人看待。在改革开放迅猛发展的新时代，人们的思想观念日新月异，实践探索一日千里。有的曾经是现代化引领者、探索者的移民，由于缺乏戒骄戒躁、勇往直前的自觉性，而成为辉煌一时、昙花一现的人物。这些移民落伍了、掉队了、被淘汰了，另一些具有现代化观念的新移民会涌现出来。这是移民城市能不断推陈出新、继往开来的原因所在。移民城市的现代化需要现代化的移民作为先行者和引领者，这些现代化的移民必然会引导和带动越来越多的移民实现思想观念和行为方式的现代化。现代化的思想观念在被大多数移民接受之后，就会变成一股源源不断、势不可当的内在动力，推动移民城市走上现代化的道路，加速移民城市现代化的进程。

（二）现代化的移民是移民城市现代化变革的承担者

现代化变革的不断深入，不可避免地会触动和改变原有的社会结构、社会关系和利益格局。当代中国全面深化改革，转变了传统的社会主义模式，调整了计划经济体制下的利益格局，造成社会关系的巨大变革，使一部分人的既得利益受到影响。特别是在现代化变革的关键时期，在新旧观念、新旧制度的激烈交锋和博弈时期，已经出现或许还将出现一些社会弊端和负面问题。比如深圳实行土地使用权变革后，由于拍卖和有偿转让土地，部分原住民家庭收入水平大幅提高，于是出现了一批不读书、不工作的"啃老族"；实行劳动分配制度改革后，引入竞争机制，彻底扭转了干好干坏、干多干少一个样的平均主义分配机制，极大地调动了生产积极性，提高了生产效率，但造成收入不均衡，甚至贫富差距较大；实行对外开放政策，打开国门，在引进资金和技术、搞活经济的同时，也导致国外和境外某些不良风气蔓延到国内，引起社会犯罪现象增多的问题；等等。面对诸如此类的情况，现代化的移民总是在困难中憧憬美好未来，在痛苦中看到新的希望，并且不惜代价坚持变革。他们不留恋平均主义带来的和谐、稳定和秩序，愿意承担现代化变革带来的风险、成本和痛苦。他们以清醒的头脑和战略的眼光分析现代化变革中的利弊得失，以极大的热情和创新的精神研究新情况、解决新问题，以无所畏惧的勇气和百折不挠的意志推进移民城市的现代化变革。可见，现代化移民的价值观念、创新精神和个性品质，构成了移民城市现代化变革顺利进行并取得成功的社会心理基础和精神文化特质。

（三）现代化的移民是移民城市现代化主体的塑造者

现代化是如何建成的？英格尔斯指出："一个国家可以从国外引进作为现代化最显著标志的科学技术，移植先进国家卓有成效的现代制度和管理方式。但如果一个国家的人民缺乏一种能赋予这些制度真实生命力的广泛的现代心理基础，如果执行和运用这些现代制度的人，自身还没有从心理、思想、态度和行为方式上经历一个向现代化的转变，失败和畸形发展的悲剧结局是不可避免的。再完美的现代制度和管理方式，再先进的技术工艺，也会在一群传统人的手中变成废纸一堆。"[1] 显然，英格尔斯的经典话语非常透彻地揭示了现代化的关键在于现代化主体的塑造。在移民城市的现代化进程中，可以大力引进国外先进技术和机器设备，移植国外先进的管理模式和激励机制，这些在现代化过程中是必要的、正确的和可行的。但是，移民城市现代化的主体不可能引进和移植，只能培育和塑造。我们只有把国外的先进技术和管理制度消化之后，才可能吸收它们，将它们真正变成我们自己的东西，为我所用。我们引进和移植，不仅是为了使用和模仿，更重要的是为了学习和创造。只有在引进中消化，在移植中创新，引进和移植才富有实质性的意义，现代化的主体素质才能在消化和创新中得到塑造。现代化的移民具有现代思维、世界胸怀和未来眼光，能够

---

① 〔美〕英格尔斯：《人的现代化》，四川人民出版社，1985，第4页。

抓住当代世界的最新信息，敢于大胆、及时地引进各种新鲜的事物，同时把握世界现代化的最新趋势，积极、有效地开展创新和创业活动。引进和移植是为了塑造和提高作为现代化主体的移民的素质，是为了实现独立自主的创新目的，了解他人的优势，弥补自己的缺点，最终赶超世界先进水平。只有塑造大批掌握现代科学技术、管理方法和社会发展规律，同时又具有现代化的思想观念、创新精神和人格品质的移民，当代中国移民城市的现代化才可能稳步推进，并不断迈向更高的发展阶段。

移民城市的全面现代化是建立在移民全面现代化的基础之上的。移民的现代化和移民城市的现代化始终处于相互制约和相互促进的关系之中。作为现代化主体的移民的人格品质是移民文化向移民本身的内化，移民文化是作为现代化主体的移民的人格品质向社会的外化。在移民城市的现代化进程中，现代化的生产力标示了移民改造自然、改造社会的生产能力的现代化；现代化的科学技术标示了移民认识世界和解决问题能力的现代化；现代化的经济关系标示了移民的需求层次和满足需求手段的现代化；现代化的政治制度标示了移民的参政议政意识与能力的现代化；现代化的道德规范标示了移民的精神文明素质的现代化。显然，移民城市现代化的核心是移民现代化，具体而言，就是移民思想和行为的现代化。

实现移民城市的现代化必须依靠移民。移民是创建现代化移民城市的主体，与此同时，移民又是移民城市培养和塑造的对象。可见，现代化的移民与现代化的城市之间是一种相互促进的关系。其中，移民是唯一的、能动的要素。移民城市塑造现代化的移民是在移民创建现代化的移民城市过程中实现的。移民在创造现代化移民城市的同时，塑造了现代化的自我。正如马克思所说："环境的改变和人的活动或自我改变的一致，只能被看做是并合理地理解为革命的实践。"[1]

---

[1] 中共中央马克思恩格斯列宁斯大林著作编译局编译《马克思恩格斯选集（第一卷）》，人民出版社，2012。

三 移民文化：当代中国城市化发展的精神动力

移民文化源于移民改造自然、改造社会、创建现代化的移民城市的实践活动，富有鲜明的开放性、包容性、创新性等特质。它不仅内化为移民城市特有的文化品性，而且极大地促进了当代中国城市化的发展，为其提供了源源不断的强大的精神动力。

（一）移民文化以其开放性为移民城市的国际化发展提供精神动力

移民城市的人口高度流动，而移民作为文化的携带者和传播者，必然带来文化的流动。移民来自不同国家或地区，携带着各自的民族文化和区域文化，这些源于不同民族和环境、色彩多样的民族文化和区域文化，在移民城市这个"文化大熔炉"中互相碰撞、交流，从而铸就移民城市开放的文化品性。在新兴的移民城市，人们频繁地与外界进行全方位、全天候的交往活动，没有排外的心理和主人的心态；并且人们很少关注出身背景，更为注重个人的本领和潜力。比如在新兴的移民城市深圳，反映不注重背景的观念"英雄不问出处"，以及反映没有排外心理的口号"来了就是深圳人"，正是这种开放心态的真实写照。移民文化的开放性铸就了移民城市的活力与向心力，并散发出国际范儿的恒久魅力与吸引力。

文化的活力与生命力在于流动，在于人与社会、人与人和人的身心的对话与互动。移民文化的这种流动性，通过对话与互动强化了移民的开放意识。这种开放意识不仅包括向社会的开放，而且包括向心灵的开放。向社会开放是指积极投身社会，与他人平等交流、公平竞争、互助合作，实现个人与他人、个人与社会共同发展，其实质是求善。向心灵的开放是指敞开心扉，面朝大海，以开放的心态感受优秀精神文化的熏陶，净化心灵，促进身心和谐、健康与平衡，提高人生修养和精神境界，其实质是求美。而且这种文化的流动还表明，每种文化都不是一成不变的，在以其独特的色彩走向世界的同时，也不断调整和变化着自己的样貌与气质，生成和丰富着世界文化的多样性。携带不同文化的移民，在日常交流、对话互动中，互相吸收对方先进的思想观念，模仿对方国际化的行为方式，避免自己的思想观念与行为方式被局限于某一特定的文化和固定的模式中。

在深圳这座迅速崛起的移民城市中，移民文化的开放性更为显著。与香港紧密相连的地缘关系，使深圳成为内地对外开放的最前沿，同时也成为中西文化碰撞与交流的窗口。深圳在对外开放过程中，充分利用地缘优势，推动吸收西方先进理念与传播中国优秀文化齐头并进；以国际化的城市发展为目标，主动引进和借鉴世界各地先进的思想观念，经过扬弃、接受与消化，建构了一种开放多元的新文化——移民文化。这种新文化不仅有利于移民城市国际化的发展，而且有助于深圳与境外的文化交流；不仅吸取了境外先进思想文化，而且继承了中华优秀传统文化；不仅满足了深圳不同层次移民的文化需求，而且为深圳走向国际化奠定了良好的思想文化基础。在移民城市深圳，尽管方言多种多样，但普通话还是普及最广的第一语言。正是这种开放性扩大了移民的交往范围，开阔了移民的国际眼界，深圳不断地融入国际化浪潮，汲取最新理念、高端科技和现代文化，并将其内化为移民城市发展的本质力量，不断成就和完善自己，在国际性的交往与交流、外交与外贸中，输出自己的产品、技术和文化，在走向国际化的过程中提升城市的竞争力和国际形象。

（二）移民文化以其包容性为移民城市的和谐发展提供精神动力

包容源于面向世界的开放格局，源于移民文化多元化的构成元素。移民文化的包容性造就了移民在处理与他人、与社会关系时的宽容和善、兼收并蓄的"和为贵"的心态，体现了不同文化之间的悦纳与融合的关系，而不是非此即彼，更不是有你没我。这种文化之间的融合是一个化学反应的过程，最后生成的是互相交融，我中有你，你中有我。移民是文化的携带者和传播者，是流动的文化的载体。在现实生活中移民时刻都能感受到不同文化的差异，并且需要不断地面对新移民带来的文化的冲击和挑战。因此，承认不同文化之间的差异，促进移民之间的相互理解和文化之间的交流与融合，逐渐成为移民共同的文化选择。这充分显示出移民文化包容与和谐的特质。

得天独厚的地理条件和改革开放的良好政策，是深圳移民文化包容性产生和形成的客观基础。深圳作为境外与境内的衔接点、跨国贸易的集散地、中西文化的交汇点，其更能感受到不同文化冲击碰撞、交流融合的起伏跌宕。中国传统的儒家文化和现代西方的思想文化，在这里正面交锋，二者的交流与融合、共存与共荣，形成了中西合璧、优势互补的移民文化，呈现出和睦相处、和谐与共的生动景象。

移民文化以博大的胸怀包容万物，蕴含了丰富的人文气息，是打造适合居住和利于创业的人文环境的沃土。上千万的深圳移民，在地域上来自中国境内多个省市和境外多个国家和地区，在民族和种族方面来自中华大地50多个民族和其他各国的多个种族。在著名的旅游景区华侨城，既有展现世界各国景观的世界之窗，也有荟萃中国各地名胜的锦绣中华，还有展示多姿多彩民族文化的民俗文化村。不同国家、地域、民族的语言、饮食、风俗在深圳呈现、交融，纷至沓来的移民深切地感受到这座城市适合居住的亲切感、适合创业的和谐感，增添了移民创新创业、与深圳共同成长的信心与动力。

（三）移民文化以其创新性为移民城市的持续发展提供精神动力

创新是移民赖以生存与发展的特质，被动型移民和主动型移民都不例外。被动型移民迫于生存需要，背井离乡，为了应对新环境的严峻挑战，必须敢于冒险尝试、勇于开拓创新，只有这样才能安身立命。主动型移民虽然自愿离开熟悉的家乡，但来到陌生的环境后，必须根据迁入地的现实情况，更新思想观念，吸取和接受迁入地的新事物、新思想和新观念，始终不畏艰难，不断开拓创新，只有这样才能获得更多的发展机会和更大的发展空间。

20世纪70年代末，在南海边的小渔村深圳，无论是自然环境还是社会环境都给移民造成巨大的压力。一方面，深圳位于热带海边，天气炎热，移民饱受台风、蚊虫等自然环境中恶劣因素的侵扰和打击，艰难的生存环境，随时可能使人累垮，甚至一病不起；另一方面，"姓资姓社"的政治压力和制度创新的巨大风险，又随时可能使改革者遭受违法违纪的指控。"四分钱的奖励惊动中央"的故事就是最典型的案例。尽管当时这类事件受到一些媒体乃至部分行政人员的责难，移民还是以大无畏的精神，突破传统观念和体制束缚，义无反顾、毅然决然地进行了一系列体制改革。比如率先进行计划管理体制改革，减少生产方面的指令计划和分配方面的实物指标；率先进行物价管理体制改革，放开部分商品的价格，由市场调节；率先进行人事制度改革，打破"铁饭碗"，实行聘任合同制；率先实行国有土地使用权的拍卖和有偿转让制度，增加地方政府的财政收入；率先发行股票和有价证券，为企业发展和市政建设筹集资金。

进入21世纪之后，深圳面临"特区不特之后路在何方"的艰难抉择。现代化的移民以冷静的头脑、敏锐的思维，创造性地进行经济结构和经济增长模式的改革，突破经济发展的瓶颈。深圳早期的经济结构比较单一，主要是承接港澳台地区和国外转移的产业，并且以劳动密集型的加工业为主体，以出口优先的外向型经济为重点。但随着"特区不特"和人口突破千万之后，土地资源的有限性问题异常突出，加上人力成本的大幅增加，深圳的发展遭遇到了前所未有的困难。面对这些不利因素和新的挑战，深圳移民继续发扬创新精神，转变经济增长模式，由劳动密集型产业转向以高新科技为主的技术密集型产业；实现产业结构的转型升级，重点扶持高新技术研发，大力发展第三产业，降低第一、二产业的比例。这一漂亮的转身使深圳再度焕发新的活力，2014~2020 年深圳连续 7 年在全国大中城市竞争力排名中名列第一，2020 年 GDP 达到 2.77 万亿元，人均 GDP 达到 15.76 万元，约合 2.31 万美元，已经超过世界平均水平 1.1 万美元，达到世界中等发达国家和地区的水平。正是这种开拓创新的移民文化促使深圳实现了由计划经济向市场经济的转变，由劳动密集型产业向技术密集型产业的提升，由深圳速度向深圳质量的跃进，为深圳持续发展提供了强大精神动力。

（本文原载于《学术研究》2021 年第 6 期，收录时有所修订）

粤港澳大湾区跨境数据流动
治理范式的挑战与进路

吴燕妮[*]

摘 要: 党的二十大报告明确指出"加快发展数字经济"。数字经济的蓬勃发展以及数字治理的不断勃兴,将加速全球范围的信息化浪潮。数字治理的核心特征是全方位的数据互通和协同,特别是数字化的流程重塑,在治理机制上实现数据支撑的决策、管理和创新。在此进程中,数据自然产生了存储等静态问题;与此同时,也会相应产生数据使用、保护和流动等动态问题,而数据的动态变化如果涉及跨境难题,将会进一步增加治理难度。近年来,"二战"后兴起的经济全球化和多边主义正在遭遇前所未有的质疑和挑战,贸易保护主义、民粹主义思潮上升,传统国际经济、社会、安全形势都面临新的挑战,数字化驱动的新一轮全球化正在推动全球治理数字化变革。数字治理已经从过去区域性的治理模式逐步向更为广泛的全球治理模式演进。跨境数据流动涉及对信息保护、数据安全等问题的法律规制,这是全球共识,这既属于域内治理问题,也属于国际法律问题。而我国基于当前国内外形势变化所带来的动力和压力,开始积极探索数字治理的法治路径,并充分考量了数据跨境流动及数字治理全球性问题的法律规制。粤港澳大湾区具有"一国两制三法域"的特

---

* 吴燕妮,法学博士,中国社会科学院法学研究所博士后,深圳市社会科学院经济研究所研究员。

殊性，其跨境数据流动受多重因素影响，对内要实现区内要素流动，对外要实现与全球要素市场和规则体系的对接，因此必须探索一条推动区内数据跨境流动的有效路径。国际社会对此已有一些较好的实践，联合国倡导构建更加开放包容的全球数字体系、美国构建有条件的自由流动模式、欧盟采用区内外区分的跨境数据治理机制等，为粤港澳大湾区数据跨境流动提供了经验借鉴。然而，粤港澳大湾区跨境数据流动仍然面临若干困境与障碍。下一步，应借鉴先进经验，统筹域内、涉外两重治理机制，以多元路径完善粤港澳大湾区跨境数据流动机制。

关键词：粤港澳大湾区；数字治理；跨境数据流动；数据安全；信息保护

一　跨境数据流动的国际治理难题

在人类社会的发展历程中，科技创新始终是最为核心的驱动力量。科技创新发展带来了生产力的进步，不断推动国家与社会治理范式的变革与转型。数字时代的治理意味着复杂的整体性变革。数字治理的核心特征是全方位的数据互通和协同，特别是数字化的流程重塑，在治理机制上实现数据支撑的决策、管理和创新。在此进程中，数据自然产生了存储等静态问题；与此同时，也会相应产生数据使用、保护和流动等动态问题，而数据的动态变化如果涉及跨境难题，将会进一步增加治理难度。在此基础上，世界经济论坛（World Economic Forum）提出，数据跨境流动是指数据跨越国界的传输、处理与存储；或者数据尚未跨越国界，但能够被第三国主体进行访问。

近年来，"二战"后兴起的经济全球化和多边主义正在遭遇前所未有的质疑和挑战，贸易保护主义、民粹主义思潮上升，传统国际经济、社会、安全形势都面临新的挑战,数字化驱动的新一轮全球化正在推动全球治理数字化变革。党的二十大报告明确指出"加快发展数字经济"。数字经济的蓬勃发展以及数字治理的不断勃兴,将加速全球范围的信息化浪潮。当前,数字治理已经从过去区域性的治理模式逐步向更为广泛的全球治理模式演进。因此,对跨境数据流动的全球规制,即对信息保护、数据安全等问题的法律规制,是全球共识,这既属于域内治理问题,也属于国际法律规则问题;在全球化和大数据时代背景下,此项议题也日益为各国所关注。数据的跨境流动日益频繁,随之而来的就是传统治理规则如何在全世界范围内进行有效互动,能否为全球治理提供一个统一的源于数字技术的普遍性原则?随着互联网技术及其覆盖范围的逐步扩展,人类社会逐渐步入全新的数字时代。"数据"作为一项重要的生产要素,正逐步进入全球经贸领域,并越来越成为世界经济发展的主要驱动力,国际经贸规则已开始关注跨境数据流动产生的法律和规则问题,并将跨境数据流动条款纳入其中。但是,各国出于对本国行业的保护,基于本国的立场、安全观念等,对数据跨境流动施加了不同程度的限制。从这一角度看,平衡数据流动与数据保护,特别是缓解发展中国家与发达国家在利益诉求方面的冲突和矛盾,是国际社会在数字治理领域面临的全新挑战。

二 粤港澳大湾区跨境数据流动治理的基础

(一)数字治理的规范化趋势日益明显

近年来,我国基于内部动力和外部压力,逐步转变思维模式,积极探索数字治理的法治路径,并充分考量了数据跨境流动及数字治理全球性问题的法律规制。

早在 2015 年 12 月,习近平总书记在第二届世界互联网大会上就特别提出将"尊重网络主权"列为全球互联网治理体系四项原则的核心。随后在我国《网络安全法》中,首次提出建立个人信息跨境流动的安全评估机制，并在第一条便开宗明义地提出立法主旨之一是"维护网络空间主权"，并指出对于影响国家安全、社会公共利益等方面的重要数据，都应当作出安全评估。近年来，我国出台了《个人信息保护法》《数据安全法》《关键信息基础设施安全保护条例》《网络安全审查办法》《数据出境安全评估办法》等，《网络数据安全管理条例》将于2025年正式实施，这些制度安排均反映了近年来我国对数字相关立法高度重视，我国网络安全、数据安全法律法规体系框架日益完善。

以《个人信息保护法》为例，该法于2021年8月20日正式通过，一共74个条文，既是建立在中国相关立法经验基础上的一部前瞻性立法，同时也充分吸收了欧、美、日等国家和地区的立法精髓。特别是该法充分考虑了个人在数字化时代的人格尊严和公平实践，以及数字经济发展的趋势，具有探索数字立法的重要意义。同时，该法对自然人关于个人信息的权利、相关部门对于个人信息的保护职责等均有清晰明确的规定，还以专章的形式对个人信息跨境提供作出了系统性的规定。从这一角度看，该法为我国保护个人数字信息提供了顺应时代与社会发展趋势的顶层设计，同时也为国际社会的数字治理提供了可供借鉴的中国智慧和范本。该法也充分表明了我国对于个人信息保护的法律立场，以及对个人信息和"数字人格"的尊重。此外，在国际合作方面，该法也顺应了国际数字合作与流通的需求，为我国与其他国家或地区开展个人信息保护合作提供了法律基础。

在数据安全方面，2021年9月生效的《数据安全法》则确立了"数据跨境安全、自由流动"原则，虽然该法整体上看并没有就"数据安全跨境流动"和"数据自由跨境流动"如何平衡作出明确的规定，但仍然彰显了我国作为负责任的大国，在当前国际局势下在坚持对外开放与合作立场的同时，坚持守住国家安全底线的坚强决心。

从我国数字立法的整体来看，目前我国数字立法充分体现了重要性原则，对具有国家安全或主权意义的个人信息数据的跨境流动作出限制，允许非重要的个人信息跨境自由流动。同时，在保障数字贸易和网络空间国家主权的基础上，最大限度地保障个人信息的跨境流动。这也为我国参与国际社会数字治理和跨境数据流动规则谈判奠定了坚实的法律基础。

此外，我国还通过一系列法律以外的顶层设计，如 2020 年 3 月印发的《中共中央　国务院关于构建更加完善的要素市场化配置体制机制的意见》，以及商务部 2020 年下发的《关于印发全面深化服务贸易创新发展试点总体方案的通知》等政策文件，将数据纳入生产要素范畴，有效提升了个人数据跨境治理重要性，并提供实践方案，力图保障个人信息的保密性、完整性、可用性。

尤其值得一提的是，着眼于数据跨境安全的《数据出境安全评估办法》规定，数据处理者向境外提供在中华人民共和国境内运营中收集和产生的重要数据和依法应当进行安全评估的个人信息，应当进行安全评估，并明确了四种应当申报数据出境安全评估的情形。这是对于数据跨境流动更为直接正面的立法回应。

（二）数字治理在全球治理中的引领作用日渐显现

2020 年 9 月，我国率先提出《全球数据安全倡议》，不仅聚焦数字经济社会建设的关键基础设施，同时还纳入了个人信息保护、企业境外数据储存等多方面的数字治理议题，还为政府和企业在数据安全方面的行为与规制提供了可供国际社会借鉴的解决方案。该倡议不仅是数据安全领域的首个国际倡议，同时也是我国参与国际数字治理的规则蓝本与基础，有助于促进世界各国积极参与跨境数据安全保障行动，共同推动数字经济的健康和快速、稳定发展。

在《中国关于联合国成立 75 周年立场文件》中也提到了《全球数据安全倡议》，相关内容包括反对利用信息技术破坏他国关键基础设施或窃取重要数据、未经他国允许不得直接向企业或个人调取境外数据等，充分反映了我国对全球治理中数据跨境流动和数据安全的重视。

可见，在解决数字治理之困的重要背景下，我国无论是针对域内治理还是针对数据跨境等涉外数字治理，都体现出对全球治理的尊重和积极支持。

（三）粤港澳大湾区跨境数据流动带来新的治理挑战

早在 2019 年 2 月，中共中央、国务院印发的《粤港澳大湾区发展规划纲要》中就特别提出，要建设粤港澳大湾区大数据中心和国际化创新平台，并且鼓励粤港澳大湾区探索有利于信息和技术等创新要素跨境流动的政策。随后，在《关于支持深圳建设中国特色社会主义先行示范区的意见》中，党中央再次提出支持深圳建设粤港澳大湾区大数据中心。这是国家赋予深圳深化综合改革试点的重要战略使命，也是粤港澳大湾区要素流动的必然要求。

2022 年 1 月，国家发展改革委、商务部发布《关于深圳建设中国特色社会主义先行示范区放宽市场准入若干特别措施的意见》，明确提出探索数据要素交易和跨境数据业务等相关领域的市场准入机制，同时设立数据要素交易场所，加快数据要素在粤港澳大湾区的集聚与流通。因此，粤港澳大湾区对内要实现区内要素流动，对外要实现与全球要素市场和规则体系的对接，必须探索一条推动区内数据跨境流通的有效路径。

但与此同时，粤港澳大湾区涉及三种不同的法律制度和司法辖区，数字治理和跨境数据流动作为新兴产业，在粤港澳大湾区各不同区域内尚未形成有效和成熟的协调与衔接机制，跨境数据流动实际上为数字治理提出了新的难题和挑战。以个人信息跨境流动为例，其至少包含有数据主权与自由流动两方面的利益冲突。根据经合组织（OECD）发布的数字服务贸易限制性指数（Digital Services Trade Restrictiveness Index），在全球 40 个主要经济体中，与瑞士、挪威、澳大利亚相比，中国的数字贸易及跨境流动政策限制指数仍然偏高，数据流动仍然存在一定的障碍。此外，除《个人信息保护法》《数据安全法》《数据出境安全评估办法》等上位法外，粤港澳大湾区在数字治理和跨境数据流动方面也没有更加具体的可供遵循的顶层制度设计，而且在数据跨境流动方面还面临统筹协调等多方面的难题。

不过，我国已经开始尝试在多元化的数据流动治理与合作领域开展探索，这也为解决粤港澳大湾区跨境数据流动问题提供了可供借鉴的制度化样本。

（四）粤港澳大湾区探索跨境数据流动治理的实践基础

截至 2023 年，粤港澳大湾区总人口已经超过 8630 万人，GDP 超过 13 万亿元，占全国 GDP 的 12%，在数据汇聚、产业规模和基础设施等方面具有较好的基础条件。一方面，围绕区内人才、物流、资金等要素流通，大湾区内集聚了政府机关、企业及个人产生的海量数据和信息。研究显示，目前大湾区数据存储量已经超过全国数据存储量的 1/5。这是区内数据资源流通的重要基础。事实上，近年来，大湾区已经在一些具体项目上逐步推进跨境数据互联互通。例如，通过出台《粤港澳大湾区电子签名证书互认管理办法》，进一步落实规划纲要的要求。湾区产业优势十分突出，是我国新一代信息技术产业最为发达的地区之一，拥有华为、比亚迪、腾讯等优秀企业。从当前的数据来看，珠三角地区数字经济规模占 GDP 比重已经超过 44%，经济的数字化程度在全国占据领先地位。

另一方面，从打造数据联通的基础条件来看，大湾区信息化基础设施总体水平不断提升，特别是互联网骨干网建设以及城际网络建设一直处于高速发展状态。此外，数据中心方面，也已经逐步形成了以广州、深圳和香港特区为数据中心，不断辐射周边的产业发展模式，服务器容量和数据存储量均领先全国。在超算中心方面，拥有广州、深圳两大国家超级计算中心，且粤港澳大湾区拥有较强的互联网发展基础和技术积累，网络基础设施相对完善，为大湾区数据流动提供了坚实的技术基础。此外，粤港澳大湾区数字化产业集中，数字经济发展动力较强，拥有与实体经济深度融合的广阔空间，特别是在区块链、大数据和云计算、人工智能等方面，有优良的技术积淀和发展环境。

三 跨境数据流动治理的国际实践及经验

（一）联合国倡导构建更加开放包容的全球数字体系

作为"二战"后国际社会多边治理的核心，联合国一直以来都是全球治理体系中的重要一环，在数字治理中也同样扮演着重要角色。为此，联合国专门成立数字合作高级别小组，以对数字时代中数字治理模式的变革作出回应。2019年10月，该小组发布报告《数字相互依存的时代》，对进入数字时代的各国政府面临的治理挑战进行了深入分析和总结，提出要通过多边合作机制完善数字治理，并且世界各国应当共同努力缩小数字鸿沟，共同行动。

一是建设对数字经济较为宽容的社会环境。联合国指出，各国应当更广泛地应用数字技术，协助更多人进入并适应数字社会，并就数字要素和公益性的数字技术开展更为广泛和深入的合作。

二是建议提升全社会特别是政府机关的数字化能力。数字经济的兴起和数字技术的发展实际上是对各国政府提出了更高的要求，除了让社会公众认识到数字技术的优势，各国政府还有义务向社会公众普及数字技术所存在的风险。[①]

---

① 提议建立区域性和全球性的数字技术服务平台，以帮助政府、民间社会和私营部门了解数字问题，发展引导与数字技术相关的合作能力。根据不同区域的实际情况对症下药，因地制宜发展数字化能力。

三是借助数字化技术和数字经济，推动全球数字治理中有关人权的保障和全球协作。为此，联合国也提出了相应的行动计划，特别是《全球数字信任与安全承诺》，对各国数字时代的愿景进行了汇总编撰，并建议各国对数字技术的责任规范进行管理，以全面提高社会应对数字时代网络威胁和虚假信息的能力。联合国还鼓励各国的企业实行更严格的开发规范，[①]同时加强对数字软件的认证。联合国倡导更深入的全球数字合作，力求达成一定程度内的数字治理原则、标准等方面的全球共识。[②]

（二）美国构建有条件的自由流动模式

近年来，欧美主流国家数字治理逐渐呈现出"国家主义"的趋势，从国家层面开展数字治理的顶层设计。特别是2018年之后，随着大数据和人工智能产业的兴起，部分欧美国家展开了以人工智能等技术手段转变现代治理模式的一系列行动和立法，将大数据、人工智能作为公共治理创新的核心手段和工具，而不再以获取数据或数据存储为重点，反而更多关注数据的开放和共享，进而建立起了一系列法律保障措施。

以美国为例，早在2012年5月，美国政府就发布了《数字政府：建立一个面向21世纪的平台更好地服务美国人民》的数字政府战略，并首次提出了社会公众随时获取政府信息的数字政府目标，以全面提高政府为全社会服务的质量。这也标志着数字治理已经从早期的技术问题演变为事

---

① 由联合国参与构建多边发展平台，在尊重隐私和安全保护的基础上共享数字公共产品，加强人才和数据资源的集聚。保障妇女和边缘化群体的参与，政企多方合作降低数字门槛。制定数字化包容性指标，并在各个多边组织的年度报告中使用，将指标数据作为各国战略规划和行动计划的制定基础。加强社交媒体与政府、第三方机构及人权专家的多方合作，充分了解和应对现有或潜在的侵犯行为。通过多边合作完善自主智能系统的逻辑标准，确立不同应用环境的标准和原则。

② 联合国数字合作高级别小组发布的报告《数字相互依存的时代》，也提出了对未来不可阻挡的全球数字治理可能遇到的障碍的关切，指出"建设包容和相互依存的数字世界的基石，构造适用的新治理架构。我们相信在未来，更完善的数字合作可支持实现可持续发展目标，减少不平等现象，凝聚各国人民，加强国际和平与安全，并促进经济发展和环境的可持续性"。

关未来发展的重要社会议题。

美国同样在数字技术的不断发展和进步中相应出台了有关个人信息跨境流动的政策法规。以"数据自由主义"为基础，美国在政策法规中充分体现了商业利益优先的理念和趋势，对个人信息的限制较少，行业规范也较为宽松。不过，美国对个人信息流动的限制多分散在不同的立法中，同时也较为注重对个人名誉权和隐私权的保护，不同的立法及司法判例都能够有效解决个人信息跨境流动的问题。[①] 此外，在数字治理的基础设施建设上，美国相较于其他国家，有着不可比拟的绝对技术优势，美国互联网公司仍然不断在全世界扩张业务，也倒逼着美国在跨境信息流动问题上秉持一种相对"开放"的态度。

然而不可否认的是，近年来，美国等发达经济体也出现一种趋势，即适度考量"数据主权"，数据权利保护和国家安全在数据跨境流动中也受到越来越多的关注。

（三）欧盟采用区内外区分的跨境数据治理机制

欧盟对于个人信息跨境流动的治理，具有欧盟这一区域性国际组织的特点。一方面，欧盟将个人信息的权利保护上升至基本权利层面，早在1981年，欧洲委员会通过了《关于个人数据自动化处理的个人保护公约》（Convention for the Protection of Individuals with regard to Automatic Processing of Personal Data），这也是世界上首次就个人信息保护问题在国家间达成共识。2018年，欧盟制定了《通用数据保护条例》（GDPR），全面针对个人及企业信息对保护和跨境流动作出规定。由于欧盟条例在欧盟成员国自动具有法律地位，因此欧盟对个人信息的保护实际上具有较高的层级和较强的约束力。

[①] 美国在《联邦贸易委员会法》中的商业诈骗部分规定了对于个人信息的保护，同时又以国家安全为由，要求用户的通信信息只能存储于美国本土；对于一些高新技术、金融以及医疗行业的个人信息，美国对其施行严格的备案或者许可证制度。

另一方面，欧盟在对个人信息和数据隐私加强保护的同时，还对区内外数据跨境流动作了区分规定。在欧盟内部，各国通过身份识别方式进行数据标记和共享，以法律形式固定多功能标识符，相应地针对数据处理和流动中的各方设定完善的权利和义务，并设计了较为严格的执法监督机制，从而全面有效地为数据在欧盟内部自由流动提供了保障。与此同时，严格限制数据或个人信息流出欧盟或第三国，防止欧盟内的个人信息或数据外泄。

四　粤港澳大湾区跨境数据流动治理体系建设面临的挑战

（一）从外部环境看，全球数字治理缺乏协同机制、规则不健全等

一方面，跨国跨境协同缺乏明确规则指引。数据流动的无国界特点，给数字治理的跨国家协同带来了严峻的挑战。从数据保护的角度看，各国对跨境数据流动的安全顾虑正在上升，对跨境数据流动的限制性措施也在不断增加，数据保护主义态势日趋明显，从一定程度上加剧了国际社会数字治理体系的不平等与割裂。与此同时，不同国家的数据流动差异巨大，以美国为例，其数据流通范围超过全球 40 个国家或地区，仅一国的数据流通量就占全球总数据流通量的 7%，与部分不发达国家相比差异较大，表现出强烈的不对称性。此外，数字平台的不断兴起和互联网寡头的出现，加剧了各国对于数据寡头垄断和税收、安全等各方面的担忧。欧盟传统公司的有效税率为 23.2%，而数字平台仅为 9.5%，这在加剧了数据垄断的同时，也带来了数据滥用、数据泄露的隐患。数据安全正在成为世界各国共同关注的难题，而这一领域又恰恰缺乏有效的和制度化的跨国（地区）协作。然而，数据复杂性也带来了区域规则体系缺失、治理难以形成协同规则等难题，这需要地区间、国家间的通力合作。

另一方面，世界各国（地区）间的"数字鸿沟"正在加深。数字化在推动国际社会不断发展和进步的同时，也带来了新的分歧和挑战。特别

是随着数字技术的不断发展和进步，以区块链、大数据等为主要代表的数字化浪潮席卷全球，数据正日益成为重要的生产要素和战略资源，越来越深刻地影响着人类社会的生产和生活方式。然而，世界各国在数据储存、互联网平台、数据安全等问题上均存在不同的认识和诉求。而互联网无国界的特性又在不断加大数据跨境的需求，由此产生了数据跨境的限制与开放的矛盾与争议，特别是发达国家在产业上的优势必然会引发发展中国家的担忧，各国在网络空间和数据资源方面展开的竞争也日渐加剧。

（二）从内部条件看，我国缺乏跨境数据流动治理的基础理念

在破解数据流动难题方面，与数字技术相适应的应为更加包容开放的数据观念。反之，如果制度出于保护部门利益的目的，更强调维护部门资源和权力，那么就可能会出现"信息孤岛"，难以形成公共服务所需的高质量数据。因此，也有学者指出，如果数据成为稀缺资源，那么必然会引起部门间的争夺；而一旦数据成为责任承担依据，各部门便又会出现相互推诿的现象。

具体而言，目前我国国家层面和省级层面并无垂直的数据跨境管理架构，但数据跨境之前有一个重要流程，即"安全评估"。数据跨境分为两种，即一般数据跨境和重要数据跨境。一般数据跨境，不需要经过中央网络安全和信息化委员会办公室（网信办）的安全评估，由向境外提供数据者与境外有关方面明确合作办法即可；重要数据跨境，必须经过网信办安全评估后，由各政府部门与相关主体签署数据跨境合同。

企业是开展数据跨境业务的主体，但目前在我国，以腾讯、阿里巴巴、滴滴等企业为例，尽管它们一直有数据跨境业务，但多为"数据入境"。特别是由于国家加强数据出境管理、《数据出境安全评估办法》实施时间不长，企业数据出境较少。

从政策方面看，目前也尚未形成有关数据要素及其流动的清晰明确的顶层设计。尽管 2021 年 1 月中共中央办公厅、国务院办公厅印发了《建设高标准市场体系行动方案》，其中明确提出要加快培育发展数据要素市场，建立数据资源产权、交易流通、跨境传输和安全等基础制度和标准规范，但有关数据流动的规则仍有待进一步探索。2022 年 1 月，国家发改委和商务部发布《关于深圳建设中国特色社会主义先行示范区放宽市场准入若干特别措施的意见》，再次提出要开展数据跨境传输（出境）安全管理试点，进一步将有关规则和实践探索的先行先试提上日程。为此，深圳正在探索与港澳特区政府、香港贸发局、澳门贸促局建立跨境政务平台、贸易大数据平台。

（三）粤港澳大湾区在数据流动规制层面存在的制度壁垒，成为制约区内信息联通的核心要素

粤港澳大湾区面临着与世界其他湾区截然不同的制度环境，例如，区内的治理实际上需要解决"一个国家、两种法律制度、三种法律体系（三个完全独立的自主关税区）、四种语言"等多重障碍。而数字治理在技术上有可能会出现失真或失效，以至于引发安全威胁等诸多问题，因此叠加了数字治理后的区内制度融合，又无疑增加了其制度弥合难度。

以市场主体之间的信息联通为例，湾区内不同地域开展的业务不同，对市场主体的管理模式和登记制度也并不相同，法律法规等方面也存在明显差异。不同地域的市场主体分类和登记程序均有很大差异。香港特区仅一部《公司条例》即涵盖了对于企业主体全部类型的规范，对于社团组织则有其他法律渊源予以规范；澳门特区则有借鉴葡萄牙民法体系的《商业登记法典》对市场主体加以规范。除此之外，粤港澳大湾区内对个人信息跨境流通的规范也并不相同。早在 1996 年，香港特区就制定并实施了《个人资料（私隐）条例》，就信息数据的流动和保护提供了较为全面的法律制度支撑。而澳门特区也在 2005 年制定颁布了《个人资料保护法》，对个人信息跨境转

移的一般原则和例外情况均作了相应的规定，为规范个人信息数据的跨境转移和安全保护提供了法律依据。深圳尽管也于 2021 年制定了《深圳经济特区数据条例》，但是仅此一部法律恐难以解决日益复杂的粤港澳大湾区跨境法律难题。

此外，广东与香港、澳门特区在信息管理模式上的差异，以及信息共享长效机制的缺乏，也制约了大湾区内的信息和数据的流动。

五 完善粤港澳大湾区跨境数据流动治理体系的路径

跨境数据流动涉及数据隐私和安全，其不仅事关商事主体、个人，而且更多地和国家数据主权及存储机制有紧密联系，因此跨境数据流动是一个异常复杂的系统性问题。要从顶层设计、三地沟通协调互助、基础设施建设、产业互通等多个层面共同着力逐步解决。

一是在粤港澳大湾区内地城市设立试点，通过模式创新提升静态数字治理能力，缩小与国际规则之间的差距。

治理模式的革新是提高治理能力的重要一环。而目前内地在数字治理水平上与国际先进水平相比还有较大差距。如果数据权利保护、数据存储等方面的静态问题尚难解决，那么数据的动态流动问题则更难解决。国际上在域内数字治理方面较为先进的国家是新加坡。新加坡从技术、行为、组织三个层面入手，以系统化的机制探索和建设数字治理框架，着力从技术、规范和组织三个方面提升数字治理的能力，为现代政府数字治理能力提升提供了可供借鉴的思路。从目前数字技术在我国的发展来看，大数据已经在国内诸多城市得到大范围应用，也成为政府"放管服"改革和智慧城市建设的重要一环，数据也越来越多地在社会管理中得到应用，场景不断拓展，逐渐渗入个体和政府的各项行为，同时也将越来越多的治理主体纳入社会管理的范畴之中。

未来，可在粤港澳大湾区内地城市探索数据资源共享的利益协调保障机制。第一步是完全打破区内内地城市政府部门之间基于行政边界形成的信息垄断。可以跨部门、跨地域的政府政务云平台为基础，建设高效的政务大数据中心和数据共享平台，从而改变当前政府各个部门"各自为政"的"信息孤岛"状态，推动政务数据在政府部门间、系统间以至地域间的数据共享，提高政府行政效率，提高数字治理的可操作性和有效性。数字治理也要积极吸纳第三方的技术与信息，形成数字治理云平台，使其在政府决策和城市治理中发挥支持作用。与此同时，推动互联网行业中的优秀人才和资源通过这一渠道进入公共服务领域，提升公共服务过程中的信息处理能力和创新水平。通过技术手段和数字治理模式的广泛应用，使得过去政府单一主导的治理模式得到改变，社会共同参与治理的力度增大，公共部门之间的数据壁垒被打破。在此基础上，公共数据资源在满足多方面利益的同时，也能够保障数据本身的基本权益，从而实现对公共数据的有效利用。

二是在内地城市建立系统完善的法律体系，为粤港澳大湾区跨境数字规制提供融合基础。从境外发达国家的实践来看，数据跨境流动中的主权问题和安全问题受到广泛关注，但由于国际社会目前尚未形成统一的数据规制规则，跨境数据治理如何平衡流动和安全之间的关系，也将是各国今后所要解决的问题。中国内地也需要在境内法律与政策的完整架构中重点考虑完善网络和信息安全制度。目前，国家和地方层面围绕网络信息安全问题均已有立法尝试，但仍然缺乏更具体和具有可操作性的制度安排。另外，应着力完善政策法规，让数据管理、使用、保护和追溯更具"法定性"和"规范化"。可在建立社会数据资产清单的基础上，推动社会共享数据库建设，并完善数据进库前的清洗、脱敏、脱密等规范化流程，形成标准化的数据资产，鼓励企业和科研机构利用相应的数据库资源开展科学研究，从而进一步提高数据市场化水平，实现数字治理和经济发展、技术进步间的相互促进、协同发展。

　　未来，应在《数据安全法》的框架下创制数据跨境流动规则，明晰数据资源整合的规则，确定政务大数据与企业数据、网络运营商的社会数据三者的边界与使用规范等。同时，可以通过立法方式将现有探索成果予以固定，加大数据开放的力度，避免数字私有化过度和数据垄断寡头现象的形成。此外，还可通过部门规章、地方性立法、规范性文件等形式，对数据资源共享的边界予以明确。具体而言，基于国家层面的《数据安全法》范式，对跨境数据进行分层次规制。① 在数据流动方面，则可以《深圳经济特区数据条例》第74条"数据分级分类保护"制度为基础，进一步统筹协调相关部门，对跨境流动数据的分类目录进行细化。例如不涉及重要核心信息的数据可以自由流动；对于涉及范围广或是涉及关键基础信息的数据，应更加审慎地加以限制或者建立评估机制；而对于涉及国家核心信息和涉及国家安全的数据，则要采取严苛的禁止性举措。这也与我国数字立法的重要性原则相符。

　　三是抓好顶层设计，借鉴境外经验，不断完善粤港澳大湾区内数据权利保护、流通机制，进一步与国际规则对接。一方面，要建立数据跨境流通规则。欧盟个人信息跨境流动的法律规制及美国相对包容的数据流动理念对我国《个人信息保护法》的实施，尤其是对《深圳经济特区数据条例》实施中的跨境问题解决有一定借鉴意义。以欧盟为例，欧盟近年来也制定了多项与数字治理有关的规则，以加强对数字跨境流动和数字经济中个人权利和数字资产权利的保护。2018年欧盟对GDPR进行了较大范围的修订，增加了有关国际数据传输与流动的条件和规范，对原有数据约束规则等条款作了修订，在跨境数据流动方面制定了新的认证机制和标准。

　　尽管粤港澳大湾区与欧盟这一区域国际组织具有本质上的差异，但是考

---

① 《数据安全法》第21条规定："根据数据在经济社会发展中的重要程度，以及一旦遭到篡改、破坏、泄露或者非法获取、非法利用，对国家安全、公共利益或者个人、组织合法权益造成的危害程度，对数据实行分类分级保护。"

虑到大湾区同样具有高度一体化的现实需求和基础，因此欧盟的有关规定在一定范围内对粤港澳大湾区仍具有借鉴意义。下一步，可以在大湾区数据业务的互联互通以及监管互认等方面开展试点探索。离岸数据交易平台以及监管沙盒等创新机制建设，都能够为打造符合国际标准的大湾区数据流通环境提供有力支持。

另一方面，为进一步对接港澳和国际通行规则，内地应完善现有隐私保护权益补偿机制。如前文述，我国目前的法律体系重数据安全而忽略数据流通实践，因此，往往存在地方实践与上位法规则相悖的情形。应在粤港澳大湾区内地城市率先实践，避免数据合规成本过高影响数据要素流通和资源配置，同时鼓励企业加大投入，特别是数据安全方面的投入，有效加强数据流安全保障。

四是在粤港澳大湾区内部积极协调，借鉴香港较为先进细化的制度体系，进一步完善互助体系。粤港澳大湾区由于具有一定的特殊性，在涉及数据跨境流动问题时，依靠顶层设计从体制机制上做系统性改善固然重要，但还应探索建立专门的协调机制，解决数据流动中的重点问题。例如，数据权属按照性质至少可以区分为财产权和人身权两类，而在我国法律体系中，对于这两类权属的确认和保护是完全不同的。数据权利应如何划分，在实践中应如何保护？同一类别的权利应该如何明确归属，权利主体享有处分权还是仅仅享有收益权？对于这些问题在实践中湾区内各城市都有不同的处理方式。这无疑大大增加了数据流动的难度。因此，未来可建立粤港澳大湾区数据平台及数字经济理事会，粤港澳大湾区数据平台主要是协助建立湾区内统一的数据分类审核制度，规范对流动性数据要素的审核要求及监管标准。例如，可根据跨境数据的来源和重要程度，将其分门别类地予以管理，针对来自个人、企业的不同类别的数据，设定不同的审核标准和监管门槛，同时进一步强化数据安全保障措施。数字经济理事会则是一个议事和协调机构，主要处理较为紧急棘手的问题，提升工作效率，避免因规则衔接问题导致融合工作无法推进。此外，理事会还可以下设专业部门，对理事会负责，由专业人士负责监督港澳与内地商事主体数据权利的行使是否规范，是否有垄断行为；技术部门也可以从技术层面设置更为便捷的流通渠道。具体而言，一方面，针对涉及国家安全和公共利益的数据产权的区内流动，理事会要予以管理和规制，这是理事会的日常工作之一。因此，可以对"个人数据""企业数据"等不同的数据性质和类型作出清晰明确的区分。以西方国家为例，其对于作为整体的国家数据的保护也非常重视。例如，美国虽然主张数据跨境流动，但在制度设计上也同样注重对本土数据的保护和限制。2021 年 6 月，美国国防部发布《美国本土外云计算战略》，强调对美国数据流向或储存在境外数据的限制和管理主权。与此同时，《澄清海外合法使用数据法》还规定了美国对境外企业具有"长臂管辖"的权利。

另一方面，理事会应主导发挥好粤港澳大湾区内几个节点城市的核心引擎作用，促使节点城市率先在数据流通、信息共享、行政执法安排等领域不断畅通机制，推动更高水平数字治理规则实施。建议以深圳前海先行示范区为依托，积极探索与香港特区、澳门特区在数据跨境领域的沟通协调，推动建设多方共认的监管协作框架，积极探索推行国际通行的监管指南和标准，推动数据跨境自由流动。而对于获得粤港大湾区内各城市认可的企业或机构间的数据流动，可比照白名单或负面清单机制，实行除禁止跨境流动的数据外其余数据均可以跨境流动的制度。

五是粤港澳大湾区未来应致力于为我国构建数字治理"人类命运共同体"提供更多路径。从目前世界各国跨境数据的流动看，世界范围内的数据流动并不充分，国家或地区间的数据流动还存在冲突和不均衡，严重影响了数据要素的生产价值和意义。与此同时，数字治理领域的边境后规则也日益演变为国际规则的重要组成部分，各国对于跨境数据流动的安全顾虑日益上升，限制性政策不断增多；在跨境数据流动方面存在不对等现象，数据流入国绝大多数为发达国家，而发展中国家和欠发达国家的数据权利难以保障，国际社会尚无行之有效的国际规范和手段，[①] 部分国家的数据权益难以维护，全球治理面临着新的挑战。[②] 作为我国互联网行业发展的前沿和先锋阵地，粤港澳大湾区互联网行业集聚效应明显，数字产业发展迅速，拥有国内最为完善的数字产业集群，在全球范围内具有突出的影响力。将粤港澳大湾区作为数字经济发展的先行阵地，努力在国际规则的制定中抢占先机，不仅有利于提高我国在数据跨境治理中的国际话语权，同时也有利于为我国构建数字治理"人类命运共同体"提供更多路径。

一方面，在当前的国际竞争格局和国际形势下，由"中国制造"向"中国智造"转型的需求日渐迫切，如何加快数字技术的研发并争取获得领先优势是中国参与全球数字治理面临的重大挑战。目前，在部分核心技术上我国科研、开发仍然严重依赖境外发达国家，这是我国全球数字治理话语权较弱的重要原因之一。粤港澳大湾区数字产业和网络技术的先行示范，有助于我国发挥产业链优势，集中突破关键技术。

另一方面，国际社会的数字治理重点关注数字时代发展与安全问题，实际上需要各国以求同存异的态度处理分歧、化解矛盾，同时保持兼容并蓄的开放心态，消弭冲突、促进合作，只有这样才能共同应对数字时代新治理模式带来的全新挑战。为此，粤港澳大湾区的先行探索也能够为我国充分发挥负责任大国作用提供有力的产业和技术支持，通过积极推动在联合国框架下设立数字稳定委员会，应对数字技术引起的全球复杂政策问

---

① 例如 2005 年欧盟智利自由贸易协定是第一个载有大量数字贸易条款的区域贸易协定，达成了双边的数字治理规则衔接安排。从规则重心看，欧盟充分利用自身向全球开放的大市场优势，强化对市场主体的监管，并可能在未来将数字平台监管内容加入双边贸易谈判中。

② 据国际电信联盟的统计数据，2019 年发达国家互联网普及率高达 86.6%，美国和日本超过 90%，而欠发达国家只有 19.1%。世界上仍有一半人口未接触过网络。

题。具体而言，可以粤港澳大湾区为基础，在积极探索构建湾区内数据跨境流动规则的基础上，积极参与国际社会数据跨境流动规则制定进程，特别是积极利用亚洲基础设施开发银行和"一带一路"建设机遇，逐步加强我国在国际规则制定领域的话语权。[①] 此外，还可进一步在区域组织或沟通平台中积极宣传我国的数字治理立场，不断加强我国在数字治理领域的国际影响力。同时，在现有国际组织的框架下，可积极对接联合国、OECD 等构建的数据保护和流动国际标准及框架，并不断提高我国在国际标准制定中的参与度。以粤港澳大湾区先行探索为依托，积极探索与部分国家或地区的数据监管框架相协调，在粤港澳大湾区内率先探索实现与国际规则和标准的对接，并逐渐扩大相应监管框架的国际影响力。这也是我国坚持多边主义和建设人类命运共同体的要求。与此同时，逐步推动形成发达国家与发展中国家多元共治的新格局，推动国际社会就数字治理领域的关键问题达成一致或新的国际共识，从而为构建数字治理"人类命运共同体"提供更多路径。

参考文献

《中国关于联合国成立 75 周年立场文件》，中华人民共和国外交部网站，https：//www.mfa.gov.cn/ce/cecd/chn/zgyw/W020200910425553975697，2020 年 9 月 10 日。

鲍静、贾开：《数字治理体系和治理能力现代化研究：原则、框架与要素》，《政治学研究》2019 年第 3 期。

冯洁菡、周濛：《跨境数据流动规制：核心议题、国际方案及中国因应》，《深圳大学学报》（人文社会科学版）2021 年第 4 期。

高奇琦：《智能革命与国家治理现代化初探》，《中国社会科学》2020 年第 7 期。

---

① 数字稳定委员会将协调标准、法规和政策的制定，监测技术发展情况并评估这些技术引起的漏洞，与其他多边机构保持一致，并确保民间组织和发展中国家派代表参与讨论等，将全球范围内值得关注的数字治理倡议纳入其中，在进行全面协调的同时填补相关空白，从而体现更广泛的全球利益。

韩兆柱、马文娟：《数字治理理论研究综述》，《甘肃行政学院学报》2016年第1期。

黄建伟、刘军：《国外数字治理的过去、现在和未来》，《国家治理现代化研究》2019年第1期。

黄建伟、刘军：《欧美数字治理的发展及其对中国的启示》，《中国行政管理》2019年第6期。

姜奇平：《如何合理制定全球数字治理规则》，《互联网周刊》2021年第15期。

林洧：《比较法视野下个人信息跨境流动之法律规制与进路——兼谈我国〈个人信息保护法（草案）〉》，《深圳社会科学》2021年第4期。

曲鹏飞：《全球数字治理的中国方案：背景、内涵及路径》，《中国井冈山干部学院学报》2021年第4期。

冉从敬、刘瑞琦、何梦婷：《国际个人数据跨境流动治理模式及我国借鉴研究》，《信息资源管理学报》2021年第3期。

苏庭栋、陆峰：《联合国数字合作报告给我国数字治理带来的思考》，《互联网经济》2020第Z1期。

童楠楠、窦悦、刘钊因：《中国特色数据要素产权制度体系构建研究》，《电子政务》2022年第2期。

汪波、郭雨欣：《当代中国数字治理：主题、动态与发展趋向》，《武汉科技大学学报》（社会科学版）2019年第4期。

王建冬、于施洋、黄倩倩：《数据要素基础理论与制度体系总体设计探究》，《电子政务》2022年第2期。

王金照、李广乾：《跨境数据流动：战略与政策》，中国发展出版社，2020。

王俊美：《建立统一的数字治理体系》，《中国社会科学报》2021年1月6日。

王磊：《〈全球数据安全倡议〉为全球治理注入新动力》，中华人民共和国外交部网站，https：//www.fmprc.gov.cn/web/wjb_673085/zzjg_673183/jks_674633/fywj_674643/202011/t20201124_7668989.shtml，2020年11月24日。

王毅：《坚守多边主义 倡导公平正义 携手合作共赢》，人民网，https：//baijiahao.baidu.com/s？id=1677231562216116230&wfr=spider&for=pc，2020年9月8日。

魏礼群等：《数字治理：人类社会面临的新课题》，《社会政策研究》2021年第2期。

夏银平、刘伟：《城市数字治理与治理能力现代化的行为互嵌——以新加坡为例》，《扬州大学学报》（人文社会科学版）2020年第6期。

杨铭鑫、王建冬、窦悦：《数字经济背景下数据要素参与收入分配的制度进路研究》，《电子政务》2022年第2期。

杨容涵、刘成昆：《大数据分析下的粤港澳大湾区社会治理》，《中央社会主义学院学报》2020年第1期。

曾坚朋等：《打造数字湾区：粤港澳大湾区大数据中心建设的关键问题与路径建构》，《电子政务》2021 年第 6 期。

张来明：《中国社会治理体制历史沿革与发展展望》，《社会治理》2018 年第 9 期。

张茉楠：《跨境数据流动：全球态势与中国对策》，《开放导报》2020 年第 2 期。

张晓、鲍静：《数字政府即平台：英国政府数字化转型战略研究及其启示》，《中国行政管理》2018 年第 3 期。

赵正等：《数据流通情景下数据要素治理体系及配套制度研究》，《电子政务》2022 年第 2 期。

周汉华：《〈个人信息保护法（草案）〉：立足国情与借鉴国际经验的有益探索》，《探索与争鸣》2020 年第 11 期。

周汉华：《个人信息保护法的时代意义》，《民主与法制周刊》2021 年第 32 期。

朱扬勇：《数据自治》，人民邮电出版社，2020。

（本文原载于《深圳社会科学》2023 年第 2 期）

经济特区篇

经济特区与中国特色
"渐进式改革"的绩效

陶一桃*

摘　要：相对于典型的"渐进式改革"，中国特色"渐进式改革"呈现如下特点：其一，中央顶层设计的强制性制度变迁与特殊政策诱发的诱致性制度变迁，作为改革过程中制度供给与需求的两个方面，形成了推动改革开放的相辅相成的有机进程；其二，占绝对主导地位的自上而下的强制性制度变迁，与作为强制性制度变迁结果和推动力的自下而上的诱致性制度变迁相结合，构成了中国特色"渐进式改革"的内在演进逻辑；其三，中央政府和作为中央授权"先行先试""先行示范"的"次级行动集团"的经济特区，构成了中国特色"渐进式改革"中地位、作用、力度截然不同，又缺一不可的独特的制度变迁的"双主体结构"。中国特色"渐进式改革"以加强的"虹吸效应"、扩大的"扩散效应"、制度化的"涓滴效应"和较迅速展现出来的先行城市或地区的倒"U"形曲线现象都增进着中国社会转型的制度绩效。

关键词：经济特区；渐进式改革；制度变迁；中国道路

自 1980 年中共中央和国务院将深圳、珠海、汕头和厦门这四个出口

* 陶一桃，深圳大学中国经济特区研究中心教授、博士生导师，广东省习近平新时代中国特色社会主义思想研究中心特约研究员。

特区改称为经济特区以来，在中国改革开放的进程中，经济特区，尤其是深圳经济特区，以制度变迁的先行者和"政策性经济增长极"的双重使命与双重身份，率先探索着中国社会由传统计划经济向社会主义市场经济转型的发展路径，寻找着由贫穷走向共同富裕的实践模式，探寻着由经济体制改革逐步扩展到政治体制、社会管理体制机制等全方位改革的制度安排，践行着以非均衡发展战略实现区域协同发展的有效途径，贡献着由政策开放走向制度开放、由外向型经济走向开放型经济的理念、做法与可借鉴、可复制经验。经济特区，作为中国社会制度变迁的逻辑起点与中国道路的重要组成部分，是自上而下强制性制度变迁的产物，又是这一制度变迁的结果，同时还是中国特色"渐进式改革"的伟大的践行者。作为自上而下强制性制度变迁的产物，它肩负起"先行先试"和"先行示范"的历史使命；作为强制性制度变迁的结果，它以"政策性增长极"的制度力量，不断产生、释放着"虹吸效应"与"扩散效应"，从而改变、形成着中国经济的新版图；作为中国特色"渐进式改革"的伟大的践行者，它以其自身的发展不断探索着中国社会制度变迁的路径，更以其自身的成功证明着中国道路选择的正确性。

一　制度变迁与中国特色"渐进式改革"特征

中国的改革开放，具有中国特色"渐进式改革"的鲜明特征。所谓中国特色"渐进式改革"是指 1978 年以来中国所采取的既不同于"华盛顿共识"[①] 所推崇的"激进式改革"，又不同于典型的"渐进式改革"的中国特色的制度变迁的路径与模式。具体地说：中国特色"渐进式改革"在

---

① 1989 年，美国国际经济研究所邀请国际货币基金组织、世界银行、美洲开发银行和美国财政部的研究人员，以及拉美国家代表在华盛顿召开了一个研讨会，旨在为拉美国所推崇的"激进式改革"家经济改革提供方案和对策。美国国际经济研究所的约翰·威廉姆森（John Williamson）对拉美国家的国内经济改革提出了 10 条政策措施，并与上述各机构研究人员等达成共识，即华盛顿共识。

以建立经济特区为重要的实践载体，以先行先试为主要的实践逻辑与步骤的前提下，以强制性制度变迁为主导，以诱致性制度变迁为潜能；以自上而下顶层设计为核心，以自下而上授权改革为路径；以经济改革为切入口，以全方位改革为方向；以发展经济为着眼点，以全面发展为目标；以非均衡发展为路径，以协调与共享发展为宗旨。这一中国特色"渐进式改革"的基本路径，反映了中国道路的内在逻辑轨迹。所以，中国特色"渐进式改革"不仅构成了中国道路的重要组成部分，而且以改革开放 40 多年的成功实践，发展了传统转轨经济学理论与区域经济学理论，丰富了中国特色政治经济学理论体系，为转型国家提供了另一条可供选择、借鉴的成功道路。

中国特色"渐进式改革"具有典型的"渐进式改革"的基本特征，它是典型的"渐进式改革"融入中国国情的体现。从根本上来说中国特色"渐进式改革"与典型的"渐进式改革"一样，都是制度变迁的一种选择方式与路径。

从理论上讲，典型的"渐进式改革"是指在一个宏观经济相对平衡稳定的国家里所进行的市场化改革。它实施的前提条件就是该国具有一定的工业化基础，同时具备宪法等制度环境。所谓宏观经济相对平衡稳定，是指国家既没有恶性通货膨胀，又没有较高的政府预算赤字，更没有潜在或已发生的债务清偿危机。在现实中，典型的"渐进式改革"突出表现为改革国充分利用自身已有的社会组织资源，尤其是国家政权的力量，发起、推进社会改革的进程。其具有在相当长的时间内双轨共存并生的过渡以及强制性制度变迁中的诱致性的特点，并从一开始就呈现出改革路径与进程的某些显著特征。其一，从改革的策略来看，呈现出几乎贯穿于全过程的由局部到总体的改革步骤与节奏；其二，从改革实施的方式来看，表现为具有存量保留的体制内改革与具有增量推动的体制外促进相结合的前进中的缓冲性；其三，从改革逻辑来看，展示出以先行的经济市场化改革促进政治体制改革乃至全面改革的突出特征；其四，从改革的理念来看，体现为改革、发展、稳定相协调，增长、繁荣、开放相协同的基本原则。由于"渐进式改革"是从经济体制改革以及发展经济入手的，它不仅以经济的率先发展赢得了人们对改革的支持，还在促进经济发展的同时，肯定了人们对物质利益追求的正当性；在给予人们选择权利的同时，赋予了市场经济主体自由发展的可能；在充分调动每一个人的积极性与创造性的同时，赢得了人们对改革的广泛支持与热情参与。

典型的"渐进式改革"是相对于"激进式改革"而言的，不同的改革方式，实质上意味着不同的改革道路或路径的选择，中国特色"渐进式改革"更是说明了这一点。

相对于"激进式改革"而言，典型的"渐进式改革"同样具有源于自身实施逻辑的某些特质：①"激进式改革"以整体同步改革为出发点，具有破釜沉舟、置之死地而后生的"气概"。在实践进程中往往是先开始社会制度改革、后进行社会经济体制改革和经济发展，并在客观上表现为通过牺牲经济发展速度的方式，来推动制度变迁与社会转型。相比之下，"渐进式改革"更加注重、强调经济体制改革的先行性，以经济发展促社会改革，以不断深化改革谋求社会经济的稳步发展。改革与发展齐头并进，相互促进，从而实现以经济的稳步增长来支撑社会改革的稳步推进。②"激进式改革"以彻底摧毁计划经济体系和国有制基础为导向，基本上不为旧体制留出任何生存空间。以"休克疗法"的方式先破后立，在毁灭旧体制之后重新进行新体制建设。其关键问题是在旧体制被摧毁的时候，国家体制系统呈"真空"状态，因此进行改革要经历较为漫长的从经济凋敝到缓慢复苏及与之相伴随的社会动荡的煎熬。相比之下，"先立后破"构成了"渐进式改革"的基本特征。在不断鼓励非国有经济发展的同时，不断转变原国有企业产权结构和经营机制；在不断减少指令性计划的同时，不断扩大市场经济规律发挥作用的范围；在使传统体制逐步收缩的同时，使市场主体地位和与之相适应的体制机制逐步形成、扩张并趋于完善，从改革的路径上有效地避免了社会体制机制出现无政府的"真空"状态。③"激进式改革"由于以迅速完成社会转型为目标，所以具有全局性、彻底性和迅速性的典型特征，希望并力求速战速决，渴望一夜之间摧毁传统计划，建立完全自由竞争的市场。相比之下，改革稳健有序、步骤循序渐进、措施逐步实施则构成了"渐进式改革"的显著特质。其典型的实施路径是，遵循非均衡发展的战略，通过局部改革来逐步实现改革目标，通过边际均衡的方法逐渐并有步骤地分解改革难题，以非均衡发展战略的"非均衡实施"，实现全方位改革和全面发展。

从制度经济学和制度变迁理论的视角来分析，相比典型的"渐进式改革"，中国特色"渐进式改革"具有如下特点。其一，从制度变迁的演进方式来看，尽管中国特色"渐进式改革"沿着典型"渐进式改革"的从局部到全局的实施步骤与路径前行，但是在改革的进程中显示出独特的，并伴随着改革的深化不断彰显出来的制度供给与制度需求相互依存、相互促进的由改革道路选择所决定的内在逻辑关系。一方面，在宏观层面上呈现鲜明的供给导向为主、需求导向为辅的总趋势，即中央顶层设计的强制性制度变迁以制度供给的方式部署、推动改革进程，而经济特区在特殊政策创造的制度供给空间内实践着中央改革意图，同时又以诱致性制度变迁的方式不断产生新的制度需求；另一方面，在实践层面上则呈现需求导向为主导、供给导向为辅，由特殊政策派生出来的诱致性制度变迁，以先行先试的成功经验不断创造出新的制度需求，从而推动以中央顶层设计为引导的强制性制度变迁，在深化改革的实践中又不断创造出新的制度供给。中央顶层设计的强制性制度变迁与特殊政策诱发的诱致性制度变迁，作为改革过程中制度供给与需求的两个方面，形成了中国特色"渐进式改革"相辅相成的富有制度绩效的有机进程。

其二，从改革的实施路径来看，尽管中国社会的制度变迁以典型的

"渐进式改革"的制度变迁为基本路径，其具有诱致性制度变迁的许多特质，但从根本上说，还是自上而下部署、推动的强制性制度变迁。诱致性制度变迁是强制性制度变迁的结果，也是推动强制性制度变迁的力量。诱制性制度安排由中央政府批准后以正式制度安排的形式来实施并发挥作用。如改革初期经济特区"干了再说"的改革特权，是建立经济特区这一正式制度安排及其相关特殊政策，赋予经济特区自下而上的诱致性制度安排的权力与可能；如经济特区的"先行先试"和"先行示范"功能，在率先探索社会主义市场经济实现方式与途径中，成为推动中国社会自上而下强制性制度变迁的力量。当然，所有建立起来的新的制度安排，包括率先改革的制度创新，最终都要由中央政府批准后方才由经验变为制度，由特殊政策变为法律法规。占绝对主导地位的自上而下的强制性制度变迁，与作为强制性制度变迁结果和推动力的自下而上的诱致性制度变迁相结合，构成了中国特色"渐进式改革"的充满制度绩效的内在演进逻辑。

其三，从改革的主体来看，尽管与典型的"渐进式改革"一样，推动中国社会制度变迁的主体是中央政府，但是，在中国特色"渐进式改革"的框架内还有一个不可或缺、不容忽视的被中央政府授权的"次级行动集团"——经济特区这一独特主体。在中国特色"渐进式改革"中，经济特区历史地成为中国强制性制度变迁进程中肩负先行先试使命的、由中央政府授权的"次级行动集团"。经济特区不仅在改革之初担负起中国社会由传统计划经济向社会主义市场经济转型的使命，探索由普遍贫穷走向共同富裕的道路，而且在深化改革中肩负着由政策开放走向制度开放、由外向型经济走向开放型经济的新使命。一方面，经济特区由于被授予率先改革的特权，实质上是制度变迁的发轫者——中央政府改革意图的直接实施者；另一方面，经济特区由于被赋予了率先改革的政治特权，又成为实践层面的改革主体。然而，这个改革主体率先改革的探索，相对于中央政府而言是自下而上的，但相对于规范定义中的"诱致性制度变迁"，则是自上而下的。因为从根本上还不是"由个人或一群人，受新制度获利机会的引诱自发倡导、组织和实现的制度变迁"①，而是中央授权下的以地方政府为主导的制度变革。所以，中央政府和中央授权"先行先试""先行示范"的"次级行动集团"的经济特区，构成了中国特色"渐进式改革"中地位、作用、力度截然不同，且缺一不可的事实上的两个主体，这种独特的制度变迁的"双主体结构"，推动了中国道路不断释放潜在制度绩效。

二 中国特色"渐进式改革"与中国道路

经济特区发展40多年的实践证明，中国特色"渐进式改革"是适合中国国情的制度变迁方式与路径。这一改革方式与路径不仅减少了中国改革开放的成本，降低了制度转型的风险，避免了社会转轨有可能发生的动荡，而且在加快中国实现现代化的步伐、形成中国经济的新版图的同时，创造了令世人瞩目的中国奇迹，令新兴市场经济国家接受并借鉴的中国发展经验与模式。中国特色"渐进式改革"既是中国道路的实践模式与实施路径，又是中国道路不可或缺的重要的组成部分。中国特色"渐进式改革"不仅赋予了中国经济特区不同于西方区域经济学理论定义的独特内涵与功能，而且生动、深刻地诠释了中国道路的独特性。

"中国道路"是既不同于苏联模式又不同于"华盛顿共识"的充分体现中国特色的实现现代化之路，其实质就是中国共产党领导和社会主义现代化。因此，这条道路所体现的"中国特色"，表明的是历史性、国别性和社会发展的差异性，而不是对现代化本质内涵与固有价值判断的否定；这条道路所蕴含的"中国特色"，只是"特"在实现目标的道路上，"特"在达到目标的路径选择上，而不是目标本身。从根本上说，中国道路的探索过程既是对人类文明的认同过程，又是为世界贡献中国智慧的过程。这

---

① 林毅夫：《关于制度变迁的经济学理论：诱致性变迁与强制性变迁》，《财产权利与制度变迁——产权学派与新制度学派文集》，上海人民出版社，1994，第391~397页。

一过程承载着一个民族独立自主谋求富强的美丽故事，更体现了改革开放倡导者、领导者们的政治智慧与民族担当。①

其一，坚持独立自主地走适合本国国情的发展道路，把社会转型和制度变迁成功的原动力和未来发展的期望从根本上寄托于自我革命的社会制度变革之中，这是中国改革开放的内在政治前提，也是中国道路的内在政治前提，更是中国特色"渐进式改革"路径选择与实施的内在前提。

中国的改革开放既没有"华盛顿共识"所附带的对自由市场经济理论的必然认同和教条式规定，也没有以接受国际货币基金组织和世界银行巨额投资、援助等为交换的附加前提条件，更没有已经被别人设定好的毫无选择权的向资本流动开放、私有化、自由化和透明化的经济发展道路约束，有的只是适合中国国情的改革开放路径的选择。"北京共识"② 的提出者乔舒亚·库珀曾指出：实现经济增长的同时是否能保持独立自主，是"北京共识"与"华盛顿共识"最根本的区别，因为这直接影响发展中国家自身的发展后劲。中国的发展经验也证明，只有独立自主，依照国情制定相应的政策，而不是盲从于西方的某种"经典"理论，才能找到适合自己的卓有成效的发展道路。中国特色"渐进式改革"就是典型"渐进式改革"的中国化实践。如以建立经济特区这一"政策增长极"的方式，来完成由局部到全局的改革路线，既很好地解决了经济发展不均衡对改革开放的资源约束，又很好地规避了庞大的传统计划经济体制对改革开放的直接制度制约，以改革之初所创造的内生制度力量（建立经济特区），为改革的顺利实施创造了制度空间，而且这一内生的制度力量——经济特区，又不断地与中央政府整体部署及改革意图在供给创造需要与需求创造

---

① 陶一桃：《新时代经济特区新使命新作为》，《深圳特区报》2018 年 5 月 8 日。

② "北京共识"被定义为：艰苦努力、主动创新和大胆实验；坚决捍卫国家主权和利益；循序渐进，积聚能量。创新和实验是其灵魂；既务实，又理想，解决问题灵活应对，因事而异，不强求划一。它不仅关注经济发展，也同样注重社会变化，通过发展经济与完善管理改善社会。

供给的中国特色"渐进式改革"中，相辅相成地推进着社会改革不断向纵深展开。

其二，首先开始经济体制改革并发展社会经济，是中国改革开放的切入口，也是中国道路的逻辑起点，而以建立经济特区的方式激活这个起点，正是中国特色"渐进式改革"的基本路线。中国特色"渐进式改革"作为中国道路的重要组成部分，在以建立经济特区的方式寻找、探索中国道路的同时，又以经济特区的成功实践丰富、完善着中国道路的内涵。

对于转型中的社会主义国家来说，减少制度变迁成本，降低社会转型风险，获取人们对改革开放的认同是改革伊始最关键的问题。而中国特色"渐进式改革"非常巧妙而有效地解决了这一关键性问题。如作为中国特色"渐进式改革"的率先实践者，中国早期的经济特区都是传统计划经济时期工业基础薄弱的地方，它们既没有雄厚的工业基础也不是重工业发展之地，然而正是这样的智慧选择，使中国社会转型过程中不得不释放的成本，出现向后推迟的有利于改革开放向前推进的现象。诸如并没有过早地发生大规模的国企员工下岗。大规模国企员工下岗不仅发生在经济特区成立 13 年之后，而且发生在社会主义市场经济体制确立之后。1992 年，党的十四大报告把建立社会主义市场经济体制作为我国经济体制改革新的目标，中国社会主义市场经济体制正式确立。党的十四届三中全会通过《中共中央关于建立社会主义市场经济体制若干问题的决定》，建立了社会主义市场经济体制的基本理论框架，社会主义市场经济理论基本形成。如果说经济特区 10 年社会主义市场经济成功实践，为国企员工下岗提供了市场化自我消耗改革成本的空间与路径（尽管难免存在社会成本个人化的问题），那么中国改革开放建立社会主义市场经济体制方向的确立，在逐步消除人们对国企固有的意识形态崇拜的同时，也逐渐消除了下岗群体的心理负担和曾经"优越感"的丧失所构成的心理成本。人们已经看到了，市场经济所拥有的自由选择的机制，是能够给绝大多数人带来自我发展并致富的可能的。这样，市场机制在客观上又成为改革开放不得不释放出来的社会成本的内化机制，而中国特色"渐进式改革"也在以建立经济特区推进社会主义市场经济体制形成过程中，展现了中国道路的智慧。

其三，"摸着石头过河"，先行先试，创造经验，探寻道路，普遍推广；既坚定不移地实施改革开放，又为原体制留出"渐进式改革"的时间与空间，这是中国社会制度变迁稳妥而具有可操作性的整体思路与实践逻辑，同时也是中国道路的实践特征。中国特色"渐进式改革"以建立经济特区的方式既逐步完成了这一道路的探索，又不断证明了这一道路的正确性。[1]

改革必须是全方位且根本性的，但改革切入口的选择应该是相对风险最小且收益最大的。只有首先通过局部的改革来改变贫穷的现状，才能让人们感觉到改革的希望，从而拥有认同、参与改革的勇气与热情。社会转型的初期，获取民众对改革支持的最直接、最有说服力的方法就是社会经济的发展和伴随发展的人们收入水平的提高。这是典型"渐进式改革"的基本步骤，而中国特色"渐进式改革"以创造"政策性增长极"——经济特区的方式，富有感染力和感召力地创造了这样一个具有说服力的制度空间，尤以深圳经济特区为代表。1979 年，深圳经济特区 GDP 不足 2 亿元，是同期广州 GDP 的不到 4%，是同期香港的不足 0.2%。但 40 年之后，深圳的 GDP 增长了约 1.5 万倍，按常住人口计算，2019 年深圳人均 GDP 达 20.03 万元，约是全国平均水平的 3 倍，连续七年超过台湾，逼近韩国人均 GDP，比 1979 年深圳这座城市刚建成的时候上涨了 330 倍。40 多年来，深圳的 GDP 增长了约 1.5 万倍，深圳总人口增长了约 40 倍（相比之下广州增长了约 2 倍，香港增长了约 0.5 倍），深圳可能是近几十年来世界上 GDP、人口增幅最大的城市。值得关注的是，深圳海归人才和数

---

[1]　陶一桃：《从经济特区谈中国道路的实质与内涵》，《社会科学战线》2018 年第 6 期。

字人才的引进数量,在全国大中城市中列第三。人口无疑是一座城市发展的核心因素,尤其对一个在社会转型中成长起来的城市而言。一方面,人口流动的变化情况,足以体现一座城市对"人"的吸引力与魅力;另一方面,城市自身在获取劳动力红利和创造价值的同时,更获得了消费规模与能力。二者相互促进,又会产生有利于城市发展的"极化效应",以深圳经济特区为典型代表,其正是自身发展所产生的"极化效应"的最大的受益者。从某种意义上讲,"极化效应"是"让一部分人、一部分地区先富起来,逐步实现共同富裕"的产物,也构成了中国特色"渐进式改革"的内在的自发溢出的效应。

其四,以开放促改革,既是有效减少传统意识形态阻碍的低成本方式,又是迅速提升国民对市场经济的认识能力与水平的快捷渠道,从而成为中国社会得以顺利开启制度变迁进程的有效步骤。这是中国道路的探索路径,也是中国特色"渐进式改革"的逻辑路径。

以深圳经济特区为代表,中国经济特区作为中国特色"渐进式改革"的"试验田",其中一个最重要的功能就是成为中国对外开放的窗口。改革开放之初,这个窗口让中国人首先了解世界并走向了世界。同时这个令国人既陌生又好奇的窗口,在把中国带入经济全球化的过程中,又不以人的意志为转移地把市场经济文化和国际惯例引入了中国人的生活中。

改革与开放作为构成中国特色"渐进式改革"的同一过程的两个方面,既相互促进,又互为因果,并不断按照以开放促改革的逻辑步骤实现着中国特色"渐进式改革"的目标。可以说,没有"杀出一条血路"的改革的勇气就不可能有打开国门的开放;同样,没有坚定不移的开放,就没有足以推动改革与深化改革的来自市场经济规制的力量。作为中国特色"渐进式改革"的内在步骤,以开放促改革不断以来自外部的力量推进着中国改革开放向纵深迈进,推动着中国社会制度变迁的整体进程。深圳2019年全市进出口额为29773.86亿元,约占同期全国进出口总额的10%,

其中，出口额为 16708.95 亿元，连续 27 年居全国大中城市首位。这一数据的背后，正是以开放促改革带来的制度绩效。

沿着"以开放促改革"的制度变迁进程，中国的改革开放经历了由外向型经济向开放型经济发展与转型的过程；在制度上经历了并仍在经历着由政策开放走向制度开放的演变与深化的过程。两者既体现为逻辑上的演进，又表现出发展进程的统一性。它们都是"以开放促改革"这一过程的必然结果，又是"以开放促改革"的制度绩效与收获。"以开放促改革"作为中国特色"渐进式改革"的实践步骤与逻辑，既是中国智慧的展示，又是中国国情的体现，更是对中国道路的国别性寻找与探索。

其五，始终坚持中国共产党对在自上而下的强制性制度变迁中改革开放进程的领导权，并由此形成了具有卓越制度绩效的"举国体制"，这是中国特色"渐进式改革"所体现出来的中国道路的本质特征。"举国体制"是在一个实行计划经济的大国里，面对社会发展不均衡与资源稀缺的约束，较为迅速完成制度变迁目标的一种政治资源与力量，这是中国改革开放得以成功的关键与政治制度保障。

所谓"举国体制"，是指由国家统一领导，自上而下实施、层层机制衔接、政令直接畅达的政体运作与社会管理体制机制模式。这种社会管理机制与模式具有集中稀缺资源干大事的超强统筹力；具有准确、快速政令畅通执行的自上而下的低交易成本的制度通道；具有整齐划一、万众一心抵御突发事件的高度动员力与召集力；更具有迅速呼唤起民族情怀与崇高道德感的体系化的可以几乎瞬间产生巨大精神力量的价值观与舆论感召力。可以说，中国所形成、拥有的这种"举国体制"，既是改革开放以来我国取得令世人瞩目的伟大成就的制度保障，又是"中国奇迹"创造的制度力量，更是以中国式"渐进式改革"为特征的中国道路的魅力所在。

如前文所述，中国特色"渐进式改革"尽管从改革的步骤来看具有某些诱致性制度变迁的特点，但从根本上说还是自上而下的正式制度变迁。

它甚至比"激进式改革"更需要政府的统筹力量与整体部署。"激进式改革"与"渐进式改革"都具有用政府权力来剥夺政府权力的改革目标。但前者是要政府放弃对社会经济的掌控,完全交给自由竞争的市场;而后者则旨在剥夺中重新形成政府权力,即建立崭新的、与市场经济相适应的政府管理体制机制,从而使政府在自我革命中完成由传统体制下的强权型政府向社会主义市场经济体制下的服务型政府、法制社会框架下的授权型政府的转变与革命。

中国特色"渐进式改革"证明,在政府主导的自上而下的强制性制度变迁中,一个能够不断自我革命的政府,是社会转型与制度变迁沿着正确道路前行的理性头脑与权力保障。因为在强制性制度变迁的框架内,只有作为制度变迁的设计者、发轫者、部署者的政府,才有可能同时解决发展中所出现的社会问题,而这些问题又大多无法由"看不见的手"来解决。中国特色"渐进式改革"的实施与深化,在相当程度上由政府自身不断自我革命所产生的日益提高的认知力、判断力和决策力所决定。

因为普遍贫穷和区域及城乡发展不均衡是中国社会转型之初的大背景,所以非均衡发展道路就成为中国社会制度变迁的路径选择;由于中央统筹部署下的社会主义市场经济体系建立是中国改革开放的大前提与目标,所以中国特色"渐进式改革"就成为中国社会制度变迁的实践步骤;因为中国道路是一个无成功经验可借鉴的探索过程,所以以创建经济特区的方式,率先进行社会主义市场经济的探索与实践,既成为降低改革开放成本与风险的最佳途径选择,同时也构成了中国特色"渐进式改革"的基本实践路径与模式。如前文所述,经济特区作为中国特色"渐进式改革"探索者与实践者,一方面由于被授予率先改革的特权,实质上是制度变迁的发轫者——中央政府改革意图的直接实施者;另一方面,由于其拥有了率先改革的政治优先权,又成为实践层面上的改革主体。这种独特的制度变迁的"双主体结构",不仅是推动中国道路成功的重要因素,而且以其成功的实践不断丰富着中国道路的内涵，印证着中国道路的正确性。

三 经济特区与中国特色"渐进式改革"绩效

经济特区是中国特色"渐进式改革"的实践模式与路径。一方面，经济特区在中央特殊政策所创造的率先改革的制度空间内实践着国家改革的整体意图，同时又以不断先行先试的成功经验创造出新的制度需求，从而使中央顶层设计的强制性制度变迁与特殊政策诱发的诱致性制度变迁，作为改革过程中制度供给与需求的两个方面，形成了中国特色"渐进式改革"相辅相成的有机进程；另一方面，经济特区在自上而下的强制性制度变迁占绝对主导地位的社会转型框架下，不断以先行先试所派生出来的自下而上的诱致性制度变迁与强制性制度变迁相互促进的方式，构成了中国特色"渐进式改革"不断向纵深迈进的内在演进逻辑。经济特区使中国特色"渐进式改革"呈现的加强的"虹吸效应"、扩大的"扩散效应"、制度化的"涓滴效应"和较迅速展现出来的先行城市或地区的倒"U"形曲线现象，从内在逻辑与机理上增进着中国改革开放的制度绩效。

其一，经济特区在形成政策性"虹吸效应"的同时，又以其授权下的诱致性制度变迁创造出加强的"虹吸效应"，加强了中国特色"渐进式改革"的制度绩效。

通常来说，一个国家在经济发展初期，因为资源，尤其是资本与技术是有限且稀缺的，只能以非均衡发展的方式来解决非均衡发展条件下的经济发展问题。所以选择一个或几个城市进行优先发展是一种常规的路径选择。优先发展的地区在巨大的要素投入之下，会因为发展速度的拉动而对本地区之外的人才、物资等产生巨大的吸引力，从而将周边甚至更大范围内的优质资源吸纳到自身经济体之中，这一经济体运动的时候会产生强大的能量，并以尘埃卷起之势横扫周边，形成经济的"龙卷风"，人们形象地称之为"虹吸效应"。通常这种优先发展的地区如纲纳·缪达尔（Gunnar Myrdal）的循环累积因果论所言,会是一些条件较好的地区。[①] 但是,中国的改革开放是从经济发展比较落后,尤其是计划经济工业基础相对薄弱的不发达地区开始的(为降低社会转型的成本与风险),早期的经济特区改革均具有这样的特征。因此,中国经济特区作为特殊政策的产物,其"虹吸效应"的产生最初完全来自特殊政策所形成的自上而下的制度供给,如放宽外汇管制、允许多种所有制经济发展、允许引进国外资本等。

增长极理论认为,经济增长极作为一个区域的经济发展的新的经济力量,它自身不仅会形成强大的规模经济,而且对其他经济也会产生"支配效应"、"乘数效应"、"极化效应"与"扩散效应"。诸多效应的产生与存在,充分显示了经济增长极对拉动一个国家或区域经济发展的巨大功能与重要意义。

中国经济特区既有经济增长极功能的一般属性,又展示出其独特的国别性,即中国特色的功能属性。作为中央政府确定的率先实施改革开放的政策性经济增长极,经济特区不可避免而又符合逻辑地与生俱来地就具有来自制度力量的附加值。因此,在权力力量的推动与经济规律的作用下,以深圳经济特区为典型代表,中国经济特区不仅在改革开放初期快速产生对要素的"虹吸效应",而且同样较为迅速地释放,形成了对周边地区乃至全国经济的"拉动效应"。此外,"极化效应"又在经济特区大胆探索、率先发展所扩大的区域发展差距的作用下,进一步提高了"虹吸效应"的力度与辐射度,从而中国经济特区在实现中央改革总目标的同时,以诱致性制度变迁不断创造并加强"虹吸效应",进而提升了中国特色"渐进式改革"的制度绩效。

其二,经济特区在形成政策性"扩散效应"的同时,又以诱致性制度变迁创造、释放日益扩大化的"扩散效应",提高了中国特色"渐进式改

---

① Gunnar Myrdal, *Economic Theory and Underdeveloped Regions*, London: G. Duckworth, 1957.

革"的制度绩效。"扩散效应"通常是指增长极的推动力，即一个先发展的经济体，通过一系列内部的经济联动机制不断向周围区域或经济体发散渗透力的过程。

在中国特色"渐进式改革"的框架中，中央的整体战略部署对经济特区所形成、释放的"扩散效应"起着相当大的主导与引导作用，这也正是中国社会自上而下强制性制度变迁的特点所在。在中国改革开放进程中，一方面，随着经济特区自身的发展，在"乘数效应"机理的作用下，"扩散效应"自然产生并向周边相对落后的地区释放产能。另一方面，在"先富带后富"的中国特色"渐进式改革"所遵循的理念下，虽然非均衡发展进程是难免的，但富者愈富、贫者愈贫的区域发展差距并没有呈现广泛扩大化趋势。"扩散效应"所产生的正的溢出效应又以率先改革的制度力量，通过经验复制、借鉴的途径提升着"扩散效应"的辐射力度，形成在中央统一部署下的日益扩大化的"扩散效应"，如从传统经济特区到新兴经济特区，从沿海开放到沿边开放，从而提升了中国特色"渐进式改革"的制度绩效。

其三，经济特区在形成制度化的"涓滴效应"和较迅速展现出来先行城市倒"U"形曲线现象的同时，从内在逻辑与机理上增进着中国改革开放的制度绩效。

"涓滴效应"是阿尔伯特·赫希曼不平衡增长论的重要观点，它是指在经济发展过程中并不给予贫困阶层、弱势群体或贫困地区特别的优待，而是由优先发展起来的群体或地区通过消费、就业等惠及贫困阶层或地区，带动其发展和富裕，从而更好地促进社会经济的均衡增长与协调发展。[①] 倒"U"形曲线是美国著名经济学家库兹涅茨于1955年提出来的关于收入分配状况随经济发展过程变化趋势的曲线，又被称为"库兹涅茨曲

---

① Albert O. Hirschman, *The Strategy of Economic Development*, New Haven: Yale University Press, 1958.

线"（Kuznets curve）。这个假说认为社会经济的每一次发展，都不再是简单地对现有均衡的打破，而呈现出来的均衡表现为社会经济继续发展的某种前提，发展阶段与收入之间存在着倒"U"形关系。[①]

在中国特色"渐进式改革"的框架中，中国社会制度变迁的目标就是完成由计划经济向市场经济的转型，探索由普遍贫穷走向共同富裕的道路。而实现后者的途径就是以率先改革的制度力量，"一部分地区、一部分人可以先富起来，带动和帮助其他地区、其他的人，逐步达到共同富裕"。可以说，这就是中国改革开放历史进程中的最具有代表意义的中国式"涓滴效应"的生动展示。以深圳经济特区为典型代表的中国经济特区作为"政策性经济增长极"所释放出来的"虹吸效应"，在吸引资金、技术、人力资本的同时，先"虹吸"了数以千万计的农民工。这种镶嵌在改革开放之初顶层设计之中的制度安排，使"虹吸效应"在改革伊始就具有了与"涓滴效应"相互作用、相互依存的机制性关系。"虹吸效应"使"涓滴效应"的迅速释放成为可能，而"涓滴效应"又在"虹吸效应"的作用下快速扩大。在随即形成的"扩散效应"的推动下，"涓滴效应"在中国以前所未有的速度发酵，在向经济特区提供被"虹吸"劳动力的同时，改变着部分人和部分地区的生活状况，缩小着城乡及区域之间的发展差距，并呈现某种程度上的、具有区域差异性的倒"U"形曲线趋势。

所谓某种程度上的倒"U"形曲线趋势，是指在经济特区率先发展的带动下，人们整体收入水平的增加和赤贫人口数量的绝对减少，共同以边际增量的方式使经济增长过程中的收入差距扩大，以人们的生活质量得到改善和获得感得以兑现的方式表现出来。所以，改革开放所带来的倒"U"形曲线趋势是以整体经济增长和人均收入的提高为显性展示的，而

[①] Simon Kuznets, "Economic Growth and Income Inequality," *The American Economic Review*, Vol. 45, NO. 1, 1955.

经济增长过程中的收入差距扩大并没有成为主要矛盾，尤其是改革开放的前期。所谓区域差异性，是指以深圳经济特区为典型代表的率先发展地区，以较快的增长步伐走到了倒"U"形曲线的高点，并开始呈现经济发展与收入差距反向运行的趋势，即随着经济收入的整体增长，收入差距逐渐缩小。因此，中国形成了由区域发展水平的差异导致的倒"U"形曲线的阶段化现象。在相对普遍贫穷和普遍富裕的地区，收入的差距不是太大；在比较富裕的地区，某种程度上呈现经济增长与收入差距负相关的走势；在经济正处于快速起步发展阶段的地区，伴随着经济的增长，收入差距则进入倒"U"形曲线的上升阶段。"涓滴效应"在改革开放伊始，就已被制度化地以国家整体战略部署的方式成为经济特区的功能之一。由于"虹吸效应"与"扩散效应"既是经济特区这一"政策性增长极"的内在作用机理，同时又以不同机理推动着"涓滴效应"的释放与倒"U"形曲线的差异性展现，从而经济特区以非经典理论所预测的机理，改进了中国特色"渐进式改革"的制度绩效。

马克思说："理论在一个国家的实现程度，决定于理论满足这个国家的需要的程度。"[①] 中国经济特区不仅仅是特殊政策的产物，也是一种制度安排，即由特殊政策赋予了地区"率先改革权"的一项制度安排。它既率先担负起中国社会改革开放与深化改革的使命，又以"次级行动集团"的独特身份与率先改革的特权，不断开拓性地为中国社会的制度变迁提供着可复制、可借鉴的做法与经验。当我们用传统区域经济理论来诠释中国经济特区的功能时，一方面，以深圳经济特区为典型代表，其作为"政策性经济增长极"，以自身所取得的辉煌成就印证着传统的"虹吸效应"、"扩散效应"、"涓滴效应"以及倒"U"形曲线的一般理论机理。另一方面，作为中国特色"渐进式改革"的实践模式与路径，经济特区又在中国

---

① 中共中央马克思恩格斯列宁斯大林著作编译局编译《马克思恩格斯选集（第一卷）》，人民出版社，1956。

特色"渐进式改革"的框架内,有力地诠释着自身的独特功能、作用以及中国道路的机理与内涵,从而使传统区域经济理论中的"虹吸效应"、"扩散效应"、"涓滴效应"以及倒"U"形曲线都以"中国式"机制非"经典"地展现出来,在丰富、完善中国特色社会主义理论的同时,又以适合中国国情的改革路径证明着中国道路的正确性。

经济特区作为中国特色"渐进式改革"的实践模式与路径,其功能与使命仍在延续。在深化改革的进程中,在中国特色社会主义先行示范区的建设中,许多制度创新将在这里产生,许多的做法和经验将从这里复制至全国。更重要的是,许多探索与实践将会在这里由政策变为制度安排,由制度安排成为法律法规,从而把"先行先试"变为建设现代化国家的制度力量。

(本文原载于《广东社会科学》2020 年第 6 期)

解析深圳现代化密码

——从试验田到先行示范区

吴定海[*]

摘　要： 2019 年 8 月，中共中央、国务院发布《关于支持深圳建设中国特色社会主义先行示范区的意见》，明确了深圳建设社会主义现代化强国的城市范例，成为竞争力、创新力、影响力卓著的全球标杆城市的奋斗目标。建设中国特色社会主义先行示范区，是深圳改革发展进程中具有里程碑意义的大事，是党中央赋予深圳的又一重大使命、重大任务、重大机遇，充分体现了党中央对广东、深圳工作的高度重视、亲切关怀、大力支持和殷切期望，必将对新时代深圳经济社会发展产生深远的影响。赋予深圳中国特色社会主义先行示范区的定位，既是对深圳经济特区取得的社会主义建设伟大成就的肯定，也是对深圳在国家实现社会主义现代化强国奋斗目标中发挥先行作用的期待。

关键词： 中国特色社会主义先行示范区；现代化密码；城市治理

---

[*] 吴定海，深圳市社会科学院（深圳市社会科学联合会）党组书记、院长（主席）。

一 为什么是深圳

自 1979 年撤县设市、1980 年设立经济特区以来，经过 40 多年的发展，深圳发生了翻天覆地的变化，特别是党的十八大以来，深圳坚定贯彻习近平新时代中国特色社会主义思想，全面落实习近平总书记对广东和深圳工作的重要指示批示精神，紧紧围绕"五位一体"总体布局和"四个全面"战略布局，创造了举世瞩目的历史成就。英国《经济学人》曾经发表文章指出，中国最引人瞩目的实践是经济特区。全世界超过 4000 个经济特区，头号成功典范莫过于"深圳奇迹"。深圳的现代化建设，既没有照抄西方资本主义国家的发展模式，也没有照搬其他社会主义国家的发展模式，而是探索出了一条适合中国国情、深圳市情、具有中国特色的社会主义现代化新路，走出了一条从富起来到强起来的发展道路。

深圳走出了一条跨越式发展之路。经济发展是一切发展的基础，在中国波澜壮阔的现代化进程中，深圳的经济现代化成就尤为引人关注。深圳本地生产总值由 1979 年的 1.96 亿元提升到 2018 年的 24221.98 亿元，按不变价计算，年均增长 22.4%，经济总量居全国内地城市第三位。人均 GDP 从 1979 年的 606 元提升到 2018 年的 189568 元，扣除价格因素，年均增长 11.2%，居内地副省级及以上城市首位。从经济贡献看，深圳已成为全国经济中心、科技创新中心和区域金融中心，是中国改革开放和建设社会主义强国的一个鲜活样本；从资源配置和市场主体情况看，深圳注重发挥市场在资源配置中的基础性作用，成为各类企业，尤其是高科技企业成长的"温床"，是全国民营经济最发达的地区之一；从增长动力和增长模式看，深圳已从早期主要依靠廉价土地、劳动力等资源要素驱动经济增长转变为主要依靠创新驱动经济增长，实现了从速度型增长向质量型增长的转变；从经济体系看，深圳从"三来一补"和出口加工业起步，将高新技术产业打造成为支柱产业，进而培育壮大战略性新兴产业，形成了较为完善的梯次型现代产业体系，成为全国新经济发展的标杆城市。可以说，深圳用40多年的生动实践，初步塑造了一个社会主义现代化强国的"最佳示范"。

深圳走出了一条现代城市文明发展之路。文化既是一个国家、一个民族立足的根基，同样也是一个城市的内在灵魂。深圳文化发展缺乏历史沉淀，一度被称为文化沙漠，然而深圳市坚持文化立市的发展战略，逐步实现了从"文化沙漠"到"文化绿洲"的历史性转变。2018年，深圳市有各类公共图书馆650座，公共图书馆总藏量4295.8万册（件），人均图书馆藏书量达到国内先进城市水平，被誉为图书馆之城和钢琴之城。深圳的文化创意也获得了国际认可，2008年，深圳市成为全国首个被联合国教科文组织认定为"设计之都"且加入全球创意城市网络的城市。与文化事业进步相比，深圳更突出的是文化观念和现代文明意识的塑造，深圳市民具有典型的移民开拓精神、社会契约精神、开放创新精神、平等包容精神、科学务实精神。从作为观念的文化而言，深圳可以说是国内最为现代化的城市之一，这种现代文化观念支撑了深圳现代化的发展。在中国社科院倪鹏飞开展的历年中国城市竞争力评价中，深圳不仅在综合经济竞争力指数排名中名列前茅，而且多次在文化竞争力排名中名列全国第一。最能综合反映城市文明发展状况的是全国文明城市的评选结果，深圳市已经连续多次获得"全国文明城市"称号。

深圳走出了一条民主法治的现代城市治理之路。改革开放40多年以来，为了不断适应市场经济体制的重大变革，深圳市委市政府一直致力于精简高效、民主法治的现代城市治理转型，通过民主和法治化方式发挥广大人民群众的主体性，解决城市治理"依靠谁""为了谁""与谁共享治理成果"的问题，实现城市有效治理，彰显社会公平正义。深圳建立起了相对成熟的行政管理体制，为构建现代治理体系和实现治理能力现代化打下了坚实基础。

深圳走出了一条包容共享的社会建设之路。深圳有着全国最大规模的移民群体，1979年，深圳市常住人口总量仅有31.41万人；到2018年，深圳常住人口已经发展到1302.66万人，增长了40多倍，而且常住非户籍人口占比达到65.1%。如此众多的外来人口给深圳的社会建设带来了很大挑战和新的要求。然而深圳市在大力发展经济的同时，将社会建设放到同等重要的位置，形成了包容共享的社会建设格局，不断满足人民群众日益增长的美好生活需要。以教育为例，改革开放之初，深圳只有幼儿园和中小学校315所，在校生6.5万人，没有一所高等院校。到2018年，深圳拥有各级各类学校总数达2551所，在校学生220.92万人，中小学在校学生人数位居国内大中城市前列，基础教育发展质量达到国内先进水平。高等教育从无到拥有13所高校，深圳已经成为中国高等教育版图上的重要增长点。更重要的是，深圳市通过入户制度、居住证梯度赋权制度等推动了基本公共服务均等化，户籍人口与非户籍人口除了在低保、住房保障、残疾人服务、医疗保险、积分入学等少数领域有一定差异，基本实现了包容共享。

深圳走出了一条人与自然和谐共生之路。生态文明建设是高质量发展、高品质生活的内在要求，党的十九大报告把"坚持人与自然和谐共生"作为新时代坚持和发展中国特色社会主义基本方略的重要组成部分。深圳在经济高速发展和城市大规模建设过程中，顶住市场对生态空间侵占的强大压力，摆脱"四个难以为继"的紧箍咒，在发展经济的同时有效地保护了生态环境，走出了一条人与自然和谐发展的道路。根据生态环境部发布的《2018年全国生态环境质量简况》，深圳的空气质量在全国169个重点城市中居第6名，深圳的空气质量连续6年在全国GDP 20强城市中排名第一。生态绿化更是深圳的一大特色，截止到2019年9月，深圳建成各类公园1090个，是名副其实的"千园之城"。深圳先后获得"国际花园城市""国家森林城市"、联合国环境保护"全球500佳""国家生态园林示范城市""全国绿化模范城市""中国人居环境奖"等一系列称号和奖项。

二 深圳的现代化密码

深圳是中国对内改革的试验田，也是对外开放的重要窗口，是中国特色社会主义道路上的鲜活样本。在 40 多年的发展历程中，深圳人发扬敢闯敢试精神，创造了一个个世界奇迹，更是探索出许许多多宝贵的发展经验，为全国改革开放和现代化建设提供了经验借鉴。

始终坚持中国共产党的坚强领导。没有中国共产党的坚强领导就没有深圳改革发展的伟大成就。40 多年前，时任广东省委第一书记的习仲勋同志痛心于"逃港潮"，向党中央提出创办对外加工贸易区的建议，邓小平作出了设立经济特区的历史性决策。而后在深圳改革开放发展的每一个重要关口，从经济特区姓"资"姓"社"的争论到邓小平南方谈话的一锤定音，从经济特区"要不要继续特下去"到中央明确提出"三不变"方针，从经受土地、资源、人口、环境"四个难以为继"阵痛到产业转型升级，无不凝结着党中央的坚强领导和亲切关怀。特别是党的十八大以来，党中央给予深圳巨大支持和厚望。深圳的经验证明，只要始终毫不动摇地坚持和加强党的领导，社会主义现代化建设必将继续推向前进。

始终坚持中国特色社会主义道路。深圳在改革开放的最前沿保持政治定力和坚持社会主义道路不动摇，确保特区发展始终走在中国特色社会主义的正确轨道上。深圳率先在全国探索建立社会主义市场经济体制，将发挥市场资源配置决定性作用的市场经济体制和以民营经济为主体的混合所有制经济制度紧密结合，而国有企业不与民争利，向保障城市运行和国计民生的关键领域集中，解决了经济社会发展中出现的许多重大而复杂的问题，实现了社会主义制度与市场经济的有机结合。形成了以公有制为主体、多种所有制平等竞争的格局，以及在全国较早形成以按劳分配为主体、多种分配制度并存的分配制度。深圳的发展历程不仅坚持了社会主义道路，而且丰富了中国特色社会主义道路的内容，充分证明，社会主义不仅可以发展市场经济，而且可以比资本主义更好更快地发展。

始终坚持发展是硬道理。发展是硬道理，是解决中国所有问题的关键。深圳经济特区自成立以来，始终坚持以经济建设为中心。在特区初创时期，深圳主要进行经济体制改革、基础设施建设和发展外向型经济，生产力得到巨大释放。邓小平南方谈话后，深圳市在逐步建立社会主义市场经济体制的基础上，率先调整优化产业结构，以高新技术产业作为经济发展的新的突破口，实现了经济的跨越式发展和华丽转型。党的十八大以来，在党中央的正确领导下，深圳进入创新发展和高质量发展阶段，全力推动有质量的稳定增长和可持续的全面发展。

始终坚持以人民为中心。40多年来，深圳始终坚持以人民为中心，发展为了人民、发展依靠人民、发展成果由人民共享，把为人民谋幸福作为检验改革成效的标准，让改革开放成果更好惠及广大人民，确保每发展前进一步，民生改善就跟进一步。民之所望，政之所向，深圳市九大类民生支出占一般公共预算支出比重长期超过60%，在教育、医疗、住房、环境、社会保障等市民关心的热点问题以及民生短板上持续发力。针对水环境短板，持续推动水污染防治攻坚战，"十三五"期间已经消除了146个黑臭水体，黑臭水体稳定消除黑臭比例达到90%以上；针对教育短板，持续高投入，党的十八大以来深圳教育财政投入超过过去30多年的投入总和，推动了深圳教育的飞速发展；针对医疗卫生短板，持续构建医疗高地、打造健康深圳，三甲医院数量已经翻了数倍；针对住房短板，建立了多主体供给、多渠道保障、租购并举的住房供应和保障体系。深圳还坚持"来了就是深圳人"的开放包容理念，在公共服务中注意尊重和保障外来人口的合法权益，推动外来人口融入深圳，最大限度地实现社会公平正义。

始终坚持有效市场和有为政府相结合。如何正确处理政府与市场的关系是中国特色社会主义市场经济的核心问题，深圳的发展是坚持有效市场和有为政府相结合的产物。在40多年的发展过程中，深圳坚定市场化改革方向，充分发挥市场在资源配置中的基础性作用，积极引入竞争机制，培育现代化价格市场、金融市场、土地市场和劳动力市场等，市场的基础性和决定性作用逐渐增强。在强调市场的基础性、决定性作用的同时，根据市场经济和社会发展需要，积极转变政府职能，优化营商环境，积极改善社会治理，恰当处理政府与市场、社会三者之间的关系。在规范政府与市场的关系中，深圳十分强调法治手段的重要性，树立了法治是最好的营商环境理念，通过制定政策法规严格划定政府权力的边界，增强政府行为的法治化、透明化和规范化程度，提升了政府效率，保证了企业和其他市场主体的自主性。有效市场和有为政府的结合，有效避免了快速转型期在其他国家或地区出现的社会不稳定和中等收入陷阱，为中国特色社会主义现代化发展积累了宝贵经验。

始终坚持以开放促发展。兴办经济特区的目的之一就是让经济特区成为改革开放的"试验场"，为全国的改革开放探索道路，积累经验。可以说，深圳经济特区从一开始就体现出以开放促改革和发展的基本特征。发展过程中始终坚持扩大对外开放和外向型经济发展战略，发挥毗邻香港的区位优势，积极利用国内国际两个市场、两种资源，率先通过中外合资、中外合作、外商独资等形式，积极吸收和利用外商投资，引进先进的技术和管理经验，扩大出口，开展国际交流与合作，逐步建立起适应外向型经济发展的经济运行机制，为确立中国对外开放的格局和实施沿海地区发展外向型经济的战略进行了有益的探索，成为中国对外开放、走向世界的重要窗口。党的十八大以来，深圳坚持世界眼光，始终紧盯全球最先进地区发展，以开放追求卓越，推动更高水平更高层次的发展，开放的深度和广度前所未有，已经成为全国开放型经济发展的排头兵。

始终坚持改革创新、敢闯敢试。改革创新是深圳的根、深圳的魂。邓小平曾在南方谈话中指出:"深圳的经验就是敢闯。"回顾深圳发展的各个时期,在各种困难和挑战面前,深圳始终坚持敢闯敢试、敢为天下先,如敲响新中国土地拍卖"第一槌"、实行住房商品化改革、发行股票、取消票证、实行按劳分配和绩效管理。可以说,40多年间的每一次突破、每一次创新都要挑战旧的思想观念、体制机制;每一次进步和发展也都是通过向改革创新要发展动力、要发展优势、要发展资源、要发展空间取得的。在发展过程中,深圳已经形成了以"鼓励创新、宽容失败、脚踏实地、追求卓越"为主要特征的创新文化,创新成为全体市民共同的价值取向,融入城市品格。这种敢为天下先的改革创新精神不仅使深圳在体制机制上屡建新功,而且也催生了一大批优秀的企业家和创新型企业,创新驱动成为深圳推进社会主义现代化建设的核心动力。

三 深圳的使命担当

40多年来,深圳取得了一个又一个辉煌成就,在党和国家重大战略实施中发挥了举足轻重的作用,在先行一步对外开放和市场经济导向的改革中始终走在全国前列。然而必须清醒地认识到,与世界先进城市相比,深圳还存在诸多问题和不足:发展的质量和效益还不够高,经济发展面临成本攀升、空间资源约束等问题;原始创新能力不高,一些领域核心关键技术受制于人;优质公共服务资源仍然缺乏,高等教育与世界先进城市相比差距明显;文化供给水平不高,缺乏参与全球城市文化竞争的国际一流文化设施、文化活动和文化核心城区;空气质量与欧美发达城市相比存在较大差距。雄关漫道真如铁,而今迈步从头越,中国特色社会主义先行示范区的崇高定位,赋予了深圳新的任务和使命。站在新的历史起点上,深圳必须按照"五位一体"总体布局和"四个全面"战略布局,切实把党中央、国务院的决策和广东省委省政府的部署落到实处,在市委市政府的坚强领导下，以闻鸡起舞、日夜兼程、风雨无阻的奋斗姿态，进一步弘扬敢闯敢试、敢为人先、埋头苦干的特区精神，奋力建设中国特色社会主义先行示范区和社会主义现代化强国的城市范例。

加快构建体现高质量发展要求的现代化经济体系。建设先行示范区的一个关键突破口是构建高质量的现代化经济体系。这就要求深圳必须坚持以提高经济质量效益为主攻方向，围绕主导产业"补链"和"强链"，甄别深圳产业链中的关键或缺失环节，深入推进产业补链、强链、延链、控链、稳链工作，培育一批掌握关键核心技术、推动产业向全球价值链高端跃升的企业，率先构建现代化经济体系。坚持以供给侧结构性改革为主线，着力构建契合新经济发展的体制机制，加快完善以公平、平等为核心原则的产业政策体系，率先构建富有活力的新经济体制。坚持以开放创新为驱动力，强化与全球领先科技的无缝对接，加快完善"基础研究+技术攻关+成果产业化+科技金融"全过程创新生态链，提高对高端资源要素的全球配置能力，打造国际一流的科创中心。

加快形成超大城市治理新体系。超大城市在国家发展中扮演着重要角色，从国家治理体系和治理能力现代化的意义上讲，超大城市治理已经成为新时代国家治理的一个重要内容。深圳必须高度重视城市复杂问题的治理，在城市基础设施建设如排泄管网、共同管沟网络建设，以及城市安全治理、社区自治、社会组织治理、城市治理体系和治理能力现代化等方面，大跨度、高标准超前谋划，创造新的项目示范。以世界一流的投入、一流的标准、一流的工程，创造超大城市疑难问题根治之道，打造一流的智慧城市、安全城市，引导多元主体参与城市治理，为全国乃至全球城市树立新的标杆。

更加注重公平正义。坚持公平正义是中国特色社会主义的内在要求，深圳在建设中国特色社会主义先行示范区的过程中，要坚持党的领导、人民当家做主和依法治国有机统一，多渠道促进公平正义。更加重视通过法治实现公平正义，用足用好深圳经济特区立法权，进一步优化制度供给，推进科学立法、民主立法、依法立法，以良法促进发展、保障善治；更加重视通过扩大公众有序参与实现公平正义，推动协商民主广泛、多层次、制度化发展，统筹推进政党协商、人大协商、政府协商、政协协商、人民团体协商、基层协商以及社会组织协商，加强协商民主制度建设，形成完整的制度程序和参与实践，保证人民在日常政治生活中有广泛持续深入参与的权利；更加注重通过保障和改善民生促进社会公平正义，瞄准"幼有善育、学有优教、劳有厚得、病有良医、老有颐养、住有宜居、弱有众扶"的目标，着力强优势、补短板，率先形成共建共治共享共同富裕的民生发展格局，维护社会公平正义。

继续发挥深圳敢闯敢试精神。中国特色社会主义进入新时代，中华民族迎来了从站起来、富起来到强起来的伟大飞跃。世界上没有其他任何一个国家的社会主义道路走到这一阶段，先行示范区的建设没有发展模式和发展经验可供模仿借鉴，改革进入"无人区"，改革发展面临问题的复杂性、艰巨性前所未有。深圳必须深入领会党中央创办经济特区的战略意图，继续以改革开放之初"杀出一条血路"的勇气，以敢于担责的历史责任感，大胆地闯，大胆地试，从敢于全国先到敢于天下先，不能满足于引进西方发达国家的发展经验，而是需要走出一条中国特色的社会主义现代化新路；不能满足于单一领域的发展经验探索，而是要更加注重体制机制创新，在经济、政治、文化、社会、生态文明等领域全方位探索和总结，形成可复制、可推广的经验，为我国建设社会主义现代化强国提供城市范例，也为世界上那些既希望加快发展又希望保持自身独立性的国家和民族提供全新选择。

充分发挥粤港澳大湾区核心引擎作用。深圳是粤港澳大湾区的核心引擎之一，必须在发挥粤港澳大湾区与先行示范区"双区"驱动效应上下功夫求突破，在保持香港繁荣稳定、带动广东省"一核一带一区"区域发展与周边区域城市发展上下功夫，推动先行示范区建设与粤港澳大湾区建设利好叠加，产生"化学效应""乘数效应"。要做大做强深港合作优势，合力汇聚国际国内高端创新要素，加快深港创新生态圈建设。特别是要高标准建设前海深港现代服务业合作区和深港科技创新合作区，充分利用它们的特点，深化制度创新，在粤港澳大湾区建设中增强核心引擎功能，建设服务全国、面向世界的全球城市。全力推动粤港澳大湾区城市群从"互邻"走向"互通"，通过交通对接、规则对接、科技对接、产业对接，实现"硬件互通"和"软件兼容"，通过城市经济圈的构建，放大深圳城市群核心引擎功能作用，提升城市辐射力和影响力，带动区域协调发展。

未来几十年，深圳面临的任务更加光荣伟大，挑战前所未有，前进道路将更加崎岖曲折，困难可能更多更大。深圳要毫不动摇地坚持以习近平同志为核心的党中央的坚强领导，高举习近平新时代中国特色社会主义思想伟大旗帜，不忘初心、牢记使命，凝心聚力、接续奋斗，坚定不移将改革开放进行到底，奋力谱写新时代改革开放新篇章。要以建设中国特色社会主义先行示范区为新起点，永葆敢闯敢试、敢为人先的改革精神，勇做新时代改革开放的弄潮儿、实干家、奋进者，在攻坚克难中逢山开路、遇水架桥，在破解改革难题中再创改革优势、再领风气之先，向党中央和全国人民交上一份新的答卷。

（本文原载于《学时时报》2020年2月10日）

深圳建设中国特色社会主义
先行示范区发展目标研究

谭　刚 *

摘　要：《中共中央　国务院关于支持深圳建设中国特色社会主义先行示范区的意见》提出了三个阶段的发展目标。本文分析认为，第一阶段目标既是对深圳历来发展方向和建设目标的高度认可和重新提炼，更是对深圳建设中国特色社会主义先行示范区提出了要求更高、任务更重、作用更大的奋斗方向；第二阶段和第三阶段目标为深圳描绘了以现代化强国城市范例和全球标杆城市为显著特征的宏大愿景。如果说深圳用 40 余年的成功实践完成从"0"到"1"的历史性飞跃，那么通过从现在起到 21 世纪中叶的不懈奋斗，深圳将完成从"1"到"N"的历史性飞跃，继续创造让世界瞩目的新的更大奇迹，成为具有中国特色、中国气派、中国风格的全球标杆城市。

关键词：中国特色社会主义先行示范区；现代化强国城市范例；全球标杆城市

《中共中央　国务院关于支持深圳建设中国特色社会主义先行示范区的意见》（以下简称《意见》），从三个有利于的高度确立了深圳中国特色社会主义先行示范区（下文简称"先行示范区"）的五大战略定位、

---

* 谭刚，深圳市社会主义学院副院长、二级巡视员，研究员。

三个阶段发展目标以及五个率先实施路径和推进策略，构成深圳建设先行示范区的国家战略部署。其中，在由212个字组成的发展目标中，《意见》明确提出三个阶段的发展要求——2025年建成现代化国际化创新型城市、2035年成为具有全球影响力的创新创业创意之都和我国建设社会主义现代化强国的城市范例、21世纪中叶成为竞争力创新力影响力卓著的全球标杆城市，这不但构成深圳建设先行示范区宏伟蓝图的重要内容，而且为深圳建设先行示范区提出了奋斗方向、时间节点和主要任务。

本文对《意见》提出的深圳先行示范区建设的三个阶段的发展目标进行初步研究。

一 《意见》提出的第一阶段发展目标，为深圳指明了要求更高、任务更重、作用更大的奋斗方向

《意见》提出的深圳建设先行示范区第一阶段的发展目标是："到2025年，深圳经济实力、发展质量跻身全球城市前列，研发投入强度、产业创新能力世界一流，文化软实力大幅提升，公共服务水平和生态环境质量达到国际先进水平，建成现代化国际化创新型城市。"从这一部分内容来看，党中央、国务院要求深圳到2025年建成现代化国际化创新型城市，这不但是对深圳建市和建特区以来逐渐形成并被发展实践证明为切实可行的发展方向和建设目标的高度认可和重新提炼，更是对深圳先行示范区建设提出了更高要求、更重任务并希望深圳发挥更大作用。

（一）深圳城市发展目标历来强调国际化、现代化和创新型指向

回顾深圳建市和建立经济特区以来的发展历程，类似于"国际化""现代化""创新型"的提法，早已在不同发展阶段被确定为城市发展方向和特区建设目标。这里以深圳市历次党代会报告及部分全会资料为线索，对不同阶段深圳的发展目标进行简要梳理（见表1）。

表 1 深圳提出的发展定位与目标梳理

时间	党代会	发展定位与目标
1990 年 12 月	第一次	努力探索有中国特色的社会主义路子,当好改革开放"排头兵",把深圳建成以工业为主、第三产业较发达,农业现代化水平较高,科学技术比较先进的综合性经济特区和外向型、多功能的国际性城市,成为经济繁荣、社会全面进步的社会主义窗口
1995 年 4 月	第二次	抓住机遇、深化改革、扩大开放、促进发展、保持稳定,把深圳初步建设成为社会主义现代化的国际性城市
2000 年 5 月	第三次	增创新优势,更上一层楼,率先基本实现现代化,把深圳建设成为有中国特色的社会主义示范市(2003 年 12 月的三届八次全会提出要用 20 年左右的时间,在率先基本实现社会主义现代化的基础上,把深圳建设成为重要的区域性国际化城市)
2005 年 5 月	第四次	努力建设和谐深圳效益深圳,全面推进国际化城市建设,把深圳经济特区的宏伟事业继续推向前进(2006 年 1 月发布《关于实施自主创新战略建设国家创新型城市的决定》,提出努力建设国家创新型城市的目标;2008 年 6 月发布《关于坚持改革开放推动科学发展努力建设中国特色社会主义示范市的若干意见》,提出加快建设中国特色、中国风格、中国气派的国际化城市,探索完善中国特色社会主义的制度模式,充分展示中国特色社会主义的制度魅力,努力建设中国特色社会主义示范市)
2010 年 5 月	第五次	努力当好科学发展排头兵,加快建设现代化国际化先进城市(2013 年 12 月的五届十八次会议提出"三化一平台",即市场化、法治化、国际化和前海战略平台)
2015 年 5 月	第六次	解放思想、真抓实干,勇当"四个全面"排头兵,努力建成现代化国际化创新型城市。建设"两区"(努力建成更具改革开放引领作用的经济特区、努力建成更高水平的国家自主创新示范区)"三市"(努力建成更具辐射力带动力的全国经济中心城市、更具竞争力影响力的国际化城市、更高质量的民生幸福城市)(2017~2018 年的六届七次全会至十次全会提出"加快建设社会主义现代化的先行区""率先建设社会主义现代化先行区,奋力向竞争力影响力卓著的创新引领型全球城市迈进",2019 年六届十一次全会提出全面推开建设中国特色社会主义先行示范区、社会主义现代化强国城市范例,六届十二次全会提出按照《意见》精神部署建设中国特色社会主义先行示范区行动方案)

资料来源:笔者根据深圳市历次党代会报告及部分全会资料收集整理得到。

深圳自 1990 年以来提出的城市发展目标，其主题词既有标明城市政治属性的社会主义、中国特色社会主义，也有着眼于城市功能属性的国际化、现代化、创新型，还有表明城市目标属性的先行区、示范市，尤其是第六次党代会把几个代表城市功能属性的主题词统一起来，形成了"努力建成现代化国际化创新型城市"的崭新的城市发展目标。深圳市六届七次会议后更是把不同城市属性的主题词加以有机整合，既注重政治属性，又强调目标属性和功能属性，不论是在实质内容上还是在文字表述形式上，都完全符合 2018 年 12 月 26 日习近平总书记对深圳工作的重要批示指示精神，与《意见》提出的深圳发展目标要求在内在逻辑上高度一致。

实际上，深圳市在不同时期提出的城市目标，都得到了国家层面的响应、认可乃至批复。例如，2008 年 12 月国家发改委颁布《珠江三角洲地区改革发展规划纲要（2008-2020）》，确定了深圳"一区四市"的国家战略定位和城市发展目标（综合配套改革试验区、全国经济中心城市、国家创新型城市、中国特色社会主义示范市、国际化城市）①。又如 2010 年8 月在深圳经济特区成立 30 周年之际，国务院批复原则同意修订后的《深圳市城市总体规划（2010-2020 年）》，除了再次确立深圳的经济特区和国际化城市的城市定位，还首次明确了深圳的全国经济中心城市的发展定位与城市目标。从这个意义上说，党中央国务院在支持深圳建设中国特色社会主义先行示范区的重大战略决策部署中，要求深圳到 2025 年建成现代化国际化创新型城市，同样是对深圳不同时期尤其是第六次党代会提出的发展方向和建设目标的高度认可，当然同时也在时间节点上进行了重新概括，尤其是在具体内涵和功能要求上进行了重新提炼。

---

① 谭刚：《深圳的国家战略定位与国际化发展路径选择》，《特区实践与理论》2009 年第2 期。

（二）《意见》对深圳建设先行示范区提出了要求更高、任务更重、作用更大的第一阶段发展目标

党中央国务院要求深圳到 2025 年建成现代化国际化创新型城市，对深圳第一阶段先行示范区建设提出了要求更高、任务更重、作用更大的发展目标。如果结合第二阶段和第三阶段的发展目标内容来看，这种要求更高、任务更重、作用更大的特征表现得更为明显。

一是"要求更高"。一方面，虽然先行示范区建设第一阶段的发展目标表述为建成现代化国际化创新型城市，与 2015 年 5 月深圳市第六次党代会提出的目标表述相类似，都强调了现代化、国际化、创新型这三大内涵，但如果把这一发展目标与《意见》开篇概括的深圳"已成为一座充满魅力、动力、活力、创新力的国际化创新型城市"相对比，从现阶段的"国际化创新型城市"到 2025 年的"现代化国际化创新型城市"，表明在第一阶段深圳需要弥补"现代化"层面的不足，这当然表明中央对深圳先行示范区建设第一阶段提出了更高要求的发展目标。从深圳建设先行示范区的五大战略定位来看，高质量发展高地、法治城市示范、城市文明典范、民生幸福标杆和可持续发展先锋，无不体现出更高的发展要求。另外，如果从建成现代化国际化创新型城市的时间节点推后 5 年来分析，同样也能得到相似的判断。另一方面，从先行示范区建设第一阶段的具体要求来看，主要体现为五个内容：经济实力尤其是发展质量要跻身全球城市前列；研发投入强度尤其是产业创新能力要进入世界一流水准；文化软实力要大幅提升；公共服务水平要进入国际先进水平；生态环境质量要迈入国际领先行列。显然，除文化软实力指标属于与自身相比较、要求在现有基础上大幅提升以外，其他四类指标都是立足全球，对标全球最高最先最好最强，以全球前列、世界一流和国际先进作为奋斗目标，当然体现了更高起点更高层面上的更高要求。

二是"任务更重"。如上文所述，从"国际化创新型城市"提升到2025年的"现代化国际化创新型城市"，需要着力弥补"现代化"层面的不足，这不但表现为要求更高，同时也体现出任务更重。进一步来看，深圳经过40多年的持续发展而成为一座充满魅力、动力、活力、创新力的国际化创新型城市，相对于国内其他城市而言，其经济实力、城市竞争力、发展质量、产业创新、生态环境等处于领先地位，研发水平较高，在某些领域的研发实力甚至在世界上都占有重要地位。如根据世界知识产权组织发布的"2019年全球创新指数"，"深圳+香港"连续2年位居全球五大创新集群第2名，又如根据联合国人居署与中国社科院发布的《全球城市竞争力报告（2018-2019）》，深圳城市竞争力位列被测度的全球1007个城市的第4名，在中国城市中排名第1。但是必须看到，深圳不但在社会民生建设、文化软实力、国际影响力等领域存在明显短板，而且即使在经济实力和创新能力等有一定优势的领域，从人均GDP、创新发展能级、城市环境质量、要素集聚与配置水平等指标来看，与全球先进水平相比仍然存在较为明显的差距。

要在2025年总体上跃升到国际领先水平，弥补"现代化"层面的短板，尤其是达到《意见》中"民生幸福标杆"所列的"幼有善育、学有优教、劳有厚得、病有良医、老有颐养、住有宜居、弱有众扶"等先行示范五大战略定位的综合性要求，任务十分艰巨。当然，正是这种更为繁重、更加艰巨的任务要求，才更能体现中央支持深圳建设先行示范区的战略意图，深圳也才能够更好地承担起在国家战略中的职责重任和使命担当。在此过程中，不但需要党中央国务院的高度关心和大力支持，需要全国像当年支持深圳建设经济特区那样再次给予大力支持，更需要广东举全省之力予以大力帮助和关心支持，尤其需要深圳改革开放再出发，举全市之力全力以赴推动先行示范区建设，努力再次创造让世界刮目相看的新的更大奇迹。

　　三是"作用更大"。深圳自建市、建立经济特区以来，经济社会各项事业取得显著成绩，成为向世界展示我国改革开放成就、国际社会观察我国改革开放的两个重要窗口，卓有成效地实现了中央兴办经济特区的战略意图，在推进改革开放和社会主义现代化建设上发挥了经济特区应有的重要作用。在党中央国务院作出支持深圳建设中国特色社会主义先行示范区的重要战略部署后，深圳通过先行探索、示范推进《意见》所提出的"五个率先"（率先建设体现高质量发展要求的现代化经济体系、率先营造彰显公平正义的民主法治环境、率先塑造展现社会主义文化繁荣兴盛的现代城市文明、率先形成共建共治共享共同富裕的民生发展格局、率先打造人与自然和谐共生的美丽中国典范），必将在新时期再次创造令世界刮目相看的新的更大奇迹，进而到 2025 年顺利实现建成现代化国际化创新型城市的第一阶段发展目标并在此基础上接续实现第二和第三阶段发展目标，在此基础上作为先行示范区的深圳必将发挥更为重大的作用，必将成为展示新时期中国特色社会主义伟大成就的重要窗口，必将为实现中华民族伟大复兴的中国梦提供强大支撑。

　　具体来看，对深圳先行示范区的更大作用可以从四个层面进行分析。一是深圳通过在更高起点、更高层次、更高目标上推进改革开放，从而为形成新时代全面深化改革、全面扩大开放新格局发挥先行探索、示范推进作用。二是通过增强深圳在粤港澳大湾区的核心引擎功能，尤其是发挥深圳在国际科技创新中心建设等重点工作中的主阵地和关键性作用，助推粤港澳大湾区建设，确保粤港澳大湾区建设这一国家重大战略顺利实施，通过深圳先行探索、创新示范不断丰富"一国两制"的崭新实践。三是通过深圳先行示范，为全面建设社会主义现代化强国探索切实可行、可复制可推广的成功路径，有力支撑中华民族伟大复兴的中国梦圆满实现。四是用深圳建设先行示范区的生动实践和丰硕成果，拓展中国特色社会主义道路、理论、制度和文化的丰富内涵与强大生命力，构成解决人类发展问题的中国智慧和中国方案的成功案例与鲜活形态，更为深刻地向世界证明中国特色社会主义道路不但走得通、走得远，而且走得对、走得好。

二 《意见》提出的第二阶段和第三阶段发展目标，为深圳描绘了以现代化强国城市范例和全球标杆城市为显著特征的宏大愿景

（一）建成现代化强国城市范例与全球创新创业创意之都

《意见》对深圳建设先行示范区的第二阶段发展目标要求是："到 2035 年，深圳高质量发展成为全国典范，城市综合经济竞争力世界领先，建成具有全球影响力的创新创业创意之都，成为我国建设社会主义现代化强国的城市范例。"从时间节点来看，相对于党的十九大报告提出的基本实现社会主义现代化（2035 年）、建成社会主义现代化强国（21 世纪中叶）的战略部署而言，《意见》要求深圳在全国 2035 年基本实现社会主义现代化之时，率先成为我国建设社会主义现代化强国的城市范例，比 21 世纪中叶全国建成社会主义现代化强国的时间整整提前了 15 年左右，无疑体现了中央对深圳建设中国特色社会主义先行示范区和社会主义现代化强国城市范例的战略期许，同时也更好地显示了深圳先行探索、率先示范的实践价值。

第二阶段的发展目标涉及两个判断体系和相应的重要标志：在国内范围内，要成为全国高质量发展的典范城市，成为中国建设社会主义现代化强国的城市范例；在国际范围内，深圳的城市综合经济竞争力要处于世界领先水平，建成具有全球影响力的创新创业创意之都。

从高速增长阶段转入高质量发展阶段是中国特色社会主义进入新时代后的基本经济特征，推动高质量发展成为建设社会主义现代化强国的重大经济部署。党的十九大以来全国高质量发展以供给侧结构性改革为主线，围绕转变发展方式、优化经济结构、转换增长动力，着力构建实体经济、科技创新、现代金融和人力资源协同发展的产业体系，着力形成市场机制

有效、微观主体有活力、宏观调控有度的经济体制，从而推动经济发展质量变革、效率变革、动力变革。深圳要成为高质量发展典范城市和现代化强国城市范例，有必要在以下几个方面为全国高质量发展和现代化建设先行探索、率先示范。一是以综合性国家科学中心和国际科技创新中心建设为导向，通过深港科技创新合作区、光明科学城、西丽湖国际科教城等重点平台和若干创新载体建设，加快完善以"基础研究+技术攻关+成果产业化+科技金融"为重点的全过程创新生态链，为全国提供转换发展动力的深圳样板。二是以产业高级化为引导，通过率先建设以5G技术为引领的产业集群、加快实施"互联网+"和"人工智能+"行动、大力发展战略性新兴产业、着力培育世界级先进制造业集群、强力推动关键核心技术攻坚等方式，不断推动产业链现代化水平提升，从而为全国优化经济结构提供深圳案例。三是为全国转变发展方式探索深圳经验。一方面，在城市内部重点通过更新、整备等多种方式，推动包括旧住宅区、城中村、旧工业园区、地下空间在内的国土空间提质增效；另一方面，在城市区域关系上，着力增强深圳在粤港澳大湾区的核心引擎功能，强力发挥"深圳+香港"在大湾区中的极点功能，增强深圳与广州、澳门等湾区核心引擎的联系，推广深汕合作区飞地模式，强化与粤港澳大湾区城市、广东"一核一带一区"和泛珠三角区域的广泛合作与互动发展。四是通过区域性国资国企等的以要素配置为重点的经济体制改革，以前海深港现代服务业合作区和前海蛇口自贸片区为重点加快构建开放型经济体制，率先探索建立与高质量发展相适应的较为成熟的中国特色社会主义市场经济体制，既充分发挥市场在资源配置上的决定性作用，提高资源配置的效率效能，同时也更好地发挥政府作用，探索确立政府行为的有效边界，为全国高质量发展和现代化建设提供"有效市场+有为政府"的深圳方案。

从国际视角来看第二阶段发展目标，一方面，相较于《粤港澳大湾区发展规划纲要》对深圳提出"努力成为具有世界影响力的创新创意之都"

的目标而言,《意见》增加了"创业"内容,要求深圳"建成具有全球影响力的创新创业创意之都",把创新创意成果转化为创业源泉,从而赋予了深圳先行示范区新的内涵。另一方面,对于城市综合经济竞争力在世界范围内处于领先水平的发展要求而言,目前深圳已经初步具备了相应条件。在第 74 届联合国大会期间《全球城市竞争力报告 2018-2019》发布。该报告由联合国人居署与中国社科院在联合测度全球 50 万人口以上的1007 个城市竞争力后进行排名,经济竞争力名列全球第 4 的深圳故事首次在联合国总部得以讲述①。此外,在中国社科院发布的《中国城市竞争力报告》中,深圳经济竞争力已连续多年排名全国第 1。

但是有必要指出的是,在联合国人居署与中国社科院联合发布的《全球城市竞争力报告 2018-2019》中,深圳的城市等级为 B 级,不但低于等级为 A+ 级的纽约、伦敦,等级为 A 级的新加坡、香港,等级为 A- 级的东京、上海、北京,也低于等级为 B+ 级的广州,此外可持续竞争力居第 48位,表明深圳在全球城市体系中的城市功能与作用还有较大的提升空间。另外,从英国全球化与世界城市研究网络(CaWC)推出的《世界级城市名册》来看,2018 年深圳等级为 Alpha- 级,既低于 Alpha++ 级的纽约、伦敦,也低于 Alpha+ 级的香港、新加坡、东京、北京、上海,同样说明在城市综合竞争力和城市等级结构上深圳仍需要持续提升。从科尔尼全球城市指数来看,深圳的全球化指数近年来虽然有所提升,但总体仍然明显偏低,有待进一步提升。

(二)迈向中国特色、中国气派、中国风格的全球标杆城市

《意见》对深圳先行示范区的第三阶段发展目标提出了总体展望:"到本世纪中叶,深圳以更加昂扬的姿态屹立于世界先进城市之林,成为竞争

---

① 《"深圳故事"在纽约联合国总部讲述》,http://gucp.cssn.cn/xw/201909/t20190926_4977522.shtml,2019 年 9 月 26 日。

力、创新力、影响力卓著的全球标杆城市",明确赋予了深圳迈向全球标杆城市的长期愿景和发展方向。简而论之,所谓全球标杆城市就是具有标志意义并发挥引领示范作用和具有广泛话语权的全球城市。如果说国际化城市就是全球城市体系的初级版和入门层,那么全球标杆城市就是全球城市体系的最高版和最顶层,不但是全球战略性资源集聚配置中心、全球战略通道和战略性产业控制中枢、跨国公司总部优先汇聚地、国际金融政治创新科技中心以及世界文明融合交流的重要枢纽和多元文化中心,同时还能代表所在国家参与全球城市竞争和全球治理,对全球经济、社会、文化、科技乃至政治等各个领域产生重大影响并具有广泛话语权。

以纽约、伦敦、东京为代表的全球标杆城市,已经从 20 世纪 80 年代全球化浪潮中注重跨国公司总部、生产性服务业等经济要素集聚程度的全球城市 1.0 时代,伴随全球化迭代逐步迈向体现包容性、科技创新、可持续发展等特点的全球城市 2.0 时代,追随全球化开放、包容、普惠、平衡、共赢的迭代演进趋向,从争夺全球经济流量转向争夺创新优势,注重包容性、公平公正、幸福感、科技创新、文化创意、生态宜居、低碳发展等城市发展任务(见表 2)。

表 2 全球城市迭代对比分析

	全球城市 1.0 时代	全球城市 2.0 时代
城市性质	总部所在地,本质上是等级性、是控制力	平台集聚地,本质上是网络化和协同力
城市关系	横向零和竞争、纵向从属控制	关系结构多样化,强调以综合能级来评价,并突出全能与专精的分异
城市竞争	零和关系:在永远有限的跨国公司总部资源中争夺	竞合关系:可以实现多赢;庞大的中产阶级推动需求跃升;电子商务推动数量庞大的中小企业参与全球化,服务企业规模跃升

	全球城市 1.0 时代	全球城市 2.0 时代
发展策略	对标策略 差别只在于对标什么等级的全球城市	差异化策略 综合型全球城市，主要策略是补短板； 专精型全球城市，主要特色是建长板
规划导向	（城市功能、风格、布局、产业）同质取向，以满足跨国公司的"国际化"标准	（城市定位、风格、布局、产业）异质取向，以寻求差异化互补或开辟"蓝海"
城市产业	突出服务于总部经济的专业服务业	强调产业融合发展，注重塑造完整的产业、创新生态系统
空间构造	聚焦中心城市 CBD、产业园区、高尚社区，聚焦吸引跨国公司；对公正的漠视	全域性的塑造；强调开放系统；强调提升吸引力、创新力

资料来源：屠启宇：《21 世纪全球城市理论与实践的迭代》，《城市规划学刊》2018 年第 1 期。

例如，纽约在 2007 年制定《纽约 2030》之后仅 8 年，即于 2015 年制定了《一个纽约》的新规划，从原来的"更绿色、更伟大的纽约"调整为"富强而公正的纽约"，将增长、公平、可持续、韧性作为四个具体目标。伦敦在 2004 年制定《伦敦规划》后于 2016 年发布新的《伦敦规划》，提出 2036 年伦敦发展的总愿景是居全球城市之首，具体包含 6 个目标：一座以进取方式面对经济及人口增长挑战的城市；一座走在创新和研发最前沿的城市；一座多元、发达、安全且包容的城市；一座赏心悦目的城市；改善环境的世界领导者；一座从容、安全和便利的城市。

对深圳而言，在迈向全球标杆城市的进程中，有必要遵循全球城市迭代演进趋势，借鉴纽约、伦敦、东京等全球标杆城市的做法与经验，参考最能反映全球城市发展方向的指标体系，逐步完善和细化向全球标杆城市跃升的工作思路和行动方案。回顾往昔，深圳以"杀出一条血路"的大无畏英雄气概，用 40 余年城市建设与特区发展的成功实践创造了让世界刮目相看的伟大奇迹，完成从"0"到"1"的历史性飞跃。展望未来，通过从现在起到21世纪中叶的不懈奋斗，我们完全有理由相信深圳将成功翻越先行示范区建设进程中的三个目标山峰，完成从"1"到"N"的历史性飞跃，创造让世界刮目相看的新的更大奇迹，以中国特色、中国气派、中国风格昂扬屹立于世界先进城市之林，跃升为竞争力、创新力、影响力卓著的全球标杆城市。

参考文献

《"深圳故事"在纽约联合国总部讲述》，http：//gucp.cssn.cn/xw/201909/t20190926_4977522.shtml，2019年9月26日。

《中共中央 国务院关于支持深圳建设中国特色社会主义先行示范区的意见》，人民出版社，2019。

深圳市知联会：《对标全球先进城市，提升深圳发展质量》（研究报告），2018。

谭刚：《深圳的国家战略定位与国际化发展路径选择》，《特区实践与理论》2009年第2期。

屠启宇：《21世纪全球城市理论与实践的迭代》，《城市规划学刊》2018年第1期。

（本文原载于《特区实践与理论》2019年第5期）

经济特区当为中国现代化的先行者

乐　正*

摘　要：回顾深圳经济特区 44 年的发展历程，勇当中国式现代化的"先行者"是经济特区最亮丽的标签和最根本的使命，也是经济特区最重要的实践价值和历史贡献。经济特区勇于先行先试，就是为中国改革开放和中国特色社会主义摸索探路、树立标杆，这是承载着中国式现代化光荣与梦想的先行者的 44 年。经济特区所有的成功经验和实践创造，只有放在中国改革开放和中国式现代化建设这个历史议题中才有它的时代意义。只有在我们建设中国特色社会主义不断获得成功、距现代化富强的民族复兴目标越来越近的历史时刻，深圳的实践创造才能够令人激情澎湃，无比信服。

关键词：深圳经济特区；创新发展；现代都会建设

一　经济特区的使命是"先行先试"

从历史进程看，在一个传统的农业文明国家进行现代化建设是一个世界难题。近 200 年来，尽管各个国家都在进行不懈的努力，从学习西方到争取民族独立，从推翻专制帝国到掀起民主革命浪潮，从落后的农业文明到发展工业新经济，各国都取得了较大的社会进步，但是，第二次世界大

---

* 乐正，南方科技大学教授，中共深圳市委原副秘书长，深圳市社会科学院原院长。

战结束以来，那些历史悠久、人口众多的发展中大国，特别是拥有农业文明传统的发展中国家，迄今为止仍然没有一个跨过现代化发达国家的门槛。许多国家仍然在各种发展陷阱中徘徊，现代化依旧波折反复，情势严峻。因此，中国推进改革开放，建设中国特色社会主义，实现现代化强国的民族复兴之梦，是中国的跨世纪奋斗目标，也是人类进步的一次历史性创举。1980 年，在中国共产党的战略部署和领导下，深圳经济特区横空出世，成为朝着这一目标先行探路的过河石子。

"先行者"是经济特区最亮丽的标签和最根本的使命。为中国的现代化伟业、为改革开放的深刻革命先行先试，也是经济特区最重要的实践价值和历史贡献。经济特区所有的成功经验和实践创造，只有放在中国改革开放和现代化建设这个历史议题中才有它的时代意义。

二 深圳经济特区是中国改革开放的先行者

当年，深圳首要的改革就是率先推进经济体制改革，根据世界潮流和中国国情，探索建立社会主义市场经济体系。

具体来说，深圳在四个方面对传统的计划经济体制进行了先行先试的改革创新。

一是培育与建立现代要素市场体系。深圳在 20 世纪 80 年代初期就逐步建立起劳动力市场、土地市场、商品市场，20 世纪 90 年代初期建立起资本市场、产权市场，20 世纪 90 年代后期初步建立起社会主义市场经济的十大体系，在全国率先建立起现代市场体系的基本框架，成为中国内地要素市场相对齐备最为活跃的城市，为经济腾飞打下了坚实的制度根基。

二是较早转变政府职能，重塑政府与市场的关系，营造了较好的法治化市场环境。深圳从 20 世纪 80 年代开始就学习研究香港、新加坡等先进城市的经验，推进了一系列改革，政府自我革命、转变职能，实施政企分开、政社分开，减少行政审批，扩大公共服务，严格依法办事，提高政府效能，增加政府运作的透明度，建设法治化、服务型政府。先后进行了十余次政府机构改革，在全国率先形成了大部制的政府机构，率先建立起法定的公务员制度，率先探索了聘任制公务员、公务员分类管理改革。1992年，中央授予深圳省一级地方和较大市立法权，深圳先后出台了400多项地方立法和政府规章，为特区改革开放提供了及时有效的法律支持和保障。通过树立按国际惯例办事的观念，打造服务型政府和营造法治化的市场环境，深圳率先建立起良好的营商环境。

三是培育市场主体——深圳成为中国现代企业的摇篮。20世纪80年代深圳就出现了多种经济成分并存共生的市场主体格局，出现了以蛇口招商、特发、三洋、康佳、华为、招商银行、平安保险、万科、富士康、华侨城为代表的一批现代企业，20世纪90年代出现了广东核电、比亚迪、沃尔玛、迈瑞、中兴通讯、腾讯、正威、中集为代表的一批现代企业。进入21世纪后，大疆、柔宇、优比选、华大基因、微众银行、传音等众多科技企业迅速崛起。特别值得一提的是，在特区工业化起飞之时，深圳就已成为中国民营经济快速成长的热土。深圳民营经济在市场化的运作机制方面，形成了市场驱动的动力机制，产权清晰、独立自主的运营机制，优胜劣汰、灵活多样的用人机制，个人收益与企业效益紧密相连的激励机制以及法律规范、自我约束的监督机制，等等，具有较高的市场应变能力和资源配置效率。随着多元化市场主体形成，国有、股份制、民营、港澳台和外资等多种经济成分共同发展。目前，在战略性新兴产业方面，深圳民营经济对经济增长的贡献率超过50%，成为名副其实的"主引擎"。科技型民营龙头企业和中小企业数量出现井喷式增长，互联网、文化创意、智能科技等融合发展，催生大量新业态。在5G技术、超材料、基因测序、3D显示、新能源汽车等新兴产业领域，深圳民营企业创新能力处于世界前沿地位。

四是率先进行国有经济改革，提升国有资本的社会效益和市场效益。

深圳在 1986 年就开始了以股份制改革为方向的国企改革，率先取消了企业的行政隶属关系，国有企业的管理部门由行政部门转变为国有资产管理部门，实现了政府从部门管理向行业管理、从行政管理向产权管理的转变，为推动政企分开迈出了重要的一步。1992 年，市政府颁布《深圳市股份有限公司暂行规定》，确立了股份有限公司的法律地位。1993 年，市人大通过《深圳经济特区有限责任公司条例》《深圳市股份有限公司条例》，这是国内最早的公司法规。1994 年，深圳开始在 35 家企业进行公司制的现代企业制度的试点，主要围绕企业法人财产制度、有限责任制度和内部法人治理结构的建立展开，力求解决好产权、人事权、分配权等关键问题。1996 年，深圳 25000 多家企业按照《公司法》重新登记，竞争性行业的国有企业一律转变为有限责任公司和股份有限公司。通过改制，国有企业确立了企业法人产权、健全了公司法人治理结构。2004 年深圳市属经营性国有资产主要集中在基础设施、公用事业、金融及专控企业和少数竞争性领域的优势企业中。市属一级国有企业户数减少到 27 户左右。2019 年，深圳国企改革依托上市公司和国资基金群，实施"上市公司+"战略，完善国有资本投资运营平台功能，加强基金群体系化、规范化运营，大力推进资源资产化、资产资本化、资本证券化；坚持全市国资国企"一盘棋"，实施资源整合"头雁"战略、金融能级提升战略、战略性新兴产业聚变战略，下大力气推进"活存量、强增量、优结构"，打造一批具有核心市场竞争力的优势企业集团等。

在国内对市场经济和国际市场还十分陌生的时候，深圳利用自身毗邻香港的区位优势，在 20 世纪 80 年代中叶，就确立了"建设资金以外资为主；企业结构以'三资企业'为主；企业产品以出口外销为主，外汇平衡结余；经济活动在国家计划指导下以市场调节为主"的外向型经济发展战略，率先打开国门，对外开放，借力港台，引入外资，主动融入经济全球化进程，发展面向世界的开放型经济体系。深圳利用特区政策大胆先行先试，实施对外开放的产业政策导向，与港台建立"前店后厂"的互补式合作，抓住"三来一补"的外向型加工模式，大力发展加工贸易，积极加入国际产业链条，进入信息技术产业制造快车道，逐渐成为全球制造业转移的承接地，迅速升级为全球电子元器件的生产、集散中心。截至2019年，深圳市进出口额为2.97万亿元人民币，其中出口额为1.67万亿元，出口规模连续27年居内地大中城市第1位。

此外，深圳市政府提出要积极稳妥发展，实施"走出去"战略，深圳本土的企业大力开展境外加工贸易，中兴通讯、华为、康佳、佩奇、益豪集团等都在外国设立了组装加工厂，标志着深圳的外向型经济开始向更加全面的开放型经济升级。

三　深圳经济特区是中国创新发展的先行者

40多年来，深圳依靠市场分工深化和降低社会交易成本两大市场机制，不断推动跨界与组合式的改革与创新。深圳主要工业产品结构不断向技术含量高的新兴产业产品调整，处在价值链低端的一批制造业企业或关停淘汰，或疏解转移，或改造升级，产品生产转向技术含量更高的新产品。深圳的产业结构几乎不到十年就完成一次重大升级，从工业制造产业链的最低端，迅速走到了数字革命时代的前端。深圳从20世纪90年代开始就进入国际创新链条，瞄准国际先进技术和欧美高端市场，实现了从以传统加工贸易为主导向以高新技术产业为主导的产业结构转变，建立具有国际竞争力的创新型经济体系。

深圳较早形成以企业为主体的技术创新体系，率先建立了"以企业为主体、以市场为导向、产学研深度融合"的技术创新体系，形成了"四个90%"的突出特色：90%的研发人员在企业、90%的研发机构在企业、90%的科研投入在企业、90%的专利生产集中在企业。目前，全市有科技企业3万多家，国家认定的高新技术企业超过17000家，数量居全国第二。培育出以华为、中兴通讯、腾讯、比亚迪、华大基因、迈瑞、大疆、柔宇、优必选等为代表的一批具有国际竞争力的创新型企业。多年的发展，让深圳不仅完成工业化的腾飞，而且进入以国际市场为导向、以高新技术产业为支撑、先进制造业与现代服务业并驾齐驱的发展阶段，成为中国产业结构最优、国际竞争力最强的城市。

四　深圳是中国现代都会建设的先行者

早在 20 世纪 80 年代初期，为了支持经济特区建设，中央从全国调配了数万名干部和基建工程兵南下深圳。40 多年来，经济特区的建设者来自全国各地，各方面发展资源也是跨地区跨部门进行配置，充分体现了中国特色的市场配置与政府战略规划和宏观调控相互补充、相互支撑的巨大优势。因此，经济特区的发展不断创造着全国第一乃至世界第一的速度和奇迹。

1979 年 3 月，深圳建市，成为地级省辖市，正式拉开了深圳城市化的大幕。1980 年 8 月，深圳经济特区建立，1981 年深圳升级为副省级城市。1988 年深圳被列为国家计划单列市。1990 年，深圳提出建设以工业为主、第三产业比较发达、农业现代化水平较高、科学技术比较先进的综合性经济特区和外向型、多功能的国际性城市。2000 年城市发展目标是"增创新优势，更上一层楼，率先基本实现社会主义现代化"。2011 年深圳提出初步形成现代化国际化先进城市，要与香港及珠三角地区共同发展，形成与纽约、伦敦、东京比肩的国际化城市群。2015 年，深圳提出要建设现代化国际化创新型城市。

1982 年，市政府编制了《深圳经济特区社会经济发展规划大纲》，规划特区人口至 2000 年达到 100 万人，工业总产值 120 亿元。1992 年市政府公布《关于深圳经济特区农村城市化的暂行规定》，将特区内的农村转为城市，村民转为市民。1994 年，《深圳经济特区股份合作公司条例》出台，撤销了特区内的所有村委会，组建股份合作公司，全体村民变成市民和公司股东。

作为中国改革开放的前沿，深圳是一座开放的移民城市，拥有数量最多、比例最大的外来务工人员，是所有来深创业者创造的共同家园。深圳是全国创业者的深圳。深圳一直没有忘记外来务工人员在发展中的巨大作用，感恩他们在艰苦条件下为建设特区作出的重大贡献。深圳很早就提出了"来了就是深圳人"的口号，各级政府把关心、爱护外来务工人员视为城市公共服务的基本职责。树立关爱互助的文明标杆，塑造开放包容的移民城市风范；发展面向所有建设者的公共服务与社会保障，形成共建共享的社会发展格局和民生福祉。1993 年市人大颁布了全国第一部劳务工地方法规——《深圳经济特区劳务工条例》。实施《深圳市社会医疗保险办法》，在全国率先探索建立"低缴费、广覆盖、保基本"的劳务工医疗保险制度。

在城市的可持续发展方面，深圳拥有得天独厚的山地森林、自然湿地等生态资产资源，在用地矛盾非常突出的情况下，深圳十分注重保护原生的绿水青山资产。目前，深圳市形成了以大斑块为主体的森林景观和分布均衡的健康城市森林生态系统。早在 20 世纪 80 年代中期，深圳就相继成立了环境保护学会、环境保护产业协会、环境保护咨询委员会，开展特区区域环境噪声影响评估及环境规划研究。转变粗放式城市建设理念，建设可持续有韧性的滨海生态城市。1993 年颁布《深圳经济特区环境噪声污染防治条例》，1994 年颁布《深圳经济特区环境保护条例》，2003 年出台《深圳市资源综合利用条例》，2005 年政府开始发布《深圳市环境状况公报》。2005 年颁布的《深圳市基本生态控制线管理规定》，是国内首个对基本生态控制线管理进行规范的地方性政府规章。2005 年 9 月，国土资源部正式批准成立深圳大鹏半岛国家地质自然公园。公园园区面积约 150 平方公里。地质遗迹保护区范围 56.3 平方公里，为南海之滨的城市群留下了一片山海净土。作为年轻的特区城市，2020 年深圳建成区绿化覆盖面积 4.15 万公顷，建成区绿化覆盖率达到 40% 以上，全市绿化覆盖面积 10.13 万公顷。年末共有公园 1000 多个，公园面积 3.15 万公顷。全市 90% 以上的黑臭水体得到治理，基本实现不黑不臭。空气中 PM2.5 平均浓度降至 26 微克/米^3，空气质量在全国 169 个重点城市中排名第六。

五 深圳需要继续勇当中国特色社会主义的先行者

深圳的成功得益于多方面优势的聚合与提升：一是中央坚持中国特色社会主义、坚持改革开放的战略方针，中央给予经济特区很多特殊政策。二是特区建设者思想解放，观念更新，敢为天下先。尊重市场，注重效率，务求实干。三是深圳依托经济活跃的粤港澳大湾区，发挥区位优势，借力香港，吸纳国际资源，学习国际经验。加入国际产业链条和创新链条，发展开放型经济。四是深圳作为移民城市，汇聚了全国各地的创业青年，借助全国的创新发展资源，释放取之不尽的资源组合、发展传承和创新动力。

中国特色社会主义先行示范区建设对新时期深圳经济特区提出了新使命、新目标、新任务，为特区未来的发展作出了纲领性的战略部署。虽然深圳经济特区的发展成就有目共睹，但我们应该看到，深圳仍存在不少发展短板以及面临不少挑战，突出表现为：科研基础研究薄弱、高端人才不足、城市的国际化功能不强、国际知名度不高、发展空间不足、要素成本上升和产业外移较快、企业盈利能力和政府财政盈余优势弱化、城市优质公共服务匮乏、城市国际文化功能和法治化市场环境有待进一步提升，香港面临严峻的发展形势，内地兄弟城市发展迅速，区域竞争各显所长，未来国际政治环境变化较快，经济全球化面临新的挑战，和平发展的时代主题出现不确定因素，国际创新链条出现逆全球化重构的变数，贸易保护主义抬头，等等。对此，我们应该保持清醒的头脑，继续做好长期艰苦奋斗和应对各种艰难挫折的思想准备。

未来深圳的发展仍任重道远。一是要继续坚持走中国特色社会主义道路，坚持自主发展。二是要继续成为全面深化改革、扩大对外开放的先锋，做好改革先行的综合授权和全面推进计划，进一步提升在市场化、法治化和国际化方面的特色优势。融入国际协同创新的一体化大格局，构建国际化的创新生态环境优势，打造国际人才聚合平台，培育更多的新生代独角兽公司，保持 PCT 国际专利优势，打赢核心技术联合攻关科技"战役"。进一步融入国家发展战略，通过国家政策和数字技术手段强化深圳的粤港澳大湾区核心引擎作用，优先发展智能制造和数字经济，强化国际资本市场功能。借助都市圈发展的机遇，创新拓宽产业空间、市场空间和人居空间的方式，通过加快"新基建"步伐，稳定平抑土地等要素成本的过快增长和产业链条的群体外移。发扬经济特区敢闯敢试、先行先试的优良传统，要面向世界、面向未来，丰富想象力、释放创造力、强化研判力、落实行动力，擦亮"先行者"的金字招牌，开创"示范区"的新奇迹。

未来深圳将在《中共中央　国务院关于支持深圳建设中国特色社会主义先行示范区的意见》的指导下，继续高举新时代改革开放旗帜，重振拓荒牛精神，再现先行者雄风，克服种种艰难险阻，在更高起点、更高层次、更高目标上为全面推进中国的改革开放继续发挥先行示范作用，做坚持和发展中国特色社会主义的尖兵，勇敢担当起国家所赋予的为中国现代化先行开路的历史使命。

（本文原载于《开放导报》2020 年第 4 期，收录时有所修订）

图书在版编目（CIP）数据

中国经济学理论与深圳实践研究／吴定海主编．
北京：社会科学文献出版社，2024.12. -- ISBN 978-7-
5228-4683-5

Ⅰ．F12

中国国家版本馆 CIP 数据核字第 2024XD3530 号

中国经济学理论与深圳实践研究

主　　编／吴定海

出 版 人／冀祥德
组稿编辑／任文武
责任编辑／张丽丽
责任印制／王京美

出　　版／社会科学文献出版社·生态文明分社(010)59367143
　　　　　　地址：北京市北三环中路甲 29 号院华龙大厦　邮编：100029
　　　　　　网址：www.ssap.com.cn
发　　行／社会科学文献出版社（010）59367028
印　　装／三河市龙林印务有限公司

规　　格／开本：787mm×1092mm　1/16
　　　　　　印张：24　字数：323 千字
版　　次／2024 年 12 月第 1 版　2024 年 12 月第 1 次印刷
书　　号／ISBN 978-7-5228-4683-5
定　　价／88.00 元

读者服务电话：4008918866